赤裸裸
的共產黨

共產主義如何危害自由世界

THE NAKED
COMMUNIST

柯立安・斯考森 W. Cleon Skousen 著　潘勛 譯

「共產主義與自由之間的衝突，是當代問題重中之重，其他一切問題相形見絀。這起衝突映見我們的時代、時局的艱辛、緊張、困難與任務。人類的未來，端看這起衝突的結果。」

美國勞工聯合會暨產業公會聯合會主席
米尼（George Meany, AFL-CIO）

目錄

前 言

Preface

隆納・雷根

《赤裸裸的共產黨：共產主義如何危害自由世界》自1958年首度自費出書六十年以來，世事風起雲湧。這本書是在美國反共運動高峰期的時候上市。作者斯考森花了數十年時間，研究共產主義以及它在全球無情擴張的情況。共產運動的終極目標，以及共產理論與哲學受到不少人的歡迎，這令人感到困惑，所以促使斯考森提筆撰寫這本書籍。出版後馬上引起轟動，變成全美的暢銷書籍，出現在超過一百萬戶的美國家庭的書架上。

　　共產主義猖狂的年代，估計造成一億五千萬人的死亡，耗蝕全球元氣。今天它的影響力又有死灰復燃之虞，所以《赤裸裸的共產黨》這本書的重要性一如六十年前那樣。

　　2014年7月，備受推崇的外科醫師兼政論家卡森（Ben Carson）現身福斯新聞台（Fox News）說，「《赤裸裸的共產黨》勾勒出進步派想做的所有事情。閱讀這本書的時候，會讓你以為書是去年才寫成的。它指出進步派想對美國家庭做哪些事情，還有他們正嘗試如何摧毀我們的猶太基督教價值及道德。」

　　1950、1960年代，後來出任美國總統的雷根曾與斯考森共事，對抗共產主義害人思想的散布。雷根說：「沒人比斯考森更有資格談論共產主義對這個國家的威脅。你會受到警覺、會有所啟示，也會很高興有先聽斯考森講過。」

　　1961年，斯考森把〈共產黨的四十五目標〉增添到書中，獨立為一章。那些目標鋪陳的步驟，用意是想毀滅美國文化。共產黨的目的在於廢除美國憲法，把美國轉化成馬克思理論中，單一世界政府的「附屬組織」。截至2017年，那45個目標除了一個以外，都已完成了。

《赤裸裸的共產黨》問世六十年後的今天，了解共產思想，還有它們如何侵蝕全球自由，甚至比以往更重要。讀者了解過後，就會有所準備，採取行動。他們就會知道，該採取什麼步驟，以拯救美國的自由。美國是至今為止依然反對共產主義的國家。而共產主義的這條藥方，在已逝的 20 世紀，已經毀掉了好幾億人的性命。

Izzard Ink Publishing

2017 年 5 月

　赤裸裸的共產黨

原　序

《赤裸裸的共產黨》
的寫作歷程

保羅・斯考森（Paul B. Skousen）

The Making of The Naked Communist

二戰結束時，本書作者Ｗ‧克里昂‧斯考森並沒有打算要寫一本暢銷全國的書本，更沒料想到寫出來的這本書，最後會名列冷戰經典作品。

　　他本想寫一本簡明、便於閱讀，讓人想綜觀共產主義、共產戰術戰略時，可以毫無障礙的書。他希望乾淨俐落地寫出共產主義自訂的道德觀，它如何摒斥猶太─基督教倫理，它對權力及掌控的貪婪，還有對自由世界的威脅。

　　斯考森確實了解，學術文庫裡已經有不少書籍及專文在談論這個主題。即使百科全書都有一到兩頁是在講述共產主義。但那些文本論述時不溫不火，讓他感到不悅。而且據他觀察，有關共產主義最重要的洞見，廣泛地分散在太多的原始資料當中，一般讀者不易取得之外，也難以理解。

太多「主義」了

　　二戰之後那幾年的 1940 年代，美國人對於共產主義並不太在意，至少一開始沒有。他們受夠了兩次的世界大戰，還有戰爭帶來的壓力及物資不足之苦。身為一個文化體，美國人此時打算聚焦在建設自己的「美國夢」。政治上叫共產主義的那個東西，似乎不值得在意，那只是屬於歐洲或某個遙遠地區、一大堆「主義」當中的又一個而已──算是政治或經濟上的抽象詞彙，照說該由政治人物處理，以便其他人都能快樂地期待去黃石公園度假、去買款新車、房子，或超炫的收音機。

　　只是，共產黨是不會放過美國人的──幾乎每一天，它都出現在新聞的頭條，以及廣播新聞當中。

　　到了 1947 年，蘇聯已斬斷與美國只同甘不共苦的合作關

係，動手把東歐拉進經濟軍事同盟。崛起中的蘇聯帝國，其內部任何反史達林的哭號抗暴，很快都遭無情的戰爭機器搗碎。可悲的是，就在眾人呼號求救愈升愈高，終於傳過大西洋，來到美國東岸時，蘇聯這個大惡霸警告西方，叫他們別多管閒事，並威脅說膽敢來管的話，就會發動第三次世界大戰。結果便出現東、西方的對峙，到了 1947 年還被冠上一個不祥的名稱，叫「冷戰」。

那時候，西方認為自己滿強大的。美國中央情報局（Central Intelligence Agency, CIA）向政府保證說，任何來自蘇聯的威脅，僅侷限在歐陸打傳統戰。1947 年 9 月 26 日的機密報告說：「各國當中，能威脅美國安全的只有蘇聯。蘇聯目前的戰力，無法侵略到歐亞大陸以外，但足以橫行於歐陸大部分地區、近東、中國北部及朝鮮半島。」

兩年之後，隨著蘇聯原子彈的一聲巨響，那種頗為自得的觀點就此化為烏有。

世界權力從美國移轉

1949 年，蘇聯引爆他們的第一枚原子彈，西方自負的核子優勢，突然就沒了。[1] 四年後，蘇聯人引爆熱核氫彈，將冷戰擴大為追求核子優勢的真正競賽。

同一時間，中國共產黨趕跑大敵中國國民黨，1949 年 10 月 1 日向世界宣布，另一個共產國家已登上世界舞台，國名叫

---

1 編註：1949 年 8 月 29 日，蘇聯在哈薩克的塞米巴拉金斯克，成功進行型號 RDS-1 原子彈的第一次試爆。

做中華人民共和國，由毛澤東擔任元首。

八年後的 1957 年 10 月 4 日，蘇聯成功發射世上第一枚人造衛星「史普尼克一號」（Spunik 1），繞行地球軌道約 1400 次，叫數千萬人驚恐地相信，有朝一日核子彈會在頭頂繞行。

這些事件不禁叫忙碌的美國人大為好奇，這一股既不明確但又暴力，正在成長，叫共產主義的力量，似乎取得偌大的進步。它是何方神聖？

大致說來，美國人不懂什麼是共產主義。有些人認為，它是「俄羅斯模式」的社會正義的工具，強迫獨裁政體統治的國家要實施平等。對其他人來講，它是經濟上的意識形態，承諾讓各地勞工取得公平薪資。世界上有些工會，會採取共產黨的戰術力量，來改善工資和福利，他們快樂地看到，在新的馬克思規矩下，工會的會員數大為增加。對其他美國人而言，共產主義是 1917 年俄國布爾什維克革命的延續；它替無政府主張累積足夠的說服力，製造社會不安，想推翻美國的生活方式。

雪上加霜的還有叫人難受的韓戰、間諜網、滲透、諜報活動、羅森堡夫婦（Ethel and Julius Rosenberg）被捕處死、鐵幕屹立，以及蘇聯與日俱增的建軍行動。

沒有在阻止共產主義嗎？

1950 年代早期，美國參議員麥卡錫（Joseph McCarthy）扮演帶頭角色，努力揭發共產黨對美國政府的滲透。他呼籲採取適當步驟，確保美國的安全。眾議院「非美活動調查委員會」（Un-American Activities Committee）同時進行類似調查行動，但與麥卡錫無關。

到了 1957 年，共產黨在美國的公開活動似乎達到了高峰，接下來慢慢減少。1950 年代結束時，「美國共產黨」（Communist Party USA, CPUSA）黨員流失，人數由 10 萬人左右，減少到不足 1 萬人。即便如此，聯邦調查局（Federal Bureau of Investigation, FBI）局長胡佛（J. Edgar Hoover）曉得共產黨還在暗地裡擴張，局裡派了 1,500 名線民到美國共產黨內臥底，持續監控。

伊莉莎白・班特萊

對聯調局來說，諜報活動是既頭痛又討厭的問題。聯調局曾投注龐大力量，想糾出顛覆團體，從最敏感又層級高的政府官員當中，將共產黨連根拔起。這可是一件並不輕鬆的苦差事。

辛苦工作偶爾會有收穫。例如在 1945 年，蘇聯間諜班特萊（Elizabeth Bentley）投誠，並透露在美國活躍的蘇聯間諜共有 150 人。名單裡有三個大人物，他們是懷特（Harry Dexter White）、錢伯斯（Whitaker Chambers）及希斯（Alger Hiss）。他們的驚人故事會在本書的第七章清楚交代。

當時，同情共產黨理想的報紙記者試著摧毀班特萊的可信度，有人把她叫做「女間諜瑪塔・哈里」（Nutmeg Mata Hari）。[2] 另一方面，也有人認為班特萊這個「金髮碧眼、婀娜多姿的紐約人」天真幼稚，被共產黨愚弄而不自知。

2　譯註：瑪塔・哈里是 20 世紀初歐洲知名的交際花，最後於 1917 年 10 月被法軍以德國間諜罪名槍斃，引起很大爭議。

終於打開蘇聯的機密庫房

班特萊冤枉了她的前同志嗎？斯考森的描述是對她有利的，指出她不僅沒錯，但那也只是冰山的一角，而冰山正偷偷劃破美國這條大船的船身。在斯考森出書之後長達 30 多年的時間，有關班特萊證詞的辯論才漸漸被人所遺忘。

之後，一系列驚人的事件就被揭開了。強大的蘇聯帝國 1980 年代開始變弱，1991 年崩潰。過沒多久，蘇聯的機密庫房、國家安全委員會（KGB）及內務人民委員部（NKVD）[3] 的檔案資料公諸西方人端詳。

幾千份解密的間諜文件經過翻譯、檢視之後，證據開始浮現，班特萊的證詞獲得證實——

財政部資深官員懷特的確是間諜，在美國進行諜報活動。美國國安局解碼專家提供進一步佐證，找出懷特的蘇聯秘密代號為「法學家」（Jurist）。

錢伯斯參與間諜網獲得證實，跟他早些年在自己著作及演講當中所吐露的是一模一樣的情況。

至於前美國國務院資深外交官希斯，1950 年他因偽證罪下獄過了很久，才被認出是一個在華府運作，名為「魏爾小組」（Ware Group）的地下共產黨細胞。當時對於他有沒有犯下間諜罪，大家還有一定程度的疑慮。同一批蘇聯檔案顯示，希斯長久擔任蘇聯軍事情報員，另證明「維諾那計畫」（Venona

---

3　原註：NKVD 是蘇聯內務人民委員部（People's Commissariat for Internal Affairs）的簡稱。這是在史達林時期活躍的執法機關，他們最為人知的事蹟，包括負責管理古拉格勞改營（Gulag），執行大規模的處決、強迫大規模驅逐、在國外從事間諜活動和政治暗殺等。

Project）分析得沒錯，認定蘇聯電文裡化名「阿列斯」（Ales）的人，就是希斯本人。[4]

試圖馴化「北極熊」

當時的外國陰謀、間諜行動及國與國之間的猜忌，多如漩渦且亂成一團，斯考森想出書，想揭發共產主義的真面目，可比擬成踏上艱難路程。

斯考森在 1958 年指出，「我想描繪共產黨內心的想法，如此美國人才會真的了解共產黨的動機及野心。」

斯考森認為，要把複雜、卷帙浩繁的研究論文，整併成一冊淺顯易懂的書，是自己一直未能完成的基業。

斯考森在 1958 年受訪時表示，「我是希望說，如果我們能把全部材料寫進一本書，那麼一般美國人日常讀報時，才能夠把共產黨嘴臉瞧得夠清晰，才能洞析出蘇聯的策略是什麼。」

斯考森歷史學得很好。他熱愛政治學，取得法學學位，盼望能深入研究憲政自由及其面臨的威脅。自喬治‧華盛頓大學法學院畢業後，他於 1935 年加入聯調局，時間長達十六年。

歷練多職

斯考森廣泛接觸聯調局的各個工作。他由最基層的傳令做

4　原註：「維諾那計畫」是美國與英國在二戰期間，長時間負責解讀蘇俄被攔截到的電報密碼的眾多任務代號之一。這項計畫的文件在1995年解密，並有證據指控幾個當年引起關注的間諜案。計畫執行期間從1943年至1980年為止。

起，很快當到訓練員、跨小組行政員、槍械教官、維序教官、督察員助理及管轄二十五人的通訊處長。跟所有幹員一樣，他奉調到全美很多城市，當時聯調局說這樣是「接受歷練」。

此外，他的職務經常有一些能夠發揮斯考森能力的專案及特別任務打岔進來，比如演講、教學、訓練及寫作。

1945 年，他撰寫一份公關文案叫《聯邦調查局的故事》（*The Story of the Federal Bureau of Investigation*）。聯調局拿它作為官方出版品，幾年內印刷數百萬份，廣傳各地。

斯考森通常一年要到全美各地演講一百到兩百場。他的一名直屬上司這麼形容他，「他是局裡最棒的講師之一，完全忠誠，熱情洋溢……」

駐在加州時的某天早晨，斯考森去參加了一場臨時會議。主持會議的聯調局幹員胡德（R. B. Hood）召集了大約三十名局裡認可的講師，要他們留意接下來要的一場演講示範。結束後胡德轉身對斯考森說，請他發表剛剛提到的示範。後來斯考森回憶說，他竭盡所能，但「過程中瘦了十磅」！最後胡德宣布，斯考森將擔任一門舉行數週時間的演講課的新教官。

聯調局內部的共產主義學者

斯考森任職於聯調局時，並沒有被派到研究共產主義的反諜報單位，也沒有針對這個課題產出任何相關的研究文件。然而，聯調局幹員們的工作範圍不僅僅於「犯罪」或「安全」。他們在兩個領域都受過訓練，不時轉職於這些領域之間的職務。斯考森的日常工作，讓他接觸到共產黨員及共產黨的同情者。他有很多機會與聯調局內「負責」鑽研共產主義的權威及

專家交談。斯考森日誌裡點名提到，自己研究共產主義時，幾位聯調局官員曾幫忙指導過他：

斯考森寫道，小名「米其」的拉德（D. M. Ladd）熟稔共產黨諜報機器運作的程度，可能比聯調局其他人都要高。拉德一度是聯調局三把手，只是為時不長，他另擔任聯調局反情報行動的主管，監督多個冷戰重大國安案件的偵辦行動，包括希斯、羅森堡夫婦等等。

小潘寧頓（Lee R. Pennington, Jr.）「是我聯調局時代的好友之一，同時也是研究共產主義的恩師。」潘寧頓是聯調局的資深幹員，與胡佛局長密切合作，專精於找出共產活躍分子及同情者。1953 年退休時，位列聯調局第三人。

斯考森說，「當我還是菜鳥幹員，在華府受新訓時，哈特爾（Guy Hottel）是我的主管（Special Agent in Charge, SAC）。他積極參與調查首都地區的共產黨員及犯罪的陰謀」。哈特爾與胡佛非常親近，有段時期擔任胡佛的貼身保鑣。

共產主義專家蘇利文（William C. Sullivan）是國內情報處處長，一度是聯調局第三號人物。他也是 1962 年出版，胡佛掛名作者的《共產主義研究》（*A Study of Communism*）一書的主要寫手。

與蘇利文變成朋友

斯考森與蘇利文通過幾封信，斯考森在當中一封告訴蘇利文，《赤裸裸的共產黨》幾週之內就要付梓，「我真應該把書稱為『我倆』合著，因為我永遠感謝你給我的絕佳指導。唯一遺憾之處，是無法在導論中寫上兩三段，提到你對成書的貢

獻。然而，我敢確定，你閱讀此書的時候，一定能領會我對你傑出研究的感激之忱。你的研究像挖出的許多金塊，而我把它用在書中當素材。」

接下來蘇利文寫了幾封信，協助斯考森修正內容，並充實一些額外細節與引言。

斯考森由這幾位聯調局好友，以及其他的親身經驗，取得特殊的知識及洞見，了解到是什麼東西讓共產主義有效發揮，而驅使共產黨起作用。

斯考森解釋說，「我問（聯調局）一位專家，為什麼我們不把（研究共產主義）的資訊散播出去，他對我說，原因在於『你不能把它以任何形式交給大眾，現在還不是時候。』他說，『你讀大約一百七十五本唯物辯證法書籍之後，就能領略了。』我說，『好，先派我去參加研討會吧，我想好好研究一下。』他說，根本沒研討會，沒人寫過專題論文。」

與好萊塢的親密接觸

斯考森說，自己第一手接觸共產黨的經驗，出現在最沒料想到的時機。其中一次，是發生在他擔任聯調局與好萊塢電影公司的聯絡官的任內。胡佛局長要他嘗試，「策反」一位主演電影《亂世佳人》（Gone With The Wind）的明星，要她別再金援當地的共產黨，別再參與據說是共黨陣線的促進團體「藝術科學專業獨立公民委員會」（the Independent Citizens' Committee of the Arts, Sciences and Profession）。

斯考森談到德·哈維蘭（Olivia de Havilland）時說，「我安排好時間，去德·哈維蘭跟她姊妹們在好萊塢的豪宅拜訪

她。跟所有明星一樣，她們宅邸都有很考究的門面，但人住在後頭的合居式公寓裡。」

斯考森開始對德‧哈維蘭小姐講，胡佛局長對她在電影的演出印象深刻，而且認為，若是有人能夠喚起她的記憶，想到美國對她的生命及事業有多重要，德‧哈維蘭或許可以提供很大的幫助。交談四十五分鐘後，她不為所動，矢言沒什麼可以改變她的心意，她跟自己社團的朋友們和樂融融。

斯考森回到聯調局後，想出一個點子。他請技術人員調出聯調局偷錄而德‧哈維蘭沒參加的共黨例行聚會錄音。他發現，那些所謂的「朋友」背著德‧哈維蘭嘲笑她太天真，用粗俗的綽號來稱呼她等等。斯考森把幾個類似的評論，剪輯成三十分鐘的帶子，拎著一台手提式錄音帶播放機，再到女星家中。

斯考森說，「我跟她講，我在門廊等到她聽完，屆時假如她有意願的話，我們再談。」結果不到五分鐘，德‧哈維蘭氣沖沖回來，「滿嘴幹譙，好像趕騾子車伕。」她火氣很大，發誓再也不去那個團體。此時斯考森提議她，要不要做出她有史以來最偉大的演出，吸引了德‧哈維蘭的注意。他請德‧哈維蘭透露自己所知，有關共產黨計畫滲透好萊塢工會的一切，而他保證，有些資訊會放給媒體知道。接下來，她再去下一次集會，裝作十分火大，指責有人向聯調局通風報信，而且宣稱，那個齷齪間諜，不管他是誰，如果不被揪出來處理，自己絕不再捐一毛錢。

女星照辦了，如此她就能脫離該團體，沒引起懷疑。接下來她對「獨立公民委員會」的質疑，讓她及其他好萊塢支持者得以離開該團體。德‧哈維蘭與斯考森變成好朋友，後來合作

好幾年，還辦了一場大型集會叫「好萊塢給共產主義的回答」
（Hollywood's Answer to Communism）。當地電視轉播了這場
活動，參與者包括德‧哈維蘭等 40 名演員及製片人，現場觀
眾 15,000 人，收看電視的觀眾有超過幾百萬。

最重要目標在教育

　　縱使斯考森對那麼多學富五車的人試圖拆穿共產黨的把
戲，卻沒有對國家級決策者造成什麼衝擊及影響，而感到很失
望。

　　他說，「二戰時，我注意聽共產主義專家在聯調局對我們
講，美國有哪兩種選擇，還有，若是美國選錯，會發生什麼結
果。但我們一成不變地都踩到陷阱。我對自己說，『我們在
這兒接受深知答案的美國人啟蒙，然而，高層卻有選錯的傾
向。』」

　　斯考森說，他想要「叫很多人曉得（自由及共產主義）這
個課題，如此無論是誰成為民主黨主席，或共和黨黨魁──首
先他們都會先認知自己是美國人」。

　　斯考森悲嘆，沒有一份參考文件可以指導大眾更加了解共
產主義，只任由人們在無知及不實資訊中墮落。

　　斯考森在 1958 年說，「我跟自己講，這真是瘋狂，不可
能吧！但現實真是如此。結果便是，這麼多年下來，所有美國
陸軍情報員、聯調局幹員、海軍情報員及政治學教授，一直在
大量的（論共產主義）素材中費力爬疏，希望自己能夠正確地
詮釋那些共產黨模稜兩可的說詞。」

胡佛局長

胡佛局長無法受邀演講的時候，局裡其他受過培訓的幹員或長官會代他前往。斯考森代替胡佛發表演講時，主題一般含括諜報行動、青少年犯罪及「黑幫時代」（gangster era）的刺激故事。他另奉派講解有關來自外國的威脅。

斯考森說，「幾乎自我任職於聯調局起，便開始接觸到共產主義。」不光出自個人興趣，還因為胡佛要求所有幹員去研究共產主義。「當中只有兩個人認真看待這個要求：蘇利文（Bill Sullivan）跟我。我由外勤調回來後，過不了多久，除了胡佛局長以外，獲准演講共產主義的兩位幹員，便剩蘇利文跟我……蘇利文與我準備講稿的方式，不會把局長作為焦點。我們專攻共產主義意識形態可憎之處，援引共產黨員說過的話、做過的事。」

斯考森對一位傳記作家說，共產黨對美國的整體狀況來說實在微妙，對誰來說都是如此。「你在白宮地下室都能感受到共產黨的存在；他們控制了大約八個工會，總統都想跟他們套交情，以便那些較大的工會能夠投票支持他。事情真的很棘手。」

此外，聯調局受命調查納粹主義，而非共產主義。斯考森說，「胡佛是冒著風險要調查共產黨。他認為共產黨的危害要大於納粹。他同時會把情報提供給麥卡錫。」

隨著這些年來，聯調局講解共產主義的人手增加，胡佛言明，經過認可的講師都得到他本人的充分授權。胡佛說，「聯調局有資格到全國各團體演講的代表，都得到我充分授權及認可。他們對共產主義的講解，完全沒有推翻我之前類似演講的

內容。」

斯考森與胡佛關係友好，互相支持。他調到聯調局總部那些年當中，經常、固定與局長接觸。斯考森擔任通訊部門負責人時，辦公室與局長室就在同一走廊的斜對面。

斯考森在工作日誌寫道，「胡佛就像發電機，讓聯調局充滿活力。他犀利又專業，做事精準，講話通常快如機關槍。我把他視為良友，他也是我一生所知真正的賢人之一。」

「我的行政助理」

二戰期間，胡佛局長在數十封信中提到斯考森，並稱其為「我的行政助理之一」，而賦予他一定程度的決策地位，即便那種地位在當時聯調局編制內並不存在。[5] 胡佛還說斯考森是「局總部裡最有戰鬥力的行政人員之一」。這些說法不經意間導致不少猜測，說斯考森幹員在聯調局裡擁有高職，但事實上沒有。

斯考森說，「由於預期可能會發生戰爭，因此擴大僱用人力。高層把在相關領域有行政經驗的幹員都找來。凡是控管幾個單位的人，都叫行政助理。當時共有八個行政助理，但都聽命於副局長尼柯斯（Nichols）。」

那些把斯考森形容為「我的行政助理」並發給特定收件人

5　原註：有一籮筐稱呼作者為「我的行政助理之一」的信件，是出自胡佛本人，這是因為胡佛希望出席的觀眾可以把斯考森看待成是他本人的代理人來出席活動。例如，在一封胡佛於 1944 年 3 月 20 日致給伯納 ‧ 巴迪（Bernard Batty）的信中寫道：「……我很開心引薦柯立安 ‧ 斯考森先生，他是我眾多的行政助理之一。斯考森先生的演講內容會很精彩……誠摯敬上，胡佛。」*WCS Journals*，1944。

的信，真的是出自胡佛之手嗎？

斯考森說，「胡佛局長總是被批評說聯調局的信總要經過他的簽名才能發出去。由聯調局總部出來的每封信，上頭只有一個名字。局長發信，全透過局長辦公室，都是由胡佛親筆簽名，或者是他貼身秘書代理執行。」

斯考森任職聯調局十六年的生涯結束後，與胡佛的友誼仍維繫很久。1951 年，他獲邀到楊百翰大學（Brigham Young University）任職，他認為那是教會給予的使命，於是接受了那份差事，出力建設學校，培養教職員。斯考森任職聯調局最後一天，到胡佛的辦公室向他道別。胡佛站起來，要他回答，「你是對誰不爽？」

「我沒對誰不爽啊。」斯考森回答說。

「那你幹嘛辭職？」

「哦，你也曉得摩門教會怎麼運作。他們來找你，選中你，才不管你幹的是什麼職業。」

接下來胡佛暖心與斯考森握手。胡佛說，「嗯，我猜你打算反守為攻了。我始終了解你的立場。如果你有意回來，我們永遠歡迎你，先打聲招呼給我就行了。」

局長並未替斯考森背書

往後四年，斯考森定期把自己的新書寄送給胡佛局長，或是進城時，順道拜訪問候。胡佛一定會熱誠地回信，另在斯考森私人及職場的重大日子，捎上親切的小卡片或信件。胡佛作品《大騙子》（*Masters of Deceit*）出書，斯考森買了一本，寄到聯調局總部請胡佛簽名，除了簽名胡佛還寫了些感言。

等到《赤裸裸的共產黨》出書時，胡佛秉持奉行已久的慣例，絕不替他人的專案、計畫或書籍背書。無論何時，人們請他談論前幹員的著述，胡佛總是妥當地婉拒評論，讓聯調局保持距離，如此自己可以保持政治中立的地位。

　　即便如此，胡佛差一點就替《赤裸裸的共產黨》背書。他收到斯考森簽名贈書之後，[6] 寫了張內容友好的卡片寄給斯考森，「我敢打包票，你就這個重大主題付出的心血，一定廣受矚目，引人深思。你真貼心，記得簽一本寫有我姓名的贈書送我。」後來，胡佛還撥時間，把一些推崇《赤裸裸的共產黨》的書評寄給斯考森。1959 年，胡佛寫道，「信中所附書評，都很誇獎你的新作，你一定有興趣讀一讀。耑此敬頌，你的好朋友，胡佛。」

寫出《赤裸裸的共產黨》

　　斯考森離開聯調局後，對共產主義的研究取得重大進展，並能夠落實成一本書。1953 年，也就是他就任於楊百翰大學的兩年後，校長詢問斯考森，是否能參加一個內容有關共產主義的寫作委員會，可以的話，也許發展成一本適合大學的教科書。斯考森欣然接受，著手去做後來稱為「共產主義及美國遺產」（Communism and the American Heritage）的計畫。

　　兩年後，計畫陷入泥淖。斯考森寫信給校長，表達自己憂

6　原註：斯考森寄送出的皮革裝訂本，在書內的題詞寫道：「1958 年 3 月 18 日，敬致明智的胡佛先生，您的忠誠和正直，有力地支撐了這個國家及其兩個世代人民的思維。請惠存本書，以表示我對您個人，以及作為由您建立的偉大美國機構的領導人的深切欽佩。誠摯敬上，柯立安・斯考森。

心浪費了太多時間在辯論最基本、已有足夠文獻的共產黨史及馬克思理論。

斯考森 1962 年說，「多方看來，這項工作證實為最困難的差事。在當時，談論共產主義的文獻不僅匠氣，還零星分散。此外，英文裡還沒寫過綜合性文章談論共產主義的整個歷史、哲學及顛覆性本質。故此，寫作委員會煞費苦心花了幾個月時間，想達成一些基本標準，憑以立論成文，但意見太分歧，事態很快變得很清楚，最終該由一個人先撰寫，接下來再交給其他人添加意見。」

在校長大力促成下，其他教授們答應讓斯考森離開委員會，以便他能獨力完成寫作。這件事讓斯考森再花了五年的時間。

找到正確書名

一開始，斯考森把自己的書取名為《共產主義及美國遺產》（*Communism and the American Heritage*）。接下來改為《共產黨的呼號》（*The Cry of Communism*）。雖然他還沒決定好書名，但傾向於後者。

接下來有一天，他湊巧與好友、知名電影製片人德米爾（Cecil B. DeMille）談到這件事；德米爾也強烈反共，大力提倡自由。斯考森提供定稿給德米爾，看看有什麼反應，當時德米爾剛完成自己的史詩電影《十誡》（*The Ten Commandments*）。過了幾個星期，德米爾回應，「斯考森兄，你書中所提的，就是要把共產黨的做作及宣傳剝個精光。所以我想把這本書稱為《赤裸裸的共產黨》。」斯考森照辦，接下

來的事大家都知道了。

收到初版新書時，德米爾回覆說，「你的《赤裸裸的共產黨》，對於一個必須不時提高警覺的美國人來說相當有幫助。」

暢銷書

1958 年，斯考森對傳播「微言大義」如此熱衷，以至於他跳過大型出版公司，由自己儲蓄裡拿錢支付《赤裸裸的共產黨》首刷五千本的費用。一開始書賣不動，擱在朋友的車庫裡。花了大約一年，書終於暢銷起來。一經流行便如燎原野火。

首刷幾個月內賣完。過沒多久，二刷也告售罄，三刷幾乎是還沒離開印刷廠就賣完了。兩年之內，每刷本數由一萬本增至兩萬，有一度還需要大量刷個五萬本。

對《赤裸裸的共產黨》的各種讚美由各地蜂擁而來。除了前述胡佛的卡片，其他聯調局朋友也恭喜斯考森的書寫得真好。斯考森在他日誌寫道，自己「賣了幾百本給前聯調局的同仁們」。

前聯調局副局長崔西（Stanley J. Tracy）評論說，「這是我讀過論述共產黨主題最強而有力的書籍，邏輯上它是胡佛局長的作品《大騙子》的續篇。大學教授採用本書作為教科書實在太完美了，全國各大學、公立圖書館書架，都該擺上這本書。」

全國廣播電台新聞分析家哈爾維（Paul Harvey）對聽眾說，「以往我從來不曾對任何書籍，給予這樣無條件的支持。」

華府的中華民國駐美大使館參事寫信說，「我們已把幾冊《赤裸裸的共產黨》原文書寄到台北的外交部，建議翻譯成書，分發流傳。我們將把進一步的發展告訴您。」

中華民國駐美大使寫信說，「值此人類歷史關鍵階段，您已剝光共產黨的『理性主義』、『歷史必然』光環，把它一切醜陋赤裸裸地揭露出來，替自由世界制定出了行動方針。」[7]

特約專欄作家兼廣播評論員索科斯基（George E. Sokolsky）要美國共產黨的支持者醒來而且留心，「對那些芝加哥律師，還有其他真想知道自己正在推崇什麼的人，我推薦一本書，書名叫《赤裸裸的共產黨》。」

美國律師協會在 1958 年的《年度報告》中推薦斯考森的書。美國陸軍情報學院（U.S. Army Intelligence School）把它列在推薦書目。全美國會議員、參議員、學校及大學紛紛發文表示感激，替斯考森的作品背書。

雷根總統 1964 年的文章中談到斯考森，「再沒人比斯考森更有資格來談論共產主義給這個國家帶來的威脅。」

《赤裸裸的共產黨》書中沒有迎合自由派媒體的內容。《展望》（*Look*）雜誌在 1962 年 3 月 13 日那一期寫道，民眾對那本書的接受程度「簡直難以置信，原因在於書評界泰斗的《紐約時報》（*The New York Times*）、《紐約先鋒論壇報》（*New York Herald Tribune*）或者《週六評論》（*Saturday Review*）都沒有撰文評論這本書」，然而它還是一樣暢銷，「一天一千本，目前已來到第十一刷了。」

研究方法

《赤裸裸的共產黨》對學懂共產黨歷史及目標的貢獻很

7　編註：當時的駐美大使為葉公超。

大，部分要歸功於斯考森的治學方法及過程。他所面對的難題是語文障礙以及資料的取得。當時，有關共產主義及其奠基者的實情、引證及傳記，絕大多數是用法文、德文或俄文撰寫的，而且在歐洲出版。美國學生能取得的書本非常少。斯考森的解決之道，是堅持使用英文裡可以找得到的原始材料。

「我較為偏向於使用原始的共產黨材料著手分析，歸納自己的結論，原因是我發現，很多現代共產理論的辯士試著扭曲原始學說，把學說的前後不一給合理化。」

至於較現代的事件，斯考森引用當今積極研究共產黨陰謀的作家。引用的作品列舉於參考書目。

斯考森說，「我的參考書目，含括的原始共產黨來源比例很大。事實上全是在 1930 到 1940 年間，由紐約國際出版商（International Publishers of New York）公司首度在美國出版的。這些書我個人書房全有，引用的便是它們。」

反共運動

1950 及 60 年代的反共運動，激增的挺美反共熱情，大浪滔滔般吞沒掉斯考森。斯考森平均一年發表演說四百場，連續五年，累得要死——有一天他演講六場，創下個人紀錄。相較於他在聯調局時代的演講任務，數量尤為可觀。這麼多的公開曝光以後，讓人大為好奇斯考森的背景以及其對於共產主義研究的專業。

隨著名揚四海，有人開始吹噓說斯考森是「胡佛的首席助手」、「聯調局共產主義專家第一把交椅」。斯考森從未這麼自稱，還煞費苦心去糾正。

聯調局湊近端詳斯考森的書

1958 年《赤裸裸的共產黨》出書不久，聯調局決定要來審視書本內容。局裡「國內情報處」（Domestic Intelligence Division）有意了解書中怎麼寫聯調局，還有整體上斯考森如何處理共產主義這個議題。

他們發現，撇開一些小錯誤，「應該無損全書的威力」。聯調局給的書評相當正面，差點兒就突破明令禁止的背書原則。

報告宣稱，「書寫得很好，的確有助於反共力量的成長。這本書清楚指出共產黨對自由世界的威脅。一本書中便包含共產主義的許多面向，包括共產理論、共黨領袖的生活、共產主義邁向征服世界的暴虐、共產主義的謬誤，還有建議從現在到 1970 年這段關鍵時刻，如何對抗共產主義。」

中情局也來湊熱鬧

美國國家級的情報單位對《赤裸裸的共產黨》興趣如此之大，以至於局裡購買的幾冊一直被人由圖書館借走。斯考森曾寫介紹信給中情局長杜勒斯，但回信係由副助理局長豪爾頓（Paul W. Howerton）所寫。

豪爾頓 1958 年 9 月回信寫道，「我們相當了解這本書，事實上早在去年 5 月就下單買了。局裡一般的圖書館及受訓生圖書館都有數冊您的大作。有件事您也許想知道，當我想由圖書館借出您的書來喚起我的記憶時，卻發現它們都被局裡同事借光了。」

1986年，豪爾頓回函將近30年後，斯考森私下獲邀到維吉尼亞州蘭利（Langley）的中情局總部大樓一遊。局方帶他到總圖書館，再到一個不大的邊間。邊間的門上方有個牌子寫著「歷史情報典藏」（Historical Intelligence Collection）。房間裡有數百本舊書，陳列在由地板到天花板的書架上，大多數是英文書，有些是俄文及中文書，其他則以阿拉伯文及現代希伯來文寫成。陳列主題由克蘭西（Tom Clancy）、佛萊明（Ian Fleming）等數十人寫的間諜小說，到戰術手冊、情報工作手冊及國內外的間諜技巧書籍。[8]大多是初版書，很多都有作者簽名。接下來圖書館員指向朝角落靠牆的書架，請斯考森看。那兒放了三本《赤裸裸的共產黨》，其中一本是西班牙文譯本。

館員對斯考森說，「冷戰時代，這本書是我們的聖經。《赤裸裸的共產黨》出版以前，我們沒有任何幫我們了解敵人的作品可供研讀。它是我們最棒的參考書，幫忙很大，直到後來別的材料出現為止。我們做情報的，人人都有一本，讀到書破破爛爛，就跟那幾本一樣。能否請您為它們簽名？」[9]

好萊塢對共產主義的回應

有人貶抑反共熱潮不過是想煽動美國人的熱情，但事實絕非如此。面對俄共總書記赫魯雪夫以及其他共黨領袖不斷的揶揄、威脅，美國人用行動來回應。對蘇聯叫陣的最大一次行動，應該是1961年10月16日舉行的大型反共集會——「好萊塢

8　譯註：湯姆・克蘭西以《獵殺紅色十月號》一書風行全球，佛萊明則是以他的著名小說主角，詹姆斯龐德的007情報員而聞名天下。

9　原註：1986年5月，與兒子保羅・斯考森一起前往中情局總部大樓參訪。

回應共產主義」（Hollywood's Answer To Communism）。超過15,000人擠進好萊塢露天劇場，外加電視轉播收看的觀眾，估計有4百到6百萬人。

參加集會的人士可謂星光熠熠，都是好萊塢大咖：約翰韋恩帶領眾人讀《效忠宣誓》詞，其他名流有吉米史都華（Jimmy Stewart）、沃爾特布列南（Walter Brennan）、泰克斯立特（Tex Ritter）、琳達達內爾（Linda Darnell）、喬治墨菲（George Murphy）、洛克哈德森（Rock Hudson）、尼爾森夫婦（Ozzie & Harriet Nelson）、瑪琳奧哈拉（Maureen O'Hara）、文生普萊斯（Vincent Price）、納京科爾（Nat King Cole）、華特迪士尼（Walt Disney）、約翰福特（John Ford）、羅伊羅傑斯（Roy Rogers）、戴爾伊凡斯（Dale Evans）、唐迪福爾（Don DeFore）、雷根（Ronald Reagan）、帕特奧布賴恩（Pat OBrien）、康妮海因斯（Connie Haines）、珍羅素（Jane Russell）、羅伯史達克（Robert Stack）、康乃狄克州民主黨籍參議員杜德（Sen. Thomas J. Dodd）、弗列·舒瓦茲博士（Dr. Fred Schwartz）、愛德嘉卑爾根（Edgar Bergen）、巴迪艾森（Buddy Ebsen）、愷撒羅摩洛（Cesar Romero）、帕特博尼（Pat Boone）等數十名。

當天為「好萊塢回應共產主義」演講的人，都是當時的反共領袖，包括斯考森在內。《洛杉磯鏡報》（*The Los Angeles Mirror*）報導，斯考森對聽眾的吸引力持續不散。

有位記者報導，「聽眾們熱情洋溢，四小時集會裡多次站起來喝采，許多讚美都送給前聯調局幹員斯考森；他提出對抗共產主義的五點計畫。」

聽眾的接受度，讓斯考森極為激動。「我講完『可以做什麼來擊敗共產主義』時，聽眾們站起來喝采。真是令人感到興

奮，因為我的那些建議，都是我國左派教授一直批評，說美國人民絕不會接受的東西。」

好萊塢露天劇場集會結束後，斯考森的採訪及演講邀約源源不斷，自己巡迴全國好幾個月，受訪及演講了幾百場——有時還搭直升機進場。他向麥迪遜廣場爆滿的聽眾演講，在全國大多數主要城市廣場也一樣。1962 年 2 月，好萊塢露天劇場集會已重播多次，累積 2 千多萬觀眾人次的觀看。美國已經被喚醒並且站了起來。

好些前同事酸溜溜

不知怎地，有些聯調局前同事並不樂見《赤裸裸的共產黨》的成功，以及斯考森愈來愈受到的歡迎。隨著反共熱情日益高漲，聯調局裡卻有些人愈來愈在意。局裡意見紛紜，說斯考森出賣自己與聯調局的關係，利用反共運動而獲利。

例如斯考森的恩師兼好友蘇利文竟使用官方照會，把斯考森描繪成極端分子。1963 年 1 月，蘇利文在自己一份備忘錄裡援引海軍軍法署長瓦德（Chester Ward）一些貶損斯考森的談話。瓦德以前在外交關係委員會（Council on Foreign Relations）任職十六年，他宣稱見過斯考森本人，說他是「沒原則的反共詐欺犯」、「只想到賺錢，遂行個人目的」。

其他聯調局官員心態類似。在接下來的備忘錄裡，沒提到瓦德是批判斯考森的源頭，只說斯考森「已被定調為詐欺犯」及「只想賺錢」等等，彷彿這種說法已成公認、既定的事實。除了那堆無中生有的標籤，瓊斯（M. A. Jones）還加上毫無根據的說法，宣稱斯考森「使盡渾身力氣來剝削反共主題……他

想都不想，就出賣自己以前與聯調局的關係，以成就自己反共作家、演講家的地位。」

　　源自蘇利文、瓊斯、德羅區（Cartha Deloach）、貝爾蒙特（A. H. Belmont）、瓦那爾（W. R. Wanall）等人的備忘錄提到斯考森時，經常加入這些字眼，「近年來，他與極右派的團體如約翰伯奇協會（John Birch Society, JBS）緊密掛鉤」，在頻繁提到其他「右派」名人如施瓦茨（Frederick Schwartz）、斯穆特（Dan Smoot），每次都帶著貶斥的意味。

什麼是約翰伯奇協會？

　　斯考森有位華府好友班森（Ezra Taft Benson）。班森在艾森豪政府擔任農業部長，曾協助放了幾本《赤裸裸的共產黨》到白宮、國務院、聯邦官署、國會等機構。斯考森及班森早期都支持約翰伯奇協會，但時間並不久。

　　斯考森說，「我倆沒加入該協會，但我寫過〈共黨攻擊約翰伯奇協會〉一文，因為該協會一直追蹤我們社會裡的顛覆分子並揭露出來，為此它一直遭受抹黑及攻擊。」

　　過一段時間以後，斯考森及班森雙雙疏遠了約翰伯奇協會。斯考森說，「長期下來，（約翰伯奇協會）有點兒過分了，比如倡議彈劾首席大法官。他們涉入政界太深。我就離開他們。我從沒入會，但共產黨真想摧毀他們的時候，我的確為他們辯護。」

　　被烙上柏奇人的標籤，會受傷嗎？斯考森說，「受不受傷，要看人們無知到什麼程度而定；我們要他們知情通曉，他們卻閉言閉語。」

志同道才合

不知何時，斯考森聽說對他的人身攻擊開始在聯調局的管道裡傳來傳去。於是他寫信給胡佛局長。

「過去幾年，事實上我做的每場公開演講，都錄音記錄下來。我想這足以證明，我跟任何批評我的人一樣反對極端行為。只是，他們一直訴諸不真實的道聽塗說，想製造一個印象，說《赤裸裸的共產黨》跟我個人是激進極端言行的支持者。」

事後回想，斯考森對自己老朋友蘇利文突然轉而反對他，後來還反胡佛局長，依然感到迷惘。斯考森推測，推波助瀾的因素是蘇利文的政治傾向。《紐約時報》表示，蘇利文是「第一位打入聯調局高層的自由派民主黨人」，這個政治傾向與斯考森及胡佛南轅北轍。

多年來，國會山莊裡一直有一股暗流想除掉胡佛。斯考森說，「有很大的可能是羅伯・甘酒迪（Robert Kennedy）讓蘇利文相信，出力除掉胡佛後，他（蘇利文）就能成為新任局長⋯⋯這個念頭叫他沖昏了頭，導致聯調局大內鬥，胡佛終於把蘇利文給撵出聯調局。」

李（J. Bracken Lee）市長

1957 年，在鹽湖城的邀請，及胡佛的推薦下，斯考森接受重建鹽湖城市警局的任務，並出任市警局長。三年半內，斯考森邁開大步，把市警局打造成專業洗鍊的機構。這項新工作拖慢《赤裸裸的共產黨》的寫作進度，但他夜裡勞心勞力寫書，如此他白天才能盡心於警察局長的工作。他受到員警同仁

及鹽湖城市民的歡迎。犯罪降低，娼妓離開當地，《時代》雜誌稱鹽湖城警方為「模範警力」。《法律與秩序》（Law and Order）這本全國性警政標竿刊物的編輯邀請斯考森撰文，暢談他的成功策略登在月刊裡。

接下來約瑟・李當選新市長——他矢言撤掉斯考森局長，讓鹽湖城「放輕鬆」。

李不喜歡斯考森的嚴格執法，尤其是查禁脫衣舞俱樂部及賭博。他想抹黑斯考森，於是接洽聯調局，使盡渾身力氣找碴，想傷害斯考森局長的美譽，為開除他找堂皇藉口。他很失望地了解到：斯考森在局裡的評價很高，而且已經自願離職，到楊百翰大學任職。

李羅織其他罪名，另使計施壓，而在市政委員中取得三比二的多數票，開除了斯考森。

開除斯考森後，鹽湖城全市譁然，消息一路傳到華府。斯考森的支持者從全國各地打電話、寫信來抗議李的愚蠢亂搞。

李為自己的舉措找藉口，說斯考森是「第一流的冒牌貨」，「亂花、誤用公帑」、「巧言令色」，根本是個「浪費奢侈的公僕」，濫權指使公職人員去寫《赤裸裸的共產黨》等等。其他慣常愛用的抹黑，還有把斯考森說成是「剛出道的希特勒」，把鹽湖城警察局當成秘密警察「蓋世太保」（Gestapo）。李後來補刀說，「他叫所有的人都怕他，而這一點令我擔憂。」同樣的話語於 2008 年斯考森的暢銷書《飛躍五千年》（The 5000 Year Leap）及《締造美國》（The Making of America）出版時再度湧現，攻擊斯考森的人格。

事實證明，李的指控如濫用公帑，沒半個經得起檢驗。員警、職員的個人證詞、官方的會計紀錄都證實是李市長不對。

市長甚至無法對他宣稱的斯考森不法行為，提出正式法律訴訟。但事情已經無法回頭了。

他被開除後不久，鹽湖城員警及文職職員、不分男女，向斯考森送上親筆簽名的送別宣言書。他們甚至不惜觸怒市長，在《警界互助雜誌》（*Police Mutual Aid Magazine*）及《槍硝》（*Gunsmoke*）刊登文章，推崇斯考森「人格及行政能力無與倫比，讓我市警方贏得全國肯定」。

後記

在出版《赤裸裸的共產黨》之前，斯考森的人生歷經起起落落。被李市長開除後，幾星期內他便專注於完成另一本書，勤跑四方發表演說。他蒐集材料，更新《赤裸裸的共產黨》的內容，以便跟得上變動迅速的共產世界。一年之內，他便炮製出共產黨的行為、以及他們追求的 45 個目標。在 1961 年 3 月出版的《赤裸裸的共產黨》第八版中，增加了〈共產黨的四十五個目標〉這一章。兩年後，相同的那 45 個目標被宣讀進入國會紀錄；詆毀斯考森的人蔑視此舉毫無意義，但它讓 45 個目標取得先知般的不朽地位，今天依然活在網路找得到的數十萬篇文章、評論當中。

斯考森一直很在意自己與聯調局的情誼，主動提供並分享情資，與局裡維持友好關係。他老家及大學裡那些公開攻擊他的人，每當斯考森新書一出來，依然會收到贈書。斯考森都會附上親切的問候，並向收件人表達自己並無惡意，希望繼續當朋友。

到了 1962 年，《赤裸裸的共產黨》銷售量跨越百萬本關

卡，繼續暢銷，直到 1960 年代中、晚期反共運動冷卻下來，才告下滑。

本書被譯成西班牙文，在拉丁美洲講西語的大城市賣得很好。書的好些篇章也譯成世界各國語文。雷根執政時期，人們被問到是否讀過《赤裸裸的共產黨》時，幾乎人人都頻頻點頭，並表示內容記得很清楚。

2008 年是《赤裸裸的共產黨》出版的 50 週年，大家對它重燃興趣。這一版付梓，銷路依然很好。

成為冷戰經典書籍

1990 年代末期，儘管那些自居「左派」的人認為書是「右派」作家寫的，斯考森的書仍被列為崇高燦爛的美國經典。美國歷史學者們公認，他們突然有所領悟，所以頒授這個殊榮給《赤裸裸的共產黨》。進步派茁壯了幾十年之後，美國主流史學家突然了解到：美國歷史的確有保守的一面；那一方面造就了雷根的大革新，以及最棒的傳統「美國風格」。

1998 年，柯恩（Patricia Cohen）在《紐約時報》撰文說，「歷史學者全然忽視了現代美國的保守主義。出於或可稱為自由派 90 年代版的愧疚，自由派史學家坦誠面對保守派一直譴責他們所犯的偏見。」

哈佛大學自由派教授莉莎・麥基爾（Lisa McGirr）指出，分歧的保守團體原本分散且雜亂無章，直到共產主義出現。正是這個共同的大敵，才讓它們在二戰後，把所謂極端到溫和的觀點都聯合起來，成為單一政治力量。而在 1950 年代，美國人做了什麼來鞏固那種政治力量呢？麥基爾認為是那些旨在反

共的訊息：

「家庭主婦、牙醫師、醫生及軍火業工程師交換消息，和《赤裸裸的共產黨》之類的書籍，以警惕共產黨的威脅。」

系列書籍

《赤裸裸的共產黨》出書 12 年後，斯考森發表一篇書評，談奎格利（Carroll Quigley）的《悲劇與希望》（*Tragedy and Hope*）。他的書評發表於 1970 年，叫〈赤裸裸的資本家〉（The Naked Capitalist）。斯考森大量援用奎格利原書內文，聚焦在奎格利的顯著觀點，他說，「這樣沒人可以譴責我斷章取義。」奎格利塑造自己為「圈內人」，極有資格談論世上最有錢的人如何提倡共產及社會主義的故事。

斯考森於 2006 年過世，寫書談論社會主義實情的計畫未能完成，書名叫《赤裸裸的社會主義者》（*The Naked Socialist*），後來由他的兒子保羅・斯考森接續完成，2014 年出版。書中清晰描述社會主義的機制，還有不管躲在五花八門的名稱、同義詞下，社會主義如何一直在摧毀自由。書中沒有動用經濟及政治方面的術語而綜觀歷史，它揭露社會主義至今為止對國家及文明的腐蝕影響。它另顯示美國憲法如何建構，以徹底消除社會主義的七根支柱。

六十週年版

在《赤裸裸的共產黨：共產黨如何危害自由世界》六十週年版當中，做了五十一年來的首次修訂，內文維持原始犀利的

形式，另增加一些內容。

　　〈共產黨的 45 個目標〉發表近 60 年，除了當中的一個以外，其他都得逞了，我們會在新的一章中加以描述。

　　其他有關《赤裸裸的共產黨》的研究、重要性素材，都在斯考森官網 www.wcleonskousen.com 上可以取得。

保羅‧B‧斯考森

2017 年 5 月 7 日寫於猶他州鹽湖城

序章

馬克思人的崛起

人屬馬克思人

The Rise of the Marxist Man

人屬馬克思種人（**Homo marxian**）[1]

當有人著手用自己的形象，來塑造其他所有人類的時候，真是一件恐怖可怕的事情。[2]而這種事，竟成為卡爾・馬克思（Karl Marx）全力以赴的野心及目標。他倒不是想讓人人跟他平等，事實上，事態剛好相反。他想建構的意象是一個人形巨像，由馬克思當大腦及建築師，其他人當耳目、手腳、喉舌，為他服務。換句話說，馬克思打量這個世界，夢想著有朝一日，全體人類可以被外力擠成一個巨大的社會意象，完全符合馬克思夢想的完美社會。

為達成這一個目標，馬克思要求兩件事：首先，完全消滅異議，推翻所有現存政府、經濟體及社會。他寫道，「如此，我才能以造物主之姿，跨過廢墟！」馬克思要求的第二件事，則是新品種的人類。

他設想的人種，要能夠接受嚴格控制、人為制約（Pavlovian），這些人的心思，可以由主子給的信號，馬上引發行動。他要的人類，不再仰賴自由意志、倫理、道德或良知來指引。或許馬克思自己都不太了解，自己打算創造的這種人類，其思想受制程度，很像罪犯。

飢渴於權力的人夢想造出這樣的人種，已經有四千年以上的歷史。寧錄（Nimrod）提出其設計，柏拉圖加以粉飾，聖西蒙（Saint Simon）讓它昇華——現在，馬克思把它給具體化。[3]

今日，這種罪犯式的人類行走於地球上，數量已足以征服

1　譯註：在此作者以生物學的雙命名法，把馬克思醉心創造出來的人，由屬名 Homo 人屬，再加種名 marxian 馬克思種，稱其學名為人屬馬克思種人。
2　譯註：舊約聖經創世紀，上帝依其形象造人。

國家或大陸，足以改變法律及邊界，足以決定戰爭或和平。學名大可稱之為「人屬馬克思種人」（Homo Marxian），俗名馬克思人（Marxist Man）。馬克思很明白地說，要讓這個人種成為二十世紀的唯一人種。

人屬馬克思種人讓其他人類既害怕又迷惘，原因在罪犯式的心靈，其反應方式，不是正常人能料想到的。

舉個例子，假設有個殷勤好客的人邀請一個以犯罪為業的人到他家共進晚餐，那位眼珠亂轉的客人可能會打量各色上選菜肴、昂貴銀器及亮晶晶的酒杯，完全沒領會到主人想傳達的溫暖友誼及誠意。事實上，慣犯心中可能會認定，主人不僅心腸軟，還頭腦笨。最後，他會判斷說，如此心軟又愚笨的人不配享有這麼多好東西。所以客人會利用當晚的其他時間，思考如何在當天深夜回頭，偷光請他吃飯的主人的一切財寶。

任何熟悉過去一百年共產黨高層人士歷史的人們，能夠馬上看得出同樣的事情也發生在他們身上。二戰時，蘇聯明目張膽地利用美國的友誼與慷慨就是一個典型的例子。

人屬馬克思種人讓所有想跟他合作的人感到迷惘，因為他不按牌理出牌，因此難以預測。然而實情是這樣的：馬克思人已把自己的思維，將他的思想降低到原始自然界中最低的價值共同點。他只靠自私求生的叢林法則而活。談到這些價值，他可是算計到精準的程度。不管碰到太平還是亂世，他的反應一向很原始，因此可以預測得到。

因為人屬馬克思種人認為自己完全是由塵世造就的，於是

3　譯註：寧錄，舊約聖經中一人物的外號，挪亞的曾孫。聖經說他總是跟上帝作對。柏拉圖，古希臘哲學家。聖西蒙，19世紀著名的法國社會主義思想家。

認為自己沒有別的角色。他認為自己不可能有靈魂，否定了自己的不朽能力。他相信天下沒有造物主，人生在世沒有理由或目的，純粹只是自然力量誤打誤撞，意外湊合在一塊的原因。

既然不講道德了，於是馬克思人以直接、簡單的方式處理一切問題。把自保說成是自己行為的唯一理由，而別人的行為，他一律解說為「自私動機」或「愚蠢」。對人屬馬克思種人來說，簽訂五十三條條約，接下來違反其中五十一條，並不是偽善，而是策略。為制伏別人心智以致於混淆事實，算不得欺騙，而是必要的管理工具。馬克思人已說服自己，認為只要合乎便宜行事，一切都不算邪惡。人類以往試著用榮譽及倫理，為和諧的人際關係打基礎、設限制，這些東西，馬克思人全然揚棄不守。

歷史正在闡明，因為自己的心理制約，馬克思人就感受而言，大概是全人類當中最沒安全感的。因為他相信，自己是無目的宇宙裡的偶然現象，所以有永不滿足的胃口，想把萬事萬物置於自己宰制之下。他承認非到如此，無法覺得安全。他不僅必須征服人類，還把全部力量用來征服物質、征服空間、征服宇宙，視之為自己的任務，以便把秩序由渾沌中引出來。他說，他必須這麼做，原因在於人類是存在的唯一產物，雖出於偶然但極其幸運，有能力做聰明、創意的思考。他相信，既然人屬馬克思種人是人類最先進的，就必須接受擔起最高生物的任務。他在自己的宣言裡絕對真誠地說，人屬馬克思種人打算成為地球的終極管理人兼上帝，接下來再成為宇宙的上帝。

在這種全面的野心理論影響下，很多非馬克思人被這種意

識形態幻想引發的情緒大潮所俘獲，放任自己在急流中席捲前行，前往他們盼望的人造神性應許之地。然而近些年愈來愈多這類「朝聖客」冒著生命危險返回現實。每個折返的人都有相同的故事。這些人發現，人屬馬克思種人的舉止就像他自己相信那般，是脫胎自叢林的進階生物。他打量其他人時，滿是恐懼狐疑，回應每個問題之際，彷彿自己的性命岌岌可危。雖說他要求有權統治人類，卻輕蔑峻斥人類歷經數千年而學到的最基本教訓。朝聖而返的人都見證同一件事：人屬馬克思種人已扭轉歷史的方向，叫人類反人類。

就在這種歷史危機中，今天人類找尋到自我。馬克思人降臨地球，時機不合邏輯莫此為甚。這個時代，科技進展終於讓全人類能吃飽穿暖、有地方住，而馬克思人卻想動武威脅這種和平成就。今天幾乎其他民族都想造出真正的聯合國，致力於和平與舉世繁榮，但馬克思人的不安全感卻驅使他需索人間世的專擅權。雖說人類有能力以超音速移動，有能力讓所有文化、民族親密而頻繁地接觸，但馬克思人堅持造出鐵幕，如此他才能躲在後頭偷偷辦事。

馬克思人毫不遮掩自己的終極目標。他生來就是想統治世界。因為他還只算青少年，曉得自己無法囫圇一口吞掉全人類。所以，他必須安於一次先咬一口。接下來篇章我們將見到，他已採用按部就班的「征服時間表」，堅定地遵循著。按共產黨預言，自由世界已時日無多。

這樣的兩難處境，讓擔驚受怕、還沒被征服的部分人類，未來只剩三種可能的選擇：

一、乖乖投降。

二、試著共存。

三、動手把這個囂張的惡霸拉下來。

　　就筆者所知，自由人類最後必須走的行動路徑毋庸置疑。事實上那是求生法則允許的唯一選擇。能感受到自己心跳的自由人，沒半個會贊成投降作為解決方案。而且，知道躲在共產黨「共存」招數後頭有什麼致命內容的人，沒人膽敢接受那種提議，以作為長久的解決方案。

　　那剩下什麼？

　　幾年前，筆者還在聯調局工作時，開始了解到，馬克思專家久已曉得，一定有方法立刻制止共產主義。此外，假如自由人類及時行動，那麼不必打大戰就辦得到。我提筆寫這本書的原因正是如此。寫這本書出於這個信念：假如現代人接受馬克思人恆久留在地球上，真是頭殼壞去。

　　有太多理直氣壯、淺顯易懂的歷史理由可以說明，為何每種正當力量都應該拿出來，承擔除掉共產主義這個阻擋正常人類進步的路障。為了人屬馬克思種人以及其他人類，都必須這麼做。馬克思人，是人造實驗的犧牲品，陷在否定人類的永不休止的循環當中。只要自由人類還是地球上的絕大多數，就大有機會打破那個循環。然而，要做到這一點，自由人類必須聰明又強力地團結起來。

　　這本研究專書結尾時列舉一些政策，如果及時運用，可以除掉馬克思人已經架在人類道路上的路障。這些政策也是了解馬克思主義歷史、哲學及終極目標後，自動浮現的解方。它們也是冷冰冰的現實存在，產生自我們嘗試與馬克思人打交道時而嚐到的苦澀經驗。

若是夠多的人能研究這項難題，以團結而巨大的單一陣線來橫越世界，那麼人類以這個巨大成就來作為慶祝二十一世紀的終結，是完全有可能的：

　　我們這個時代，人類都享有自由！

第一章

共產主義的奠基者

| 馬克思 | 恩格斯 |

The Founders of Communism

本章當中，我們先來了解兩個人。第一位是馬克思，共產主義的始祖，第二位是恩格斯（Friedrich Engels），馬克思的合夥人。我們試著用共產黨人介紹他倆的方式，來呈介他們的生平——好多教科書似乎渴望把兩人描述成斯文、有願景的社會改革者，但他倆其實是雙手握拳、飢渴於權力的革命家；最接近他們的追隨者發現他倆是如此。這一章雖然只是簡短摘要，但試著包含充足的細節，供想了解共產主義的讀者能夠回答以下問題：

　　為什麼馬克思主義作家把他們的開山始祖稱為「天才」，卻又坦承他是「很凶、喜歡爭吵、愛唱反調，獨裁又愛自吹自擂」？

　　馬克思受過良好教育嗎？他是哪裡人？他大多數的革命性著作，是在哪兒完成的？

　　馬克思從沒有任何專業的、與日常事務相關的，或者可靠的謀生之長，何以如此？

　　恩格斯與馬克思有何不同？

　　馬克思與恩格斯在《共產黨宣言》（*Communist Manifesto*）揭櫫的六大主要目標是什麼？

　　為什麼馬克思相信，自己首要任務之一是「推翻上帝」？為什麼他認為自己的書《資本論》（*Das Kapital*）可以改變世界？

　　為什麼馬克思兩次通過創造組織，推動世界革命的意圖都宣告失敗？

時間：1853 年，地點：倫敦

1853 年一個寒冷有霧的日子，一位英國官員冒著毛毛雨，站在倫敦貧民窟中心地區一間陋舍門口。他敲門，過不久屋內人請他進來。官員走進屋內，濃烈的氣味及菸味籠罩在他的頭部，讓他嗆到咳嗽，眼睛刺到流淚。他費勁由煙霾望去，看到這間陋舍的主人，一名胸膛厚實的男子，頭髮蓬亂，鬍髭如草。男子用德國腔很濃的英語跟他打招呼，遞根菸斗給他，再招呼他坐到椅背破掉的椅子上。

官員事先若不知詳情，絕不會認為坐在他眼前亂鬚如草的男子上過大學，並擁有博士學位。也不會認為忙著把孩子們趕到後室的那名婦女，事實上是位日耳曼貴族的女兒。但實情就是如此。這兒就是馬克思博士夫婦的住處。

此時馬克思是政治流亡人士——分別被普魯士、法國及比利時驅離。英國准他還有其他來自歐陸的革命領袖定居，對此馬克思很是感激。英國給他終生的基地，由此他繼續自己的革命志業。

這個特定的日子官員來訪，不值得提高警戒，英國政府只是例行查訪所有住在英格蘭的政治流亡人士而已。官員並不懷有敵意。他發現馬克思夫婦奇怪得很有趣，可以幸福地坐在紊亂到不可思議的居家環境裡，生動地暢談世界問題。這位官員後來在有關馬克思一家的正式報告中，寫下了他疑惑不解的看法：

「馬克思住在倫敦最差、也最便宜的一區。他家有兩房，面對街道的是客廳，臥室在後頭。兩間房裡沒半件乾淨或像樣的家具，而且家中的物品都破破爛爛，蒙上厚厚灰塵，四處骯

髒到極點。客廳中間有張油布蓋住的桌子，上頭放著手稿、書籍及報紙，還有孩子們的玩具、他老婆針線籃的零碎雜物、杯緣破碎的茶杯、骯髒的刀叉湯匙、煤燈、墨水瓶、酒杯、幾支荷蘭菸管、菸灰——全在同個桌子疊成一堆……只是，凡此種種都沒叫馬克思或他太太有半絲尷尬。他倆以最友善的態度接待你，殷勤奉上菸管、菸草及任何湊巧有的請客東西。最後聊天時的機智有趣，叫你忘掉他家的一切缺點。」

這樣的介紹，讓我們見到貫穿十九世紀歷史頁面，最戲劇性的名人之一——馬克思死後比生前影響力更大。傳記作者奮力想解開馬克思生平之謎。在某個時期，馬克思被稱為「這時代最偉大的天才」，但下一瞬間，即便馬克思的學生都覺得他「很凶、喜歡爭吵、愛唱反調，獨裁又愛自吹自擂，跟全世界都有仇，而且不時擔憂，唯恐他無法彰顯自己的優越性」。

如此衝突、澎湃的人性動能，就表達在馬克思動盪的人格當中。

早年的馬克思

1818年5月5日，馬克思誕生於普魯士特里爾市（Treves）。他當然無須為祖上感到顏面無光。他的父族、母族往上推好幾個世代，男性祖先都是傑出學者及猶太教經師。然而，馬克思的父親在職業及信仰兩方面都決定與過往分道揚鑣。他帶一家人脫離猶太教會，成為新教徒；取得執業律師的專業認定之後，更與新教徒打成一片。當傳統家族的支柱被拔除時，馬克思年僅六歲。有些傳記作家把他後來對宗教的反對，歸因於童年這次突然改變信仰而引發的衝突。

小學時，少年馬克思便展現出自己學習迅速，成績傑出的一面。他顯露的另一個特質終生困擾著他——沒辦法交朋友。我們翻遍馬克思著作，很少發現他提到兒時的快樂時光。傳記作家說，他太緊張，太急著想宰制局勢，太在意個人成就，自作主張時太強勢，所以留不住多少朋友。然而，馬克思並非無情，他真的渴望有人關愛。十七歲他展開大學生涯時，他寫給父母的信偶爾會流露出如同女性般的深層情感。譬如說：

　　「希望掛在我們家中的烏雲能逐漸散去；我能獲准分享你們的悲苦、淚水交融、或許直接抱住你們，表達深厚、無法度量的愛，而我以往一直沒能像兒子般地表達給你們。希望您，我永遠敬愛的父親，心中能了解我像在風雨中翻滾的感受，可以原諒我。因為我的心，依您看來，當初必定是跑到別地方去了，而我精神上的痛苦，使得內心失去了表達的能力。誠盼您早日康復，而我能雙手抱著您，傾訴我一切感受，永遠摯愛您的兒子，卡爾。」

　　這樣的表達必定叫老馬克思很困惑。他當馬克思的爸爸一輩子，從沒能在勸告馬克思，或提出不同看法時，能讓他不情緒大爆發。馬克思的信件經常提到自己與爸媽吵架；爸媽給兒子的信函，則抱怨兒子太自我本位，都沒考量到家人。他信中一直跟父母要錢，而且大多家書都沒回覆，父母都覺得他很失禮。

青年馬克思

　　1835 年秋天，馬克思進入波昂大學（University of Bonn）攻讀法律。那一年真是亂哄哄。他夜裡去混酒館，搞得自己債

台高築，差點因「夜間酗酒鬧事」而被校方開除，把父母嚇壞了。他的學業成績大多差強人意，他還撂狠話說要放棄法律去當個詩人。1836 年夏天，他與人決鬥，眼睛受傷。波昂大學終於認為，讓馬克思轉到別的大學會比較好。老馬克思衷心贊成；馬克思被送去了柏林。

就讀柏林大學（University of Berlin）時，馬克思的智力才開始建立起來，他人生的生活型態也在這個時候開始成形。雖然他順從爸爸的期望去讀法律，但那只是虛情假意，掩飾自己渴望鑽研哲學的障眼法。在這個摸索過程中，馬克思的爸爸去世了，他馬上公開站出來說，自己想追求在學術上的發展，期望在某所大學找到哲學相關科系的教職。馬克思的博士論文題目訂為《德謨克利特與伊比鳩魯自然哲學間的差異》（ *The Difference between the Natural Philosophy of Democritus and Epicurus* ）。

這篇論文中，馬克思支持伊比鳩魯的唯物論，原因在它預留出強化唯物原則的餘地。他認為假如物是自有動力的，那就可以不需造物主、設計者，或是宇宙的力量。馬克思博士論文的反宗教情緒，在他選擇普羅米修斯（Prometheus）的呼喊「一言以蔽之——我討厭一切神明！」作為論文的箴言時，表達得更清楚。在這段知識的孵育期，三件事主宰馬克思的思維：他渴望發現自然哲學、渴望批駁各個宗教，還有渴望贏得西伐利亞男爵（Baron von Westphalen）女兒的芳心。

馬克思就讀柏林大學時，與左派黑格爾學者們過從甚密，那些人奉日耳曼哲學家黑格爾（Georg Wilhelm Hegel）為宗師。那個時刻，他們全部精力都耗費在清算基督教。施特勞斯（David Friedrich Strauss）於 1835 年發表他的書籍，《耶穌的

一生》（*Life of Jesus*），震撼全普魯士；他的觀點是，福音書並非真實的歷史文件，他相信它們純粹只是迷思，由早期基督徒的共同想像演化出來的結果。馬克思的親密合夥人鮑威爾（Bruno Bauer）1840 年根據相同主題寫出《對觀福音書的歷史批判》（*Historical Criticism of the Synoptic Gospels*）一書。他在書中宣稱，福音書都是偽造的，耶穌從不存在，只是個虛構人物，因此基督教信仰是個詐欺行為。

在這個時間點，鮑威爾及馬克思決定，他們應大膽地發行《無神論期刊》（*Journal of Atheism*），但是雜誌欠缺金援而倒閉。

然而，反基督教勢力又得到另一名能言善道的擁護者的支援，費爾巴哈（Ludwig Feuerbach）於 1841 年以《基督教的本質》（*Essence of Christianity*）一書而嶄露頭角。他不僅揶揄基督教，還提出論點，說人類是全宇宙智力最高的型態。這個奇特的學說令馬克思著迷。他在自己博士論文也寫了相同觀點。馬克思直率地說，有必要「把人類的自覺心認定為最高神性」！

當局對這股反基督教活動的應對，有了重大轉變；馬克思認為，此刻把他的論文提呈給柏林大學並不明智。他的朋友鮑威爾建議他去耶拿大學（University of Jena）。這個建議，馬克思聽了進去，接下來在 1841 年 4 月獲得耶拿大學的哲學博士學位。

然而過不多久，一記重擊讓馬克思在某所普魯士大學當哲學教授的雄心為之破滅。這是因為馬克思與鮑威爾合著的一本小冊子充滿了革命元素，當局因此強力偵辦。普魯士官員查出小冊子的作者是誰後，鮑威爾遭波昂大學立即開除，而馬克思則被告知，絕不容他在普魯士的任何大學教書。

此時，革命的幽靈如同火焰般竄升於馬克思體內；他必須設法展開運動、重塑世界。然而他覺得，要達成這樣的任務，他必須取得西伐利亞男爵之女珍妮（Jenny von Westphalen）的陪伴；珍妮迷人又受歡迎，是日耳曼貴族之女，住在馬克思的故鄉。他倆魚雁往返已達七年。馬克思有封信說得很清楚，一旦嫁給他，珍妮就會變成革命黨之妻。他說，「珍妮！假如我們能把兩人靈魂銲接在一起，那麼我就敢把手套輕蔑地扔向全世界的臉，挑戰決鬥，我將跨過造物主殘骸！」

1843 年 6 月，兩人結婚。當時新郎失業，而珍妮很快就發現，這一點即將成為兩人整個婚姻生活的不變特色。馬克思對一個丈夫擔當一家之主該盡哪些責任，從來想都沒想過。然而，珍妮依然對馬克思堅貞不渝，她碰到的狀況，如果是一個意志力較弱的女子，老早就已經崩潰了。婚後他們蜜月行程走了五個月，接下來他們搬去巴黎，馬克思希望在當地與人合辦一家革命喉舌刊物叫《法蘭西普魯士年鑑》（The Franco-German Year Books）。創刊號發行後不久就倒閉了，馬克思接下來的十五個月時間，都愜意地花在「讀書與寫作」這樣的閒差事上。

這成為馬克思往後人生的常態。後來歲月裡，他的家人在挨餓，別人卻發現馬克思跑去圖書館，去做對他來說有趣、但卻是毫無報酬的事情——研讀高等數學。伏爾泰奚落說有種男人，沒能力持家，只好退縮到閣樓，從那兒他們卻能經營全世界。馬克思似乎就是這一型的男人。雖說他似乎四體不勤，但碰到叫他有興趣的題材，馬克思真能產出數量驚人的知識成品。其他方面，他連動都不動。馬克思有這些個人特徵，結果他從沒有過任何專業的、正式任命的、日常事務的，或者可靠

的謀生之長。談到他人生的這一個面相,有個善待馬克思的傳記作者如此寫道:

「一般工作叫他生厭;傳統職業令他失去幽默感。口袋裡沒半毛錢,襯衫皺巴巴,他卻能用貴族氣息打量世界……他的一生過得很拮据。他努力想滿足家庭及家族的經濟需求,卻無能到可笑;而他在銀錢事項的無能為力,讓他陷入無止境的苦難及掙扎。他總是負債,不斷被債主追著跑……他家中半數家具總是被拿去典當。他的開支怎麼做也不平衡,長期處於破產。恩格斯給他的幾千塊,到他手中就像雪花般融化掉。」

從這裡,讓我們注意到馬克思唯一的密友——弗里德里希・恩格斯。

恩格斯

恩格斯有很多方面與馬克思呈對立面。他長得又高又瘦,生氣勃勃,本性善良。他熱愛運動,喜愛人群,天性樂觀。1820年11月28日,出生於普魯士不來梅,父親是紡織業者,在不來梅及英國曼徹斯特都有很多大工廠。自小開始,恩格斯便在父親的鋼鐵紀律下打磨,學會蔑視紡織工廠及工廠管理層的一切。隨著他長大成人,他與「工業無產階級」站在同一邊也就成為自然不過的事情了。

對於一個資產階級商人的兒子來說,年輕時的恩格斯所受過的學校教育少得驚人;至少他沒接受過廣義上的大學教育。但是,他透過刻苦努力及天生才華,把沒在學校受教的缺憾彌補過來。他在英國花了不少時間,學會英、法兩種語文,語文如此高強,以至於能供稿給英文及法文的自由派雜誌來賺錢。

雖然傳記作家大寫特寫的恩格斯，既熱誠又迷人，很多個人特質與陰森多疑的馬克思並不相同。然而，兩人在知識發展上所走的道路卻是完全相同的。恩格斯跟馬克思一樣，與父親吵得很凶，跑去讀施特勞斯的《耶穌的一生》，與吸引馬克思的同一批激進左派黑格爾派交友，開始信奉不可知論，又憤世嫉俗，對工業革命的自由企業經濟喪失信心，判定世界唯一真實的希望在共產主義。

　　恩格斯很早便仰慕馬克思，但無緣一見。1844 年 8 月，他前往巴黎，就是刻意要拜訪馬克思。兩人真是磁性相吸，一拍即合。十天之後，兩人便覺得命中注定要合作。也就在那十天中，馬克思點化恩格斯，叫後者由烏托邦共產主義者，變成徹底的革命黨。他說服恩格斯，說歐文（Robert Owen）及聖西蒙（Saint Simon）的理想主義，無法成為人類的真正希望，大環境召喚武力革命來推翻現有社會。恩格斯同意，而回返普魯士。

　　六個月後，馬克思連同其他革命家遭法國驅逐，搬到比利時的布魯塞爾。馬克思與恩格斯在當地合著《聖家》（ *The Holy Family* ）一書，旨在糾合有以下特色的共產黨人：願意完全斷絕與博愛、烏托邦主義或基督教道德等所謂「和平修正」（peaceful reforms）的關係。革命的紅旗已經擎起，馬克思與恩格斯自詡為最親密的旗手。

　　馬克思與恩格斯之間快速發展的奇特關係，唯有在恩格斯本人體會到，能與天才如馬克思之流交往其實是一種殊榮的時候，才能夠被理解。除此之外，他還認為能承擔支援馬克思財務這項責任，很是光榮。馬克思被逐出法國後不久，恩格斯把手頭所有閒錢全送給他，另保證還會再給，「請把這種事，

視為理所當然；我希望過不久就收到我寫英文文章的稿費，而能把錢交由你處置，這是世上最快樂的事。因為我家裡的老爺（父親）必須給我生活費，所以我可以不靠稿費就能過活。我們不能容許那些豬狗要賤招，讓你財務窘迫而感到快樂。」

　　馬克思與恩格斯這種新結盟關係，讓兩人都有勇氣基於武力革命的需求，而推動「國際共產黨聯盟」（International Communist League）。他們計畫使用普魯士、法國工人，來當自己新政治機器的骨幹，但結果證實他們是要大失所望了。在法國勞工當中花了好幾個月，恩格斯斥責他們「偏愛做最荒謬的白日夢，想用和平計畫開創普世的幸福」。他跟馬克思講，在法國，革命的柴薪並不存在。既然無法按計畫建設他們自己的革命組織，馬克思及恩格斯決定接管一個已經存在的。1847年8月，他們成功取得布魯塞爾「工人教育學會」（Workers' Educational Society）的控制權。這讓他們在歐洲改革組織中，馬上擁有威望，也讓他倆首度有機會把影響力擴展到英格蘭。此時的馬克思、恩格斯，若是知道他們的革命志業的總部，最後竟會變成在英國，而非歐陸，應該會很驚訝吧。

《共產黨宣言》

　　1847年11月那段時間，倫敦有話傳過來，說「正義聯盟」（Federation of the Just，後來以「共產黨聯盟」聞名）要馬克思及恩格斯以布魯塞爾共產黨組織代表的身分，參加他們的第二次大會。馬克思、恩格斯不僅參加大會，事實上還接管了它。靠著幾乎一晚沒睡擬定計畫，還有在每場集會，運用狡猾策略，他們成功辦到叫大會通盤採納他們的基本觀點。接下來馬

克思、恩格斯受委託草擬一篇原則宣言，或一篇「世界宣言」
（Manifesto to the World）。他倆回到布魯塞爾，立刻開始工作，
馬克思把自己熱切呼籲進行的革命，灌輸到文字裡頭。等完成
時，他們要向全人類宣布，國際共產主義新政綱代表著：一、
推翻資本主義；二、廢止私有財產；三、鏟除作為社會基本單
位的家庭；四、廢除一切階級；五、推翻一切政府；六、建立
共黨秩序，在一個沒有階級、沒有國家的社會裡，財產所有權
共有。為達成目標，《共產黨宣言》要採取的路線極為清晰：

「簡言之，各地共產黨支持所有革命運動，推翻現存的社
會制度。讓那些統治階級在共產革命面前顫抖吧。無產階級在
這個革命中失去的只是自己頸上的枷鎖，他們所能獲得的卻是
整個世界。全世界的工人們，團結起來吧！」

1848 年革命

革命的赤色強光，來得遠比馬克思或恩格斯預期快。1848
年 2 月，《共產黨宣言》墨漬未乾，法國無產階級的革命幽靈，
與憎厭路易腓力王（Louis Philippe）的資產階級結合起來，發
動暴力革命，把皇帝趕出法國。成立的臨時政府裡，有共產黨
聯盟成員參與，而他們很快召喚馬克思前來巴黎。馬克思抵達
法國首都時，激動得臉泛紅光，取得國際共產黨聯盟的全部授
權，要在巴黎設立國際總部，策劃在別的國家發動革命。

馬克思知道在法國那令人陶醉的成功，已導致臨時政府
激進派想把「軍團」派到周遭國家。它們的使命是要在各國
發動起義，把革命催燒成燎原大火。雖說這正是多年來馬克思

一直在提倡的事情，但他突然意識到，如此的攻勢可能招致反效果，導致他們失去所在國群眾的支持。然而，計畫還是被採用了，第一批軍團獲令進軍到普魯士。馬克思很快就跟上，開始用母語德文出版一份革命報叫《萊茵報》（*Rheinische Zeitung*）。

革命領袖很快就發現，馬克思在宣傳上是一個累贅。這一點當他奉派與共產黨聯盟其他成員到萊茵河谷組織勞工時，尤其明顯。人家要馬克思在「普魯士民主大會」（German Democratic Congress）上致詞時，他卻把這個黃金機會搞砸了。舒茲（Carl Schurz）說，「我急著聆聽如此受推崇的人口中按理該說出來的哲言智語，但我很失望。馬克思講話有份量、條理清晰，這點毋庸置疑。但我從沒看過一個態度傲慢到叫人受不了的人。他給我的印象是半點也不考慮與他相左的意見。牴觸他的人，他就饗以公開輕蔑……被他攻勢態度傷到的人，都傾向於支持一切與馬克思意願相反的事……非但沒能爭取到新支持者，他還趕走很多原本傾向支持他的人。」

普魯士革命自始就條件不佳，到了 1849 年 5 月 16 日，就已發展到丟臉垮台的地步。當局限令馬克思二十四小時內離開。他匆匆借到足夠資金，用紅字印行報紙停刊號，接下來趕忙奔往法國尋求庇護。

但法國也不庇護他。馬克思抵達巴黎，身無分文，精疲力盡，只發現新共和國裡的共產黨影響力已經枯萎死亡了。國民大會落在保王黨多數派手中。

他扔下家人，盡快逃離法國，因為他資金用光了，妻小過一陣子才跟上。他決定長久流亡到倫敦。

共產黨聯盟的終結

雖然馬克思必須把一家大小塞進倫敦貧民區廉價的一間公寓裡，但他覺得家眷的生活狀態夠好了，所以馬上再次專注於重燃革命烈火這件事上頭。然而，馬克思出面帶頭，造成的傷害比幫忙更大。他焦躁的精神，似乎總是在盟友之間製造分裂與吵架。過沒多久，他自行與過往盟友切斷關係。共產黨聯盟中央委員會脫離馬克思的影響力，轉移到科隆（Cologne）去，該機構留在當地直到 1852 年。那一年，所有德國共產黨領袖悉數被捕，因革命活動而被判重刑。馬克思竭盡全力想拯救當初疏遠他的同袍們。他蒐集文件，募來證人，提出他認為幫得上忙的各種辯護主張。只是，雖有這麼棒的法律服務，當時還活躍於革命的每個共黨領袖，都收到「有罪」的判決。這是對共產黨聯盟敲響喪鐘的時刻。

馬克思的家人

打這時候開始，馬克思一家以最窮困的條件住在倫敦。這段時期，馬克思在信件中表達出很奇異的感受組合。一方面，他表示深深擔憂妻兒的生計。在一封寫給恩格斯的信中，他懺悔說，妻子「夜裡流淚悲嘆」叫他幾乎忍不下去。只是在同一封信裡，他毫無掛礙地繼續談到，自己如何把全部時間用在攻讀歷史、政治、經濟學及社會問題，以便琢磨出答案，解決世界所有問題。

1852 年，馬克思的小女兒法蘭西絲卡（Francisca）夭折。兩年後，他兒子艾德嘉（Edgar）小小年紀就死了，再過兩年，

他的一個嬰兒死在分娩時。

馬克思太太寫的一封信裡，有幾段可顯示這個女子對丈夫的堅貞；她瞧著自己餓到快死的孩子們圍在身旁，而他們的爸爸則焚膏繼晷於大英博物館附屬圖書館。

「我一如實情，描寫生活的一天……因為奶媽的費用在這裡超級貴，雖說我胸脯及背部疼痛異常，但下定決心自己哺乳。但可憐的小寶貝吮奶時喝下那麼多憂愁，以至於不時哀啼，日夜劇痛。孩子來到世間，一夜安睡都沒有，至多兩三個鐘頭。最近，孩子劇烈痙攣，不時來回生死之間。發病的時候，他吮奶如此用力，以至於我的奶頭變得很痛，還流血了；血經常流進他嘴裡。有一天，我這樣坐著，我家女房東突然現身……因為我們無法馬上付出足額房租（五英鎊），兩名仲介就進屋，拿走我的一切物品——床褥、衣服，什麼都拿，甚至是嬰兒搖籃及小女兒的玩具，以至於孩子們哭得很淒厲。他們威脅說，兩小時內要把東西都拿走（老天保佑，他們沒那麼做）。要是真發生那種事，我就只能躺在地板上，跟冷得發抖的孩子們擠成一團……

「隔天，我們得搬家。天氣冷又下雨。我丈夫試著找落腳處，但只要他說出有四個小孩，沒人願意收留我們。最後有個朋友幫忙了。我們付了欠債，我很快賣掉我們的床、被褥，以便償還向醫生、麵包店、牛奶店賒的帳。」

如此過了好些年。坦白說，恩格斯及馬克思通信幾百封，幾乎每封信一兩個片段都會提到錢。恩格斯信裡有個特定的語句便是，「隨函附上五英鎊郵政匯票」，而貫穿馬克思的信，

總是有些發怒的段落如：「我媽斬釘截鐵地告訴我，任何向她請款的帳單，她都不會支付。」「再過十天，我家都沒活人了。」

「你該同意，我整個人淹進小資產階級醬汁裡，已經到了耳朵的部位了。」

在這麼悲慘的苟且偷生中，似乎一度迸射出希望的光。有一段格外急迫的時刻，就連恩格斯也幫不上忙。馬克思只好去荷蘭，當地有一名闊綽的叔伯慷慨地給他一百六十英鎊。這筆錢足以叫馬克思在財務上站起來，還掉債務，重新出發。但是錢放到口袋後，馬克思決定到普魯士跑一趟。他去特里爾看媽媽，接下來去柏林，找舊日朋友痛飲好幾回，並要人替他拍照，總而言之扮演一個安逸紳士的角色。兩個月後他回家，馬克思夫人歡迎遊歷歸來的丈夫，心想這下子賒帳可以還清，買衣物及家具，租較好的房間。她駭然得知，那一百六十鎊事實上所剩無幾了。

創建第一國際

1862 年，倫敦舉辦萬國博覽會，驕傲地展示 19 世紀資本主義的工業成就。主辦單位滿心想營造出國際親善的氛圍，因此邀請各國不僅提出展覽品，還派遣它們的勞工代表前來，與其他參展國家勞工交換想法及善意。

自 1860 年起得勢的英國勞工領袖認為，這正是絕佳時機，可以成立一個國際勞工組織。所以他們把握每個機會，與來自義大利、普魯士、法國、波蘭及荷蘭的勞工領袖認識並成親密的朋友。到適當時機，他們就能建立一個常設「國際」，

而總部設在倫敦。這股運動的領袖之一，是位叫艾卡瑞烏斯（Eccarius）的裁縫，共產黨聯盟時代，他是馬克思的左右手。一等新運動成氣候，艾卡瑞烏斯就邀馬克思前來參與。

馬克思馬上開始展現自己的權力——但這次有所節制。這是因為他由共產黨聯盟的失敗，多少學到教訓。新組織命名為「國際工人協會」（International Workingmen's Association），也就是常說的「第一國際」（First International）。只要馬克思自我克制，他在來自各色國家勞工領袖當中，能夠施展出可觀的影響力。藉著在幕後小心運作，他成功地讓自己的想法幾乎全獲採納，壓倒「社會主義思想改革者」較軟弱、平和的方案。只是，凡此種種對馬克思而言，似乎太溫吞、不自然了。他向恩格斯坦承，自己被迫妥協，以便維穩維和：

「我的提案，小組委員會都採納了。唯有一件事，我必須保證，要在規則的前言裡塞進『責任』、『權利』兩個詞；另外還要談及真理、道德及正義。但如此安排後，以至於提案沒有什麼力道……還要再過些時候，重新甦醒的運動才會讓舊日言詞恢復生猛有力。我們必須實質強壯，但形式溫吞。」

雖說有這個「溫吞」的形式，但過沒多久，馬克思真實的感受，就悶雷般浮上表面。他在意兩件事：第一，必須創造硬派有紀律的革命志士，而他們能在所有國家主要產業裡，煽動工人們升級到有行動意志的程度；第二，有必要鏟除任何可能在新運動裡，威脅馬克思領導權的人。馬克思念茲於心的是清黨。

第一位感受到這波新攻勢力道的人，是德國勞工領袖施魏策爾（Herr von Schweitzer）。所有研讀馬克思、恩格斯的人似乎都同意，碰到要處理一個被挑出來進行清黨的同袍時，兩人

毫不留情。他們貼出來攻擊施魏策爾的大字報宣稱，施某替德國鐵血宰相俾斯麥工作。雖然這純屬子虛烏有，但施魏策爾的名譽遭破壞之大，莫此為甚。即使到今天，有些歷史學者還用馬克思的指控來當根據，宣稱施魏策爾是勞工大義的叛徒。

另一個遭到清洗的黨內棟樑是巴枯寧（Mikhail Bakunin），他是第一位對革命活動感興趣的俄羅斯人。他從俄國監獄逃出，去到日內瓦定居。巴枯寧對推動馬克思信條變得如此熱情，以至於某些勞工運動組織開始受他吸引，親近他，接受他的領導。這真要命。馬克思立即動手摧毀他，手段跟對付施魏策爾的一樣，差別只在馬克思、恩格斯指控巴枯寧是俄國沙皇的間諜。這樣的摧毀效應只奏效一時。接下來他倆散播一項後來證明為全然不實的指控——巴枯寧侵吞了二萬五千法郎。最後，馬克思祭出最後一擊，成功使第一國際把巴枯寧趕出去。馬克思私下覺得已摧毀最後一個可能嚴重威脅到他領導權的人，但他不知道的是：雖受到這樣的傷害，巴枯寧依然忠於馬克思信條，甚至把馬克思的書譯成俄文，因而撒下種子，最後讓俄羅斯淪於共產黨的獨裁統治之下的第一個國家。

然而，馬克思急著想清除第一國際裡自己全部的敵人，最後卻造成激烈的懷疑、不信任及黨派分裂，導致整個組織的毀滅。事實上，巴枯寧被趕走後，第一國際不久也走上末路。英國的工會開始拋棄第一國際革命的大道理，而歐陸的工人團體開始無視第一國際的指令。最後在 1873 年 9 月 8 日，國際工人協會最後一次大會在日內瓦舉行，馬克思發現，最終同意與會的十三個代表，事實上必須「由地下給挖出來」才行。就所有實質意義而言，第一國際已經死亡了。

馬克思寫書改變世界

馬克思意欲把國際工人協會打造成偉大的世界運動，動機大多來自他想把自己絞盡腦汁寫在紙上的理論付諸實踐。數年來，他縱情在自己兩個得意計畫：第一國際，還有他的「著作」。兩個計畫把他的正常體力消耗精光。這讓他的肝病宿疾再度爆發。過沒多久，他就罹患猛爆性膿瘡，差點全身都長滿了。健康不良叫他餘生飽受煎熬。有一封給恩格斯的信中，他大吐苦水，談到自己的病痛及失望：

「一晚不能成眠後，我發現胸腔上多長了兩個一級膿瘡，叫我噁心透了。」過幾段他又寫道，「現在我幹活得像匹役馬，發現自己必須把撥得出來的時間，充分用在工作上。只是膿瘡還在，雖說只造成我身體部位難受，並沒干擾到我的大腦。」有次病發得特別嚴重，之後他寫道，「這次真的病得很重，我家人不曉得有多嚴重。若是再發作個三或四次，我就完了。我消瘦得很厲害，依然虛弱得很，倒不是在頭部，而在軀幹及四肢……要坐起來沒問題，但為了還能埋首幹點活，我偶爾只能躺下。」

馬克思提到的「活兒」便是為《資本論》（*Capital*）第一部做研究，準備素材。馬克思深信，除非勞動大眾取得革命哲學，把歷史、經濟及社會進展都包括在內，不然革命無法成功。他寫《資本論》是想指出，暴力推翻現有秩序，不僅理直氣壯，而且是不可避免。本書其他地方將檢驗馬克思各項理論，但在這裡我們要指出的是：馬克思對於撰寫《資本論》，看成是一項不甚愉快的任務，但要先完成它，國際共產主義才能發芽茁壯。

1865 年，當馬克思還在奮力準備《資本論》第一部的最後手稿以便付梓的時候，他對恩格斯說，自己打算「很快成書，因為這件事對我已變成十足的夢魘」。他偶爾病勢好轉，那些時候能夠喘息一下，在最後寫給恩格斯的信中提到，「關於那本該死的書，現在狀況是：已經在 12 月底完成了。」恩格斯勸慰馬克思說，要讓《資本論》成書，此中的煎熬操煩，對他的折磨跟對馬克思是一樣的巨大。他寫道，「手稿送印刷廠那天，我要去大醉一番！」

　　要到 1867 年 3 月，最終修訂才告完成，馬克思前往普魯士，以母語德文出版《資本論》。過沒多久，書開始上市。

　　但《資本論》出現在書架時，遠沒像馬克思、恩格斯兩人指望那樣，取得勝利。它的論述對於工人群體來說過於仔細，而且在知識分子改革者當中不具有說服力。對知識分子來說，還要再過一個世代，他們才會動用《資本論》來當主要的藉口，攻擊世上既有秩序。

人生落幕的那些年

　　到了 1875 年，馬克思由自己奮鬥的一生，已得不到多少稱心快樂了。第一國際已在他身旁解體，而他寫來為自己政策撐腰的書，在歐洲的書店裡積灰滯銷。馬克思繼續寫了兩冊，但體內熱情慢慢消散。馬克思死後，出書任務留待恩格斯去做，第二部在 1885 年，第三部在 1894 年出版。

　　馬克思在世最後幾年既枯燥又寂寞。嚐到難堪的敗北，他轉向自己家庭取暖。他太太始終給他安慰及溫暖，但馬克思的子女成長過程中傷痕累累。當馬克思干涉他女兒伊蓮娜

（Eleanor）的婚嫁時，她乾脆與艾威林（Edward Aveling）自由戀愛而結婚，但婚後生活苦不堪言，最後自殺身亡。另一個女兒勞拉（Laura）則嫁給一個判教的醫生，最後兩人結伴自殺。

到了 1878 年，馬克思事實上已經從各方面拋棄了自己的事業。他磐石般的自信已然散碎。勞工領袖無視於他，改革派揶揄他。他講的話沒什麼份量，在海內外都是如此。

故此，當光陰的喪鐘終於擊倒馬克思除恩格斯以外唯一精神上的親人，也就是他的太太時，馬克思的精神面貌來到崩潰點。馬克思那位優雅、出身貴族，卻飽受苦難的太太，於 1881 年 12 月 2 日死於癌症。13 個月後，馬克思最愛的女兒珍妮（Jenny）也突然去世。接下來，恩格斯發現，馬克思也死了。他只比女兒珍妮多活了短短兩個月。1883 年 3 月 14 日下午 2 點 45 分，他孤獨地坐在椅子上死去，享年 64。

三天後，六、七個人陪著馬克思的棺材，送到倫敦海格特公墓（Highgate cemetery）。在現場，他最堅定的朋友恩格斯宣讀悼詞。那篇悼詞，馬克思應該聽得很高興；它熾烈地讚美，堅定地推崇──馬克思生前從沒享受到的一切，死後終於都有了。

後記

馬克思動盪、焦躁、不得安寧的一生就這麼結束了。不管用什麼標準，這種人生都是病態的──塞滿灼熱的野心、無時無刻的沮喪，接連不斷的失敗。無論是從朋友或敵人的角度來看，馬克思人生真正的悲劇可以由以下的事實來瞧見：不曉得出於什麼驚人的理由，他推動的任何方案，總是本能地種下自毀的種子。

馬克思的作品幾乎無窮無盡，由厚重複雜的書籍，到堆積如山的罵人和狂熱書信，大家翻看時，很難不引發起這樣的感受：馬克思真是把自己本質的精髓，灌注到共產主義裡。他對政治權威的憎恨，表達在一記洪亮的全面性革命呼喊裡。他拒絕或者無力在資本主義式經濟裡競爭，迫使他惡毒地譴責那種經濟，無情預言它注定毀滅。他深層的不安全感，逼著他由想像中創造出一種詮釋歷史的手段，說進步不可免，共產千秋萬載不可逃。他對宗教、道德及日常生活競爭的個人態度，導致他渴望一個時代，在其中人類可以沒有宗教、道德或面對日常生活上的競爭。他想活在一個沒階級、沒國度、沒有競爭的社會裡，萬事萬物都能充裕的生產，而人類只憑他們表面的能力去生產，就自動能收到一切物質需求超充裕的滿足。

　　馬克思另一個特徵，在他遺留下的知性中——共產主義——也可以看得出來，就是兩者都必須由遠處觀賞、愛戴，即便朋友也不例外。正因如此，很多傳記作家處理馬克思時，彷彿他有本尊跟分身。由遠處打量，他們覺得愛戴他的理論，但湊近接觸，馬克思就變成另一個人。故此，巴枯寧才會稱馬克思為「我們這時代經濟與社會學的至高天才」，而接下來則評價馬克思這個人「自我本位到瘋狂的地步……」。

　　「馬克思熱愛自己的程度，遠超過愛朋友及門徒，而且哪怕最輕微傷到他的虛榮心，友誼就維繫不下去了……馬克思絕不寬恕有人怠慢他。你必須崇拜他，奉他為神明，他才回報以愛；你必須做到至少要畏懼他，他才會寬容你。他喜歡周遭包圍著小人物、奴才、拍馬屁的人。當然，他的親信裡有些傑出人物。但整體而言，我們大可說馬克思的親信圈裡，很少有哥兒們的坦誠，卻有一大堆權謀算計及陰陽其詞。各相關人等

出於自私，他們之間都有某種形式上的暗中鬥爭以及讓步；而只要虛榮心作祟，就容不下兄弟之間的情誼。人人提心吊膽，害怕被犧牲、被殲滅。馬克思的圈子類似於一種互相仰慕的社群。馬克思是分派榮譽的總司令，但同時也是一個不誠實、陰險，從不坦白的人。他總是教唆迫害那些他猜忌、或者那些沒有顯露出馬克思所期待的那種全心全意崇拜的門徒。一等他下令迫害，代表那些卑鄙、齷齪的手段是毫無限制地發揮了。」

馬克思經常把沸騰如強酸的不寬容，澆到自己追隨者的頭上，這個舉動部分原因，或許可以從他完全相信自己調合出來的理論，確實是宇宙真理，無瑕如寶石而得到解釋。在他力量充盈的全盛期，馬克思經常以無比自信、力可移山的宣言，來壓倒有異議的人士。

他對自己的追隨者咆哮說，「歷史在你們這邊。由歷史演化法則造就的資本主義，將由相同法則無情地運作而被摧毀。資本體制的經理人、資產階級，隨著那套體制而出現在歷史舞台上，等到那套體制下台時，他們必須退場。各位無產階級藉著勞動而推動資本主義，而且靠著你們勤勉的果實，維繫了整個資產階級社會。只是，社會主義將成為資本主義必然的有機結果，後者的精髓就蘊含在前者的精髓裡。隨著資本主義結束，社會主義開始到來，這是邏輯的後果。身為一種階級的無產諸君，結合了消滅資本主義的力量及趨勢，必定要終結資產階級。身為一個階級，諸君只消履行命運呼喚你們去做的革命。你們只消拿出意志力！歷史讓這件事對各位極為寬鬆。諸君不消思索任何新點子、設定任何計畫、發現新國度。各位不必死板地期待這個世界，只消動手做正在等待你們的任務。你們執行任務的手段，將在無休止、有目的、持之以恆進行階級

鬥爭時找出來，而登峰造極於社會革命的勝利。」

　　馬克思垂死前那幾個鐘頭，幾乎沒跡象顯示出他會因為自己奮力製造、但沒成功的真正革命而名留歷史。西歐把暴力革命輕描淡寫成 19 世紀社會改革某個時刻的事情，然而一個沉睡的東歐巨人即將被馬克思的武裝革命呼籲給粗暴地喚醒。當然，那就是俄羅斯。

　　研究俄羅斯革命之前，我們必須掉頭，短暫去審視一下，馬克思及恩格斯留給全球共產主義門徒當成遺產的那些理論。很多俄國革命發生的事件，以及接下來的共產黨活動，或許能由那些理論當中找到解釋，不然實在很難理解、甚至無法理解是怎麼一回事。

第二章

共產主義的魅力

The Appeal of Communism

「偉大科學家，或者任何教育程度那麼高的人，怎麼會傾心於共產主義？」過去七十年間，每次共黨間諜被踢爆，這個問題就迴響於美國大地。很多人驚訝地發現，共產主義吸引某些知識分子，原因在它包含引人入勝的「自然哲學」。共產主義這種哲學裡，似乎解釋了現存萬有的起源及發展——生命、行星、銀河、演化，甚至人類的智商。對那些以往沒浸淫哲學的人，這些概念有時真會令人著迷、有說服力。因此本章當中，我們將處理這些概念。

　　這個題材或許會讓人讀起來費力。然而，想消化共產主義理論，用這種簡短、濃縮的形式，比起試著花幾個月，把它們由散得很廣的共產主義文獻、專著挖掘出來，其實容易得多。

　　所有想了解馬克思主義的人，都應該要探詢直到找出解答，能回答如下所列的問題為止。

　　共產主義的「矛盾律」（law of opposites）在講什麼？「否定律」（law of negation）是什麼？「質變律」（law of transformation）要解釋得夠清楚。

　　共產理論的哲學家怎麼解釋生命起源？宇宙係經設計，或有其目的的嗎？

　　共產理論的概念講，萬事萬物都是因緣合和（accumulated accident）的結果，指的是什麼？

　　共產主義裡有神嗎？費爾巴哈說人就是神，真義是什麼？馬克思說一定會重塑世界的是什麼人？馬克思與恩格斯如何為使用暴力辯護？

　　共產主義的「矛盾律」的基本謬誤為何？「否定之否定規律」的內在謬誤是什麼？而「質變律」的弱點何在？

共產主義的立論

馬克思、恩格斯的影響力留存世上，不光因它們反對一大堆東西，主要還是因為它們代表很重要的事。一言以蔽之，它們保證滿足兩項人類最大需求：普世的和平及繁榮。

共產主義允諾世上所有困擾、不滿及不快樂的人，即將下來的黃金時代是他們的，光這件事就保證有人想聽一聽，不僅對弱勢勞工，還有對很多貴族、有錢人及政經理論學者，都是如此。

這些人開始聽馬克思、恩格斯準備如何達成普世的和平及繁榮的時候，馬上開始分裂為支持或反對共產主義的陣營，涇渭分明。一群人堅持，雖然共產主義會讓人類刀光劍影（畢竟，假如它是走向永遠太平的門戶，再打仗一次又何妨？），但值得一試。另一陣營則認為，共產主義完全牴觸人性的善良，並且會馬上磨滅人類千百年來奮鬥而取得的進程。

那麼，共產主義的立論是什麼？

本章當中，我們將試著把共產主義思想化約到其最基本公式。讀者會馬上了解到：馬克思、恩格斯討論過的，遠不止暴力革命及共產經濟學。事實上，他們發展出一個思想框架，旨在解釋存在的一切。這套哲理讓現代共產知識分子引以為豪，所以值得仔細端詳。

共產自然哲學

首先，共產基本理念認為現有的一切，可以用一樣東西來解釋——物質。除了物質，別無其他。物質完全可以解說原子、

太陽系、植物、動物、人、精神意識、人類智商及生命其他一切面向。共產哲學認為，假如科學能辦到格物（know about matter）致知，那麼人類將無所不知。因此共產主義把重責大任交給科學，就是讓人類悉知悉見，了解一切真理，但把科學探究限制在唯一真相——物質。物質被奉為一切真相的始與終，不容置疑。

共產哲學接下來著手回答三個問題：

自然界能源或動力的起源是什麼？

銀河系、太陽系、行星、動物及自然各界不停地增加數量，究竟是什麼導致的？

生命之源、物種之源、意識與心靈之源，是什麼？

馬克思與恩格斯以他倆的物質三律回答所有這類問題：

> 矛盾律——馬克思及恩格斯由以下觀察入手：存在的一切，都是對立面的組合或團結。電的特徵在電荷一正一負。原子由質子及電子組成，兩種粒子係由衝突的力所結合。每種有機體都有吸引與排斥的特質。即便人類都能內省而發現，自己是對立特質的結合體——自私與利人、勇敢及懦弱、合群與孤僻、謙卑及驕傲、陽剛與陰柔。共產主義結論認為，存在的一切「都含有兩個互不相容、排斥但依然同樣重要、不可或缺的部件或面向。」

此時共產主義的概念說，自然當中對立面的結合，正是叫每個個體自行運動的動因，而且提供永恆運動及改變的動機。這個理念係借自黑格爾（Georg Wilhelm Hegel, 1770-1831），黑格爾說，「（自然當中）衝突正是一切動作、一切生命的根

苗。」

如此，矛盾律帶領我們首次見識到基本的共產主義的辯證法。「辯證法」這個詞對共產黨人有極特殊意義。它代表著本質內有衝突的思想。初步開始接觸共產哲學的讀者，每次碰到「辯證法」這個詞彙時，就以「衝突」來取代，比較能了解辯證法的意義。

所以在這一點上，讀者被期望能了解到：宇宙萬事萬物是處於運動狀態，原因在宇宙是由對立力量包紮成的包裹，內部一直在鬥爭。這一點引領我們來到物質的第二律。

否定律——說完宇宙動力及能源後，共產主義的作家們著手解說自然的趨勢，是不停地增加萬事萬物的數量。他們判定，每個個體往往會自我否定，以便用更大數量繁殖自己。恩格斯援引大麥種子的例子；大麥種子依自然狀態是發芽，導致自己的死亡（或否定）而長成植物。麥株接下來長到成熟，結出許多大麥種子之後再否定自己。故此，整個自然是透過死亡而不停擴張的。每件事物本身的對立元素，既在內部製造衝突，讓它有動能，往往也否定事物本身；但源自死亡的動態過程，能量被釋放，擴張並生產出更多同樣的單體。

解說完宇宙數量的增加，共產主義的哲學家接下來解釋自然一切造物的不同。

質變律——這條法則說，一個特定階級數量不停地開展，經常導致自然當中發生「質變」，憑此全新的形式或

單體被造出來。以石蠟烴為例：

「化學證明，甲烷是由一個碳原子及四個氫原子組成。現在，假如我們在甲烷裡再加一個碳原子及兩個氫原子（只是量的增加，原因在組成甲烷的就是這兩種元素），我們就得到全新的物質叫乙烷。假如我們再另外加一個碳原子及兩個氫原子到乙烷，我們就得到丙烷這種全新的化學物質。再增加一個碳原子及兩個氫原子，這樣量變得到第四種化學物質丁烷。繼續加量，添一個碳原子及兩個氫原子，便取得第五種化學物質戊烷。」

馬克思主義的哲學家立刻歸結說，這便是自然「創造力」（creative power）的線索。物質不僅自有動能，數量傾向增加，而且透過數量的累積，就能「質變」為一種新形式、新等級的真實。

馬克思及恩格斯此時覺得，他們不僅發現「物種源始」（origin of species）的解釋，還發現令人興奮到發抖的解答，解開最大的謎團：生命是什麼？

生命、意識及心靈的源始

以這種原則為基礎，共產哲學家斷定，生命現象是這類質變之一的產品。恩格斯說，物質複雜化學結構演化到蛋白性物質組成，而生命就由蛋白性物質湧現。事實上，他堅稱一如你無法叫物質不動，你也無法叫蛋白性物質沒有生命。有生命是蛋白性物質的特徵——自然中較高形式的運動。

恩格斯另一個看法認為，一等生命由蛋白性物質湧現，它

必然要增加複雜程度。唯物辯證法是演化哲學。然而，共產黨人並不相信自然的新形式，是漸進式變化的產物，而是數量的加乘，在自然中造出「質變」動能，而產生一種變化，或新品種。

共產黨人相信，這些質變之一偶然造出意識現象。那種生物變得能察覺，自己身上有力量的運作。接著來到更高等級，另一種生命形式出現了，能力強到可處理這些模糊的觀念——以聯想的方式來整理——故此心靈以一種有智力、能自知自決的物質特性而湧現。但是，物質為主，心靈為次。沒有物質就沒有心靈——所以，可以沒有靈魂、不朽及上帝。

搞定質變律，共產自然哲學就變得完整。唯物辯證信徒覺得，這真是偉大的知識貢獻，增益人類對宇宙的理解。透過這三律，他們認為自己已指出：

一、物質是對立面的結合體，而造出衝突，使得物質自有動能、自行加強；因此，物質不需要外部的動力來源，來表現它的動力；

二、大自然透過自己恆常的否定（或死亡）形態，往往自行增加而填滿宇宙，發展或增加時有條不紊，不需要任何智能來指導；

三、透過質變律，物質有能力造出新形式，不需要任何外在物質的創造或指導力量。

恩格斯誇稱，藉由發現這三律，「造物主外於這個世界的最後一絲痕跡，都刷洗掉了。」

由這個簡短的彙總，可以看出共產知識分子相信：存在的

一切會出現，都是自然力無止境動作的結果。萬事萬物都是因緣和合的產品。沒有設計，沒有法則，沒有上帝。只有物質及自然力。

　　至於人類，共產哲學家傳授說，人是進階的動物──是自然的意外，跟其他生命形式一樣。只是，據說人類湊巧撞大運，在世上擁有最高智力。據說這一點讓人類成為宇宙的真神。費爾巴哈（Ludwig Feuerbach）說，「歷史的轉折點，就在人類開始有自覺：人類唯一的上帝，就是人類本身。」當他說這句話時，存乎於心的正是如此。

　　這一點可以解釋共產黨高層在摧毀各種形式宗教以及上帝崇拜時，近乎狂熱激情。列寧（Nikolai Lenin）宣稱，「我們必須向宗教開戰──這是唯物論的基本常識，也是馬克思主義的基本常識。」有人問馬克思人生目標是什麼，他說，「推翻上帝，摧毀資本主義！」然而，有件趣事可看的是：既已棄絕上帝、聖經、道德、永生、最後審判、聖靈的存在，及個人生命神聖之後，唯物辯證信徒轉而去崇拜他們自己。

　　他們斷定，大自然成就當中，人類擁有典型的完美形態，所以是宇宙的中心。

　　但是，假如按理說人類在世上擁有最高智力，那麼重塑世界，顯然就變成人類的責任。自然而然地，馬克思相信這項任務，是共黨領袖不可逃避的責任，原因在他們是真正由科學而了解社會、經濟進展的人。馬克思與恩格斯接受這樣的事實：重塑世界必定是殘酷無情的任務，這包括摧毀那些礙事的人。他們說，這一點是必須的，以便共產黨高層能乾淨俐落，一舉掃除人類不完美的社會和經濟上的原罪，接下來逐步引入和諧完美的社會，讓全人類未來所有時代，都活得科學、安全

及快樂。

然而，在踏上如此大膽之路以前，共產主義的奠基者了解，他們必須為追隨者，發展出全新的手法，處理道德、倫理的問題。列寧概括如下：「我們可以講，吾人之道德，完全服膺於無產階級鬥爭的利益。」換句話說，無論是什麼，只要符合共產主義理念的物質改善，就道德上來說都是正向的；反之，那就是負面的。這個說法只是簡化了「結果決定手段」的含義而已。只要相挺大義，欺騙、撒謊、背信甚或殺人，都是正確的。這種不講道德的法則，可以道盡共黨這一邊的反道德行為，這對於共產黨以外的人們來說，經常是無法理解的。

小批共產自然哲學

根據經驗觀察，那些投向共產主義的人，經常向那些沒有這麼做的同伴，展現一種無所不知的優越感。他覺得，宇宙終於以一種簡單、可理解的方式，呈現在他眼前。若他以前從沒思索過哲學問題，他很可能就會被沖昏頭，以為透過唯物辯證法，人類終於解決基本而必要的問題，可以理解宇宙。有了這種心態，人們經常會放棄自己的批判態度。他會大量地接受共產理論的灌輸，因為他完全相信，自己終於發現真理的終極形態了。

然而，警覺心高的人立刻會察覺，共產自然哲學裡很多東西根本是謬論。以矛盾律為例。這條規律宣稱一切物質都由對立面組成，能量由這些衝突元素而證實的對立所衍生出來。矛盾律照說是解釋動能的起源，但兩個相牴觸的元素，除非本身已經有能量，不然一開始不會碰頭。經發現，大自然中相牴

觸的動能，擁有外於彼此的能量。把它們湊在一起，純粹只是結合已存在的能量或動能。所以，誠如哲學家所指出的那樣，共產主義的矛盾律並沒有解釋動能；反而以動能為它的先決條件！

誠如有位作家開玩笑地說，「兩個惰性元素引發的衝突、產生的動能，不會比一千個死掉的資本家跟一百萬個死掉的共產黨，兩方打階級戰爭來得大。」

據共黨說法，我們回想起物質第二律是否定律。這個原則說，一個單體裡相牴觸的力量，往往導致它自我否定。只是，藉由死亡的過程，動能的力量釋放出來，造就更擴大的發展。一粒大麥種子如此發芽及否定，而產出大麥植物，而接下來大麥植物被否定，而產出很多新種子。依此觀之，便能解釋大自然中數量增加的現象。

只是，按照麥法登（Charles J. McFadden）博士在《共產主義哲學》（*The Philosophy of Communism*）書中指出，否定律什麼都沒解說。它只是描述一個自然現象。沒錯，大自然的大計是以不斷擴大的量來繁殖自己，但一個親體的隕滅或否定，不管怎麼看，與它自我繁殖的力量不必然相關。任何生物的成長與死亡，不論它有沒有自我繁殖，都會繼續進行下去，而且有些生物在任何否定發生前，已一再地繁殖。

此外，物質第一、第二規律讓共產哲學家處於這樣的境地：主張動能與生命不僅是自動、自造、自發的，而且麥籽長成麥株，再由麥株生出許多麥籽，都是因緣和合的結果。恩格斯對困在這種處境的可能性深惡痛絕，坦承「自然有則律，有因果關係及必然」。只是，他不承認自然可能有智能設計，只說大麥籽造出麥株，麥株生出更多麥籽，原因在這件事的本質就這

麼規定。這件事為什麼那樣規定？不論重點被哲學術語搞得多模糊，人們不花多少心力就可以查出：恩格斯主張，自然界當中，機械動能盲目茫然的力量，有能力自我組織而造出複雜的物件，而那些物件有事先設計，以完成先決目標。舉個例子，談到大麥籽，有什麼在命令它否定自己而產出麥株呢？還有，唯物辯證者靠著什麼合理原則，才能解釋發芽後的大麥籽總是產出大麥株，而不是別的東西呢？

權威人士指出，恩格斯發展的思想形態所歸結出來的結論，即使他都承認無法從大自然找到例證，所以他縮回去躲在模糊的泛論後頭，進而令人覺得很含糊、難以理解。

第三規律的質變律也是描述自然現象，但未能解釋清楚。它肯定我們在自然界發現差別很大的物種，各有獨特的特性及特徵。但是，雖說某些這類「質變」，可以隨著某些無機物單靠量的累積而製造出來（一如石蠟烴），但它並沒有解釋這些新的特性是怎麼造出來的。此外，用質變律來解說生命自發地由蛋白性物質湧現的時候，共產理論的哲學家就是公然違背一切科學經驗。自然普遍顯示，唯有生命才能孕育生命。不管在實驗室或在大自然，想人工造出生命，或讓生命自發出現，一直都無法辦到。

這些共產理論哲學的基本弱點，正是最後讓錢伯斯（替共產黨做間諜的美國人）相信自己受騙的原因。雖然共產主義的辯證法動用艱澀的術語，但他最後醒悟到盲目茫然的自然物質力量，無論用多少時間，永遠無法造出人類周遭所見極其複雜的事物。

鑽研這項問題的人們經常指出，「大自然湊巧造出複雜度如此之高的器官如眼睛，而眼睛有成千上萬微細的組織，組合

的方式精準到符合視覺所需，這種機率在數學上幾乎無法計算。但是，眼睛只是人體那麼多複雜組件之一。光憑大自然，要精準造出其他任何一個器官及腺體的物質組合，其機率一樣渺茫。但這還沒道盡全貌，原因在人身上，這些器官及腺體全被組織成為功能完美的一個整體。而且，人類只是大自然中多到數不清的物種之一。不管是無生命物體或有生命的物體，每一個物體都擁有類似的狀況，也就是都由最微小的部分形成的神奇組合。」

正是這一類的思考，最終喚醒了錢伯斯，了解到自己周遭現實情況的複雜及深奧，遠非共產主義講的「物質之運動」能道盡或滿足的。故此，他開始從共產哲學打退堂鼓。

然而，共產主義的大災難，在其倡議者並沒停留在俗稱唯物辯證法「沉思而無傷」的地步。他們決定，要把人類存在的每個面向，都用自己發現的原理所塞滿。所以，他們提倡用新手法處理歷史、經濟學、政治學、倫理、社會計畫，甚至是科學。馬克思及恩格斯在《共產黨宣言》裡承認，批評共產主義的人可以說它「廢除了永恆真理、所有宗教、所有道德，而以新基礎來制定它們；因此，它的作用牴觸一切過往歷史的經驗」。

因為現在地球超過三分之一人口臣服在共產主義恐怖的「行動計畫」（plan of action）底下，而共產理論的倡議者相信，該計畫為全人類的終極好處，應強加在人類頭上，以下我們將試著發掘，共產主義提出來解決世界問題的方式是哪些。

第三章

共產主義解決世界問題的手法

The Communist Approach to the Solution
of World Problems

現在，我們進入共產主義為更多人了解的部分。至少，聽過共產黨的行動計畫的人，要比上一章介紹共產自然哲學的人來得多。以下是一些問題，與馬克思主義的世界問題解決之道有關，每個研習共產理論的人應該都能回答。

馬克思及恩格斯為什麼認為，他們已找到顛撲不破的歷史定律，而讓他們可以預測未來人類發展的途徑？

「經濟決定論」（Economic Determinism）是什麼？「活動理論」（Activist Theory）又是什麼？依馬克思、恩格斯看來，世上有「自由意志」這種東西嗎？人類可以選擇自己未來生活其間的社會形態嗎？抑或他們只能聽命於周遭的物質力量？

馬克思、恩格斯是怎麼把人類的進展，解釋為階級鬥爭的產物？

共產主義的私有財產理論為何？為什麼它被視為是一種詛咒？

馬克思、恩格斯如何解釋國家的源起？為什麼他倆視其為「不自然」？

他倆如何解釋宗教、道德、法律體系的源起？

共產理論的「無產階級專政」時期，照說要達成些什麼？

為什麼共產黨說「社會主義」只是人類進展的暫時階段？

他們提出發展一種文明，在其中社會沒有階級、沒有國度，是怎麼回事？

共產對歷史的詮釋

今天很少人有空坐下來，聽聽專業的共產黨人講述他的觀點。就算真有這樣的機會出現，民眾會有一個立即的印象，那

就是共產黨對於人類的過往歷史是極其崇敬的。這是因為馬克思及恩格斯認為，他們對過往的研究，導致他們發現了一條「鐵律」（inexorable law），這條鐵律就像一條亮紅線，貫串整個歷史。他們進一步相信，藉著追溯這條線，可以信心滿滿地預測未來人類進展的形態。

馬克思、恩格斯研究歷史，究竟發現了什麼？首先他倆認定，人的至高本能為自保，所以人類行為的整個形態，必定受制於想從大自然奪取生活必需品。這是一種人類對抗大自然的辯證過程。這一點導致他們的重大結論：歷史發展全是「經濟決定論」的成果，也就是人類努力想活下去。他們說，人類做的一切，不管是組織政府、制定法律、支持特定的道德規範或宗教信仰，都是人類想保護自己目前使用的任何生產模式，而確保其生活所需。此外，他倆相信，若是某種革新力量改變了生產模式，有支配力的階級會立刻著手創造類型不同的社會，用意在保護新的經濟秩序。

「要了解人類的思想、觀點及構思，簡言之就是人類的意識，隨著物質生存條件每次變化而改變，這需要高深洞察力嗎……思想史除了證明知識生產特徵在比例上的改變，還需要證明如同物質生產之改變嗎？」

要領略兩人的觀點，必須了解馬克思及恩格斯對人類心智運作的方式，抱持著是一成不變的概念。他們說，人腦由外界接收到想法之後，會自動叫人去採取行動（這便是馬、恩兩人的活動理論）。他們不相信，若沒促使「所有人」有所行動，還能取得知識。舉個例子，當人類領略到奴隸制度可以令人滿意的方式，來生產穀物、建造建築物、享受各種服務，那麼這種領略（知識）就會促使有支配力階級去創造保護奴隸主利益

的社會。到了現代，馬克思及恩格斯相信，資產階級也幹同樣的事，憑著本能創造一個保護他們資本利益的社會。誠如他們在《共產黨宣言》裡對資產階級所說：

「爾等的思想，只是你們資產階級從生產條件、財產孳生出來的東西，一如你們的法律系統，不過是爾等階級的意志，寫成法律叫大家遵守；那種意志的基本特徵及走向，取決於爾等階級生存之經濟條件。」

由此可知，馬克思、恩格斯並不相信，人們可以從好幾種社會形態中，獨斷地選擇任何一種；人們會選擇只有支持主流生產模式的那種社會。人類唯物組成的本質要求他那麼做。「人能自由選擇這種或那種的社會嗎？休想啊。」據馬克思說，我們稱為「自由意志」的東西，其實別無他物，不多不少，只是意識到好些逼迫力量，會驅使人採取行動；採取行動時，他並不能自由改變自己本質規定的途徑。

「共產主義並不把自由理解成選擇時的可能性，比如左轉或右轉，只理解為：人已擇定轉向哪條路的時候，有多大的機率會竭盡全力而已。」

換句話說，人的心智接收現有經濟條件的知識，而「選擇」轉到那種有其必要而保存當前生產模式的方向。那麼，人類只有按以下的意思，才算自由：他們受影響而決定，自己耗費巨大的能量，來建構一個由政府、法律、道德及宗教形成的超級結構，它會使那些經濟基本條件長存不朽。潛藏在一切社會活

動基礎中的，是「經濟決定論」。物質生活中的生產方式，決定了其在社會、政治及信仰生活的一般特徵。

此時馬克思、恩格斯覺得，他們的發現遠不只是歷史的哲學解說，對人類福祉關係至大。事實上他們相信，兩人已表明經濟決定論，就是人類進步的基本創造力。他們覺得，既做出這麼重大的發現，若是自己能設法，把一個極完善的經濟生產系統，強加在人類頭上，那麼它就會自動造出極完善的社會，接下來社會又自動造出等級更高的人類。換句話說，猶太－基督教的手法，先致力於改善人類以便改善社會，被馬、恩顛倒過來。在此他們重申自己的信念：人類不是社會的創造者，反而是社會的產物。「一切社會變化、政治革命的最終原因，不該由人類腦袋或人類對永恆真理及正義的見解去尋找……而要從各個特殊時期的經濟學裡找。」

因此，馬克思、恩格斯倡議，要改善社會、提升人類的知識成分，唯一可靠之道便是改變經濟結構。但是，新穎而改良的生產、分配系統，該如何導引到人群當中？經濟決定論在無意識的情況下，已走過怎麼樣的歷史過程，而帶領人類來到當前的進展狀態？

以階級鬥爭角度來解釋人類進步

馬克思、恩格斯自行回答自己所提出的問題，認為從一開始，生產模式及分配手段一直把人類分為兩個基本階級：擁有生產手段的人因此變成剝削者，而身無長物的人，因此必須出賣或交易其勞動力來求生。兩群人之間的衝突元素，被馬、恩兩人認定為歷史的基本力量，推動社會革命，往愈來愈高的成

就等級發展。

「此後存在的社會史，便是階級鬥爭史。自由人與奴隸、貴族與庶民、莊園主及農奴、公會會長與僱傭工。一言以蔽之，壓迫者與被壓迫者，永遠站在對立面，進行不間斷的……戰鬥，每次結束時，要不是總體上社會革命性地重組，就是階級火拼留下的全面廢墟。」

在此，馬克思與恩格斯再度使用辯證法的原則。過去的社會，一向都是相對力量或階級的組合——剝削者及被剝削者。兩者之間的碰撞，總是產出動力，推促社會進入某種新發展。他倆指出，這種變遷經常有革命及暴力相伴。

但是，人與人之間的事情，真的必須遵循這條道路，也就是社會兩對立階級發生碰撞而永無休止的循環嗎？永遠必須要有革命造出新秩序，而秩序又被革命摧毀，再創造出別的秩序？馬克思、恩格斯看得出來，有朝一日人類會用團結來取代對立，和平取代戰爭。當然，如此的願望違反他們自己的辯證理論：自然界中，沒有得以靜止的東西，萬事萬物都是對立力量的結合體。只是，馬、恩兩人分析說，既然他們已發現歷史鐵律，階級鬥爭是歷史進步的自我改良機制，那麼他們會動用最後一次恐怖的階級鬥爭來遂行以下的目的：永久鏟除導致過去社會衝突的那個東西。過去一切社會有個恐怖的特色，導致自私、嫉妒、戰爭及階級鬥爭，它是什麼？馬、恩兩人認為，那些事情都可以追溯到一個根源——私有財產。假如他們能用最後一次階級起義革命，來推翻私有財產，就意味階級鬥爭變得不再必要，原因是沒什麼可爭了！

共產攸關私有財產的理論

為什麼共產黨人相信，私有財產是萬惡的根源？

恩格斯寫道，他相信太古時代，人們除了最私人的財物如衣服及武器，全都遵循共有制的原則。接下來他覺得，土地及牲口馴化，導致某些人產出的商品，多於自己所需，因此開始把剩餘物資，交換其他自己欠缺的物品。他說，這些用以交換的物品，自然而然被認定為歸屬於擁有它們的人，故此，私有財產的概念應運而生。

恩格斯接著認為：那些擁有土地或其他生產手段的人，顯然是由社會的經濟資源，收穫自己的主要利益，到最後，讓他們取得地位，僱用其他人來代他們工作。他們有能力為受僱於己的人，規定工資、工時及勞動條件，藉此保證自己逍遙自在，有社會地位，而同時剝削勞苦階級。所以，恩格斯說，由私有財產制，冒出階級敵意，尾隨的還有同陣營的罪惡：貪婪、驕傲、自私、帝國主義及戰爭。他還說，私有財產制導致創設國家的必要性。

共產理論裡的國家起源

恩格斯斷定，當無產階級被剝削到有暴動之虞的地步，支配階級創設一種權力機關以維持「法律與秩序」。也就是說，用來保護私有財產及剝削階級優勢的法律體系。他說，這種新秩序叫國家。

「國家僅只是社會演化到一定階段的產物。它（任何政

府之創設）實為承認社會本身已變得分裂到無可救藥，糾纏在無法妥協的衝突，而又無力排除。」

所以，國家之設計，是來拖延最後審判日。政府乃是「權力的工具」，是社會不自然的附屬品，創設出來是為了一個明顯的目的，就是保護特權階級及其握有的私人財產，不要讓被剝削階級正當拿去。馬克思及恩格斯推論，假如他們設法鏟除私有財產，那麼就能消滅階級鬥爭，屆時國家就不再有必要，也會逐漸枯亡。

共產理論談宗教起源及其經濟意義

馬克思、恩格斯進一步相信，另一個大惡，也是源自私有財產制，那就是宗教的剝削。當然，他們承認宗教根苗可能遠早於私有財產制便確立。然而，他們覺得，因為宗教的起源無關神靈，它必定是源自早期人類狂熱地想解釋自然力及人類的超自然經驗，例如做夢。他們相信，當私人財產崛起為社會的基石，宗教就會被奪走，當成撲滅被剝削階級反叛的工具。

據馬克思說，資產階級要他們的工人學會謙卑、忍耐及長久受苦，要能忍受堆積在他們頭上的冤屈，還抱存希望，「來生」能得到正義。馬克思說，宗教被搞來充當被壓迫者的鴉片。工人們被教以「別評判」，可依然忍受、盡忠於他們的主子。「宗教是被壓迫者的歎氣聲，冷酷世界的感傷，無生命環境的靈魂。它是人民的鴉片。」

這一點可以解釋共產政綱裡，為何有一條要求強力反對宗教：「文化革命影響廣大群眾，最重要的任務之一，便是有系

統、堅定地對抗宗教——人民的鴉片。」新成立的蘇維埃社會主義共和國聯盟（蘇聯，USSR）由共產黨領導，其政綱瀰漫著好戰和無神論，這個事實毋庸置疑。「我們鎮壓反動教士階級了嗎？沒錯，是有做到。不幸的是它還沒被完全清洗。」

共產理論談道德的起源及經濟意義

到了這裡，馬克思、恩格斯覺得他們已確立，邪惡的私有財產制該為階級仇恨、創立國家、宗教剝削這三件事負起責任。現在，他們把道德的起源及經濟意義，也貼上類似的解釋。馬、恩否定在猶太—基督教法典典章中建立的「對錯」標準存在任何永恆的基礎。列寧總結馬、恩思想時說，「我們否定倫理、道德，道理是什麼？道理在它們是資產階級宣傳的東西，是由上帝十誡演變出來的。當然，我們明講不信上帝。我們太曉得教士階層、地主及資產階級都宣稱以上帝之名在講話，以便保護他們身為剝削者的利益。我們棄絕一切由超人類或非階級概念提取出來的道德。我們說那是欺騙、惑亂、拐騙工農心思的技倆，為的是地主及資本家的利益。」

馬恩信徒相信，「不可偷盜」（Thou Shalt Not Steal）、「不可貪心」（Thou Shalt Covet）正是最好的例子，支配階級想把尊敬財產的戒律，強加在忍不住垂涎其主子財富、財產的被剝削大眾身上。誠如恩格斯所說，「『不可偷盜』，這條法因此變成永恆的道德律嗎？門都沒有！」他們把這類教誨稱為「階級」道德，旨在保護資產階級。

只是在揚棄猶太—基督道德規範時，恩格斯試著聲稱，共產主義只想移往更高層面，人類只因社會需求而取得行為動

機，「我們主張，吾人之道德，完全服膺於無產階級鬥爭之利益。」雖然恩格斯巧妙地想把共黨道德思想真正含義模糊化，但偶爾忍不住流露出自己心中真實想法，「我們因此峻拒任何圖謀想把什麼道德教條加諸我等……」

換句話說，共產主義著手以完全不講道德，來取代猶太—基督教道德。後來的共產黨人由他們領袖教誨推演而出的正是如此，這一點可由一名現代馬克思信徒說的話而凸顯出來，「共產黨為求目的而不擇手段。不管他的戰術『合法』、『道德』與否，他都不在意，只要有效就行。他曉得法律及當前道德禮俗，都是與他不共戴天的敵人制定的……故此，只要吻合他的目的，在他能力範圍內，就可以予以忽視。不考慮資本主義『合法』、『公平』、『權利』等等概念，他打算發展的權力，比他的資本主義敵人還強大……」

所以，馬克思、恩格斯此時已完成他們廣泛研究歷史的初步目的。他們覺得，憑著指出社會各種制度，都是經濟決定論的產物，就已經成功地解釋它們的起源。而且，他們覺得也已查出人類爭鬥、不平等、不正義的起源，就是私有財產制。此時，「建築大師們」只剩下一個任務，就是把這些知識，派用到「行動計畫」上，一勞永逸地解決人類經濟、政治及社會的大病小痛。

共產黨的行動計畫

馬克思、恩格斯分析現代文明時，歸結說資本主義社會正快速發展到必不可免出現革命的地步。他們是這樣說的：推翻封建制度後，資本主義社會成形。一開始，社會主要由擁有自

己土地、工作坊的個別人等組成。人人從事自己的工作，收穫自己有權取得的經濟利益。接下來工業革命降臨，私人工作坊遭工廠取代。產品不再源自私人工作坊，而源自工廠；工廠結合很多人的努力來製造商品。恩格斯說，製造業自此變成集體生產，而非私人生產。因此，再由私人持續擁有工廠是不對的事，原因在工廠已變成社會制度。他主張，個別人等不該獲利於需要很多人才能生產的東西。

批評者會問，「但是，工人們不也透過工資而分享到工廠的利潤嗎？」

馬克思、恩格斯並不相信工資足以支付勞動力的表現，除非工人們收到商品販售的所有盈餘。他們相信，因為商品是由工人們的手所生產的，工人們應該收到一切產品所值。他們認為，工廠的經營管理「本質上只是辦公」，故在不久的將來，工人階級將挺身而起，奪走工廠（或生產手段），當成自己的來經營。

「但資本家的投資，不也讓他有權取得一些利潤嗎？沒他願意冒險投入可觀財富，哪裡來的工廠？」

馬克思、恩格斯對此回答說，一切財富都是工人創造的。資本本身什麼也沒創造。馬、恩相信，某些人能累積財富的原因，在他們已用利息、地租或利潤等形式，取走勞動者的果實。他們說這叫「剩餘價值」（surplus value），是過去由工人勞動取走的，現在應該由工人向資本家抄沒回來。

馬克思、恩格斯大膽預言現代資本主義文明的最終走勢。他們說，正如私人工作坊被工廠取代，小型工廠會被大工廠聯合體接管。他們說，資本的壟斷會繼續下去，直到集中於愈來愈少的資本家手中，而被剝削工人則以相稱比例成長。少數人

愈來愈富之際，被剝削階級則窮上加窮。他們預言，所謂自有小店鋪及小生意的中產階級，人數會被壓縮到在經濟規模方面來說微不足道，原因在他們無法與巨獸般的企業聯合體競爭。他們另預言，政府會變成權力的工具，大銀行主及產業主用政府來保護他們不當取得的財富，並鎮壓被剝削大眾的反抗。

換句話說，社會各階層都被迫進入兩大仇視階級的對立陣營，一邊是資本主義財產擁有人剝削階級，另一邊則是被剝削很慘的無產勞工階級。

他們進一步預測，因為資本主義產業科技改善勢不可免地進行，將點燃兩階級間的革命大爆炸。愈來愈有效率的機器快速發明出來，勢必讓愈來愈多勞工失業，讓他們的家人挨餓，或者以勉強餬口的水準苟活。累積的怨恨、憎惡及階級仇恨，遇到適當時機，會驅使工人們組成戰鬥部隊，暴力推翻壓迫者，如此讓生產手段及所有私有財產被工人們抄沒，以有利於他們的方式來運作。

正是在這一點，共產黨與社會黨分道揚鑣。社會黨自始就堅稱，可以透過和平立法來完成土地及產業由中央控制的目的。馬克思則譴責這是做白日夢，堅持革命更好。只是，他很快看出推動任何立法，讓更大經濟權集中於中央政府，有其好處。但他不寄望於這類「社會主義者的小勝」，認為不過是軟心腸，無法面對即將到來的革命。

馬克思特別強調，這場革命必須徹底無情才能成功。革命絕不能變成「改革」，因為改革最後總是落到「以一群剝削者換掉另一群」的下場，因為改革者覺得「沒必要摧毀舊的國家機器；相較而言，無產階級革命除掉每一群掌權剝削者，把權力交給勞苦、被剝削者的領袖……所以，這樣的革命無法避免

要毀掉舊的國家機器，而代以新的。」

馬克思進一步為動用暴力帶來新社會找正當理由，原因在他覺得，若是遵守道德原則，那麼革命會流產。他指出 1871 年法國社會黨革命的失敗，「兩點錯誤搞掉革命輝煌勝利的果實。無產階級半途而廢，與其說是跟『統治階級』一起執行，不如說是被在法國建立司法至上的想法給誤導了……第二個錯誤是無產階級太寬宏大量了；他們沒殲滅掉敵人，反而費勁地想用道德影響力加在敵人頭上，這是不必要的。」

馬克思試圖放軟自己暴力教條的打擊力，他說假如資本國度，能以和平手段轉化成共產社會，他會十分滿意；然而他指出，這只有在資本家自願、不涉及戰爭的情況下把他們的財產跟權力，交給工人的代表才有可能。他以邏輯總結，由於這種事相當不可能會發生，因此暴力革命就無可避免了。

馬克思及恩格斯也深信，這場革命必須是國際性規模的。他們曉得，並非所有國家同時都準備好要革命了，但馬派所有作家都強調，「社會主義要在單一國家裡底定勝利，沒有其他國家的成功革命配合，是不可能的。」

無產階級專政

因為馬克思、恩格斯相信，革命必不可免，他們下一個要問的問題是：他們應該等待革命自然而然發生，還是採取行動促進革命，加速社會革命往共產主義發展？馬、恩兩人判定，監督革命大力推展，已變成他們顯而易見的責任。幹嘛拖長受苦？舊社會命運已經被注定。鑒於兩人發現的法則，只消把整個社會革命的時期，壓縮在一個世代的暴力調整，那麼人類或

許可以節省十幾個世代的時間，不再有剝削、不正義等事。

他們覺得，事情可以三步驟辦到：第一，掃除舊秩序。「只有一種方式可以簡化、縮短、集中舊社會死亡的苦痛，以及新社會血淋淋的分娩——那便是恐怖革命（Revolutionary Terror）。」第二，勞動階級的代表接下來必須建立無產階級專政。史達林（Joseph Stalin）所描述的下列事項，必須在專政時期內完成：

一、完全鎮壓舊有資本階級。
二、創建強大的「防衛性」軍隊，用以「鞏固與其他地方無產階級的情誼，以及所有國家的革命事業發展和勝利」。
三、鞏固大眾團結，以支持專政。
四、藉由消滅私有財產，建立全面社會主義；讓全人類有所準備，最後全面採納共產主義。

第三，最後一步便是由社會主義過渡到全面共產主義。社會主義的特徵，在於國家擁有土地及一切生產手段。馬克思及恩格斯相信，過段時間，當階級意識已消失，不再有抵抗必須征服，國家會逐漸凋萎，接下來財產會自動歸給全人類「共有」。後來，列寧解釋無產階級專政如何鋪平道路，走向共產最後階段。他說，專政將成為「一種組織，供一個階級有系統使用暴力對付另一個階級，供一部分人民對付另一部分……但是，社會主義的鬥爭，吾人深信它會發展成為共產主義，而且，伴隨著這麼做，一切動武的需求就會消失，人們就不必再屈居於其他人之下，一部分社會也不必屈從於另一部分，原因在人類會習慣於奉行社會生存的基本條件，不再動武，沒有臣屬。」

列寧預見，到社會主義較晚階段，這個世界就不再需要法院、律師、法官、統治者、民選代表甚至警察。這些職務都是腐敗資本主義舊秩序的特徵，是無用的累贅，會被遺忘，掃入垃圾堆。列寧說，社會化大眾自發的同質性，會令舊秩序的政府機關變成沒有必要。他覺得，新社會甚至會改變人類本質，直到對共有社會的反抗，變成「罕見的例外，而且很可能有迅速嚴厲的懲罰伴隨而至（原因在武裝工人是實幹家，不是多愁善感的知識分子，鮮少容忍任何人小看他們），而且，奉行每日共同合群生活之基本規則，很快就會變成習慣。接下來大門會敞開，供第一階段共產主義過渡到更高階段（全面共產）。」

全面共產下，無階級、無國家的社會

馬克思信徒全都熱烈希望，這種新社會將造就人性必要的改變，接下來全面共產才能落實。個人必須忘記曾有一段時光，收入可以憑擁有財產或產製的勞動力就得以確保。換句話說，工資將被廢除。人們必須忘卻，有些人一度取得很多收入，而其他人收入很少。人們必須不再指望分等級的工資表，來反映生產力或勞務的差異。他們必須忘掉一切技能、教育訓練、身心能力的差別。人類必須適應以下觀念：假如人從事自己能力最適合的工作而竭盡全力，那麼不管生產力、產出有諸多差異，他跟其他任何人一樣，都一樣棒，值得拿取收入。

這便是共產黨許諾的「各盡其才，各取所需」。人必須放棄往日牟利的動機，變得心繫合群，如此他才能為了全社會的利益盡全力工作，同一時間滿足於收到依他消費所需而給的收入，獎勵他的辛勞。

馬克思、恩格斯預設，在這樣的體制下，產出會非常龐大，以至於他們可以取消市場、金錢及價格。商品會堆積在各種集中場所，而人人只要有工作，就有權按他們需求自行取用。馬、恩兩人覺得，不管什麼時候，不會有特別誘因，讓人拿取超出其所需之物，原因在商品超級充裕，工人能隨心所欲滿足需求。服務也一樣，可以在便利的地方獲得，而人人只要覺得需要他人服務，都可以提出要求。

　　馬派作家說明，在這麼宜人的環境下，國家機器就不再有必要了：

　　「只有共產主義才能讓國家變得絕對沒有必要，因為沒人要被鎮壓──意思指的是不再有一個階級，有系統地與特定一部分人進行鬥爭。我們不是烏托邦信徒（相信社會可以運作得至善至美），我們一點也不否認，個別人等有可能、也免不了會踰越過分，而我們也有必要制止這樣的過分。但是，先不必為此而設置特別的制止機器或設備：一如在任何一個文明社會裡，人民自己就會簡便地武裝起來；即使在現代社會裡，任何一個戰鬥員都不容一個女性被性侵。第二，我們曉得社會踰越的基本原因……在大眾遭剝削，匱乏又貧窮。既然已經除掉這個主因，踰越必不可免會開始『凋萎』。我們不曉得會多快、以什麼順序，但我們曉得踰越會凋萎。隨著踰越的凋萎，國家也會枯亡。」

　　共產理論看待無產階級的方式，彷彿他們是人類獨一無二的分支，這一點饒富深意。無產階級被設想成特殊品種，若是能由壓迫式政府解放出來，幾乎就會自動開出令社會、經濟變得有效率的宜人花朵。政府則被設想成不過是資本家壓迫階級的工具。因此，若資本階級被摧毀了，那就不需要任何形式的

政府了。共產黨領袖始終覺得有信心，認為無產階級接管後，不會想要壓迫任何人，因此就不再需要政府。

　　另值得注意的是列寧要無產階級當「武裝人民」。這樣的前景一點也沒有嚇著列寧。他有全然的信心，無產階級的成員絕不會像資本家那樣，濫用他們的權力。此外，列寧假定，無產階級本能地一眼就辨別出正義。而且列寧還相信，他們不僅會藉由「群眾行動」，動用武器來撲滅任何不合群行為，還會真誠、英勇地鎮壓自己任何自私、不合群的傾向。他們會「習慣性」地活在共有社會秩序裡，變得「習於奉行合群生存的基本條件，不再動武，沒有屈從」。

　　列寧接著說，隨著政府機關消失，隨著共產模式的無階級、無國家社會成立於全世界，屆時要「談論自由，才成為可能」！

赤裸裸的共產黨

第四章

簡批共產主義處理世界問題的手法

A Brief Critique of the Communist
Approach to World Problems

現代的學生在學習歷史及經濟學方面，可以毫不費力就能發現共產理論偏離實情的最基本面向。

馬克思信徒們「瞻仰」共產主義的各個理論，當成是人力所及最有洞徹力的歷史分析，但很多學者看待整個共產的框架，認為它或多或少是馬克思、恩格斯生活時代的產物。兩人的著述深思熟慮地反映出他們想調解他們那世代的五大影響力，試著整合成單一思想形式。在馬克思、恩格斯心靈留下印痕的影響力分別是：

第一，他們的時代經歷激烈的經濟動盪。咸信這一點讓馬克思、恩格斯對經濟學在歷史的地位過於敏感。

第二，普魯士哲學家黑格爾廣受歡迎。他的「辯證法」理論獲馬克思及恩格斯採納，只略微修訂，便用來解釋一切自然現象、階級鬥爭，以及無產階級社會未來無可避免的勝利。

第三是「十九世紀唯物論」反宗教憤世嫉俗。這一點導致他們想用單一因素——物質——來解釋存在的一切。他們否認宇宙有智能設計、上帝的存在、宗教的神聖，以及猶太—基督教教誨的道德戒律。

第四是烏托邦共產主義的社會與經濟理想。馬克思、恩格斯認為，他們想要公社制的社會，但他們覺得這個社會必須是有控管的；因此他們拋棄烏托邦人士的手足情誼原則，而宣稱共產只能在強力專政下推動。

第五是無政府主義者的革命精神。馬克思、恩格斯許諾的兩件事很吸引無政府主義者——動用暴力推翻現存國家，及最後創造一個無階級、無國界的社會。

正因這五大重要影響力，學習共產主義的人會發現，它像個龐大事業聯合體，精心設計，並且似乎可以滿足各色人等。

共產主義身為工業革命的副產品

馬克思及恩格斯出生在工業革命中期。革命之前，五分之四的人民都務農，但到了馬克思及恩格斯準備上大學時，農民大舉移居工業中心，已到了人潮洶湧的程度。如此導致的人口集中，製造出滿是貧民窟的城市，而這樣的城市助長疾病、暴力及罪惡。這種連鎖反應，脫胎自驚人的新機器時代。工業革命的先行者，把機器看待成轟隆作響、不具生命的怪物，最後能把人類由「勉強餬口」的經濟奴役中解放出來，但負面批評人士只瞧見機器產出的問題——人口流離、個人家庭乃至社會適應不良，最後還有不人道地對待男女老少皆有的工人。

所以，馬克思、恩格斯跟其他很多人一樣，想用暴力回應自己身處的時代。因為那個時期經濟動盪，可以理解他們會歸結這樣的結論：經濟力量構成殘忍、無情的鐵手，在指揮整個人類歷史的走向。我們就從這一點開始批判共產理論吧。

共產主義對歷史的詮釋

謬誤一——共產主義的第一個謬誤，在於它試著過度簡化歷史。歷史是動態溪流，人類活動像數百萬支流匯聚而入。馬克思及恩格斯卻試著改變它，說它是固定、不會偏移、預先定好的進步軌道，過去可以測繪，未來則能預測，按一種簡單的基礎——經濟學——就行。經濟顯然在人類歷史扮演強大角色，但其他的各種因素，如氣候、地形、近岸或內陸水道、機械的發明、科學發現、民族及種族根源、親屬關係、宗教、尋根探源的欲望、忠誠感、愛國心

等，也是同等重要。

不少現代的共產黨人已承認，歷史是這些不同影響力集合在一起形塑而成的，但他們堅稱，馬克思、恩格斯是有意把它們都包含在經濟決定論裡，原因在這些事情全都直接、間接影響到人類的經濟生活。然而，馬、恩的著述一點也沒能反映這種詮釋。就算他們有那麼做，現代馬克思信徒還是陷入困境，因為即使經濟決定論旨在含納生活的各種影響力，那麼共產黨詮釋歷史的公式，就會變成「萬事萬物決定萬事萬物」。這若拿來當詮釋歷史的基礎，就很荒謬了。

另一群現代共產黨人曾試著主張，經濟環境並未絕對地決定人類歷史走向，僅是把人類侷限在遵循社會發展的特定趨勢。藉此想把馬克思、恩格斯由經濟決定論狹窄的框架給拔出來。此說當然較接近真相，但它在歷史的成分裡，假設有可變的自由意志元素，而這是馬、恩刻意否認的。事實上，經濟絕對論依絕對、固定、無偏差的意思來看，正是馬、恩預言的基石，說社會必定會遵循一條必不可免的道路，由資本主義到社會主義，再由社會主義到共產主義。他們談到資本主義時說：「資本主義之倒台與無產階級之勝利，也是一樣必不可免」，指的正是如此。

此外，當任何現代馬派人士試著主張，人類進展道路並非固定、無可避免時，他就已經摧毀了整個共產革命的正當理由——馬克思說，暴力動盪是「簡化、縮短、集中舊社會死前苦痛的方法之一」。除非舊社會事實上無可避免的死亡，不然動用暴力殺人來加速舊社會的死亡就具有合理的藉口。那一點正是馬克思論調的核心。但假如承認，舊社會之死，僅只是可能

之一，不必然無可避免，那他為革命找的藉口就窒礙難行了。與此相似的是：如果指出，當今社會一點也沒垂死跡象，事實上反而比以往更健旺，隨著每個世代的更替，似乎對人類福祉貢獻更多，那馬克思的藉口就爆掉了。

所以，共產黨人以經濟決定論為基礎來詮釋歷史，經證實即便在支持者手中，也只算拿了根脆弱的蘆葦。馬克思信徒們察覺出理論的弱點，試著把它縫綴起來，但這些補丁只在本已乾燥脆弱如稻草的共產邏輯裡，製造出更多新的裂口。

謬誤二——馬克思、恩格斯不僅過度簡化歷史，還仰賴第二個謬誤來替第一個找理由。他們說，人類心靈做不到道德自由意志，指的是人心做選擇而引領歷史道路這個方面。馬、恩相信，大環境的物質力強迫人心朝向既定方向走，人類並沒有自由意志來抵抗它。

這聽來像是十九世紀機械唯物論者（Mechanistic Materialist）的教誨，他們說人腦有點像被動的蠟板，由外界收到印象，接著自動反應；但馬克思、恩格斯不想被認定為隸屬這派。所以，他們說這派乏味的唯物論者犯了錯。大腦並非被動如蠟板，反而能主動表現；它不僅能由外界收取印象，還有能力透過一系列分析、合成而消化印象。接下來鬧笑話了。

他們宣稱，大腦消化外來印象後，依物質條件考量，一定會去做為了保持個人存在而必要的事情。以他們自己微妙的講法，即是人受制於周邊的物質環境。雖然思考路線略有不同，但他們達成的結論，與挨他們批駁的機械唯物論者完全相同。

我們可以從上一章回想，馬克思、恩格斯把我們稱為「自

由意志」的東西，認定為是一種意識到物質力、而這個物質力驅使個人去行動的自覺。這樣意識到「自然需求」，讓人們以為他們在選擇行動路線，而理所當然地，此時他們只能看著自己遵循物質條件的要求。

在此可以看出，馬克思、恩格斯再次過度簡化了。人類行為的複雜性，無法單以「必須」回應物質條件來解釋。人們經常不顧物質條件，而去滿足很多其他動機，比如自我表達的欲望、宗教信念動人的力量、道德責任感的動力、滿足個人尊嚴、或者實現個人雄心。

拒絕承認人類的道德作用力，以及有能力做選擇，這個謬誤對馬克思主義真是致命。這是最根本的錯誤，一大堆別的謬誤就建構在其之上。共產主義說，人心絕對要屈服於物質條件，人類史僅只是人類必須回應其物質條件的歷史，此時它必須用例證來佐證這些說法。請注意，當馬克思、恩格斯試著用這個謬誤來解釋社會結構時，它愈錯愈大。

共產主義對社會的解釋

謬誤三——首先，馬克思、恩格斯說，社會形態自動取決於經濟條件，而經濟條件推動了支配階級，任何特定時代皆是如此。誠如馬克斯說，「人類真是自由地選擇這種或那種形式的社會嗎？休想。人類生產力得到特定形態的發展，就會形成特定的商業及消費。生產、商業及消費得到特定階段的發展後，就會得到相應的家庭組織、相應的社會結構、秩序或階級，一言以蔽之，相應的文明社會就應運而生。以某種特殊文明社會為前提，人就會擁有特定

的政治條件，而它們只是文明社會的正式表徵。」

馬克思、恩格斯竟允許一廂情願的想法，如此徹底地模糊掉歷史真相，以至於他們說服自己，認為特定的生產狀況存在之際，特定的社會形式必定也會存在，這看起來似乎是不可思議。古時候生產模式幾乎千百年維持不變，而整個過程中社會幾乎不停在變。歷史學者及經濟學家已指出，若說歷史有證明什麼，那就是以下這個事實：生產模式與社會形態之間，沒有直接關聯。我們看看為什麼。

國家的起源

謬誤四——馬克思及恩格斯相信，國家（任何形式的主權政府）是社會沒有必要的累贅，是支配階級創設來大力保護其利益、鎮壓被剝削階級起義的產物。馬、恩都不相信在任何時代，有任何政府是代表全民的利益，或是大多數人民的福祉。他們在《共產黨宣言》裡說，「現代國家的行政（權力分支）只不過是個委員會，用來管理整個資產階級的共同事務。」

社會學家、心理學家、歷史學家及政治學家都指出，不管有怎樣的想像力，都不能把政府稱為社會的累贅，因為政府乃是社會生活的絕對心臟。這是因為除非社會有一定程度的威信來管理，不然無法存在，而且要有威信的存在，才構成「政府」。人本質上是群聚性及政治性的生物，因此，創設政府去指引社會成員走向共同福祉，純粹只是人類本質內在的表達。

所以，馬克思大力推動的一個沒有國家的社會（一個沒有政府的文明），會導致一群無組織的暴民，也就不會有社會。

謬誤五──馬克思、恩格斯把國家的形式，解釋為某特定形式經濟環境無可避免的產物，此時他們也碰到困難。如果這一點為真，那麼相同的生產模式，總是會創造出基本形式相同的政府。我們看一下古希臘及古羅馬歷史。這兩個國家基本生產模式為奴隸制。據馬克思解釋，只要生產模式（奴隸制）依然生效，兩國政府的形式應該維持大致相同。

但我們的發現與馬克思料想的大相逕庭，兩國即便生產模式沒有改變，政府卻迭經變化。在雅典，原是一系列世襲的君主，接下來則是貴族及民主共和體制，再來是三十暴君專制，最後再建民主。在羅馬，先是選出君王，接下來是貴族及民主共和國，再來是皇帝主政的絕對君王制。這些事件堪稱歷史經典，顯示政府的形式發生變化，而生產模式則維持相同。

現在，讓我們以另外一種方法證明共產主義理論的謬誤。假如國家的形式由經濟決定論訂定，那麼碰到生產模式改變時，國家形式應該跟著改變。但這種事很少發生。以美國歷史為例。自創建以來，美國政府基本維持相同。南方採奴隸經濟，相形北方採工業經濟，政府有不一樣嗎？奴隸制被廢除後，政府在南方有改變嗎？生產模式變了，政府形式並沒有。換句話說，人們可以創建任何自己想要的政府形式，不管當時盛行的生產模式為何。有很多史例可以清楚地駁斥共產黨提出的這個重要概念。

謬誤六——共產黨人談國家創建，還有法律乃制定出來保護剝削階級這種說法；此外，如果生產模式改變，法律就必須重組，來培養新的特別生產模式。按照邏輯來說，這意味著每次生產模式出現空前一新的變化，法律系統就必須有革命性的改變。相同的法律，卻能夠服務生產模式不同的國家，這是不可能的事情。

這種理論運用於特殊情境，歷史再度被共產主義搞得昏頭轉向。最棒的例子之一，便是西方世界史；西方世界生產方法多次劇變，但接下來各類型的法律只做了幅度不大的更改而已。換言之，遍及歐美的現代資本主義社會，都受到奠基於相同基本原則的法律所治理，而那些法律與工業革命前盛行千百年的法律是一樣的。在英國，普通法是封建經濟時代就發展出來的，廢除封建只強化普通法，工業革命後進一步強化。在美國，廢奴不論在各州或國家層級，並未推翻基本法律。這兩個簡單例子可佐證相當明顯的史實，即社會的生產方法，與社會選擇創造的法律，兩者之間並無實質的依存關係。

宗教是什麼？

謬誤七——共產主義進一步宣稱，宗教並沒有神聖源頭，只是人造工具，而支配階級用來鎮壓被剝削階級而已。馬克思及恩格斯把宗教描述為人民的鴉片，設計來哄騙人民謙卑地順服並接受主要的生產模式，而那是支配階級滿心想推動的。任何學史的人都會同意：歷史上有很多無恥之人，甚至是方向偏差的宗教組織濫用宗教的力量，

一如其他社會制度在各種時代也被濫用一樣。

但馬克思、恩格斯譴責的部分，並非宗教遭到濫用，而是宗教竟然存在。他們認為宗教是支配階級的產物，是壓迫者手中的工具及武器。他們指出，依他們看來，宗教有三重功能：第一，它教導要尊重財產權；第二，它教導窮人對統治階級的財產及特權擁有什麼義務；第三，它在被剝削窮人之間，灌輸默許的精神，以便摧毀貧苦人的革命精神。

這些說法對於任何學習猶太—基督教理的人來說，其謬誤實在是太明顯了。聖經教誨的尊重財產，貧富一體適用；它教育富人要給勞工適當的工資，與匱乏的人分享自己的錢財。《舊約聖經》一再譴責自私的有錢人，原因是「向貧窮人所奪的都在你們家中」。耶和華說：「你們為何壓制我的百姓，搓磨貧窮人的臉呢？」

《新約聖經》斥責自私富人一樣尖銳，「嘻！你們這些富足人哪，應當哭泣、號咷，因為將有苦難臨到你們身上……工人給你們收割莊稼，你們虧欠他們的工錢，這工錢有聲音呼叫，並且那收割之人的冤聲已經入了萬軍之主的耳了。

我再告訴你們：駱駝穿過針眼，比富有的人進入神的國更容易呢！」

至於共產黨人指稱的宗教叫人順從，我們只消注意到：宗教信念的動力，正足以讓虔誠信教的人不接受共產黨的壓迫、指令。奉行猶太—基督教義教誨的人，不會聽命去偷盜。他不會叫無辜的人流血，不會參與惡毒的共產黨的種族屠殺行動——有系統地滅絕整個國家或階級。

由共產黨著述明顯可知，他們害怕宗教，倒不是宗教讓信

眾順服於支配階級，而是它會讓信眾對共產規範無動於衷。堅定的宗教信念就像抵抗的高牆，挑戰共產黨的教訓及實踐。

此外，共產黨人看得出來，猶太－基督教教誨意識形態的動能，是支持和平的力量，會斬斷共產主義鼓吹世界革命的命脈。誠如前俄國教育專員盧那察爾斯基（Anatole Lunarcharsky）宣稱，「吾人仇視基督徒及基督教。即便他們當中最好的，都必須被視為我等最恨的敵人。他們傳教說，愛你的鄰居，要懂憐憫，這與我等的原理相悖。基督教的愛是革命發展的障礙。愛你鄰居的說法去死吧！我們要的是恨……只有那樣，我們才能征服宇宙。」

共產黨的道德理論

謬誤八──共產黨的寫手依此堅稱，猶太－基督教的倫理規範是「階級」道德。他們這麼說，指的是十誡及基督教倫理，是人創造出來保護私有財產及資產階級的。為展現共產黨寫手力挺這個觀點已做到什麼地步，我們得提到他們對十誡最愛的幾種詮釋。他們相信，早期希伯來人提出「當孝敬父母」這一條，是向孩子們強調，子女是父母的私有財產。「不可殺人」被歸因於支配階級相信，他們的肉身是私人財產，所以應連同其他財產權般得到保護。「不可姦淫」、「不可貪戀別人的妻子」，據說是用來落實以下的想法：丈夫乃一家之主，而妻子嚴格來說，是隸屬於他的私人財產。

上述最後一個說法，等到共產黨人在俄國掌權的時候，導

致一些慘劇的發生。共產黨急著讓女人「與男人平等」，防止她們變成私人財產，反而把女權貶到最低、最原始等級。有些共產黨領袖推動性愛完全解放及雜交，來取代婚姻及家庭。「莎拉羅夫蘇維埃」（Soviet of Saralof）頒布的命令摘文可顯示這一點：

「自 1919 年 3 月 1 日起，17 到 32 歲女性的權利予以廢止……然而，本命令不適用於擁有 5 個小孩的女子……因本命令之故，所有女性不得再被視為私人財產，都變成國家財產……依相關組織之決定，國有化女子的分配及撫養，歸莎拉羅夫無政府團體所有……故此，一切由國家處置的女性，必須在本法令公布 3 日之內，親自到前述地址報到，提供一切必要資訊……

「任何男子有意使用國有化女子，必須持職業工會行政委員會簽發之憑證，或者工農兵蘇維埃發的，證明他確屬工人階級……每個工人按規定繳交他薪津的 2% 到基金裡……不屬於勞動階級的男性公民，若是付款總額相當 250 法國法郎，也得享相同權利；那筆錢將轉給公共基金……任何女子，因本命令而被歸為國家財產者，將由公共基金收到相當 575 法郎的薪津……

「任何懷孕女子產前 4 個月、產後 3 個月得不必工作……兒童出生 1 個月後，將交給專門機構，負責照顧及教育。他們將留在機構裡，由國家基金出資，完成教育，接受指導，直到 17 歲之齡……凡拒不服從本命令、不與當局合作者，將被判定為全民公敵、反無政府主義，後果一切自負。」

另一份文件，證實女性在共產黨版本的道德觀念下受到「解放」，是源自於一位蘇維埃官員所做的決定，他說，「天

下沒有女性遭男人侵犯這回事；凡是說性侵不對的人，就是抗拒共產黨的十月革命。為一個遭性侵女性辯護，等於自曝為資產階級及走資派。」

有關共產黨人聲稱猶太－基督教道德代表了「階級」道德，只剩一點還值得一提。那便是以下這個事實：要證明共產黨人的說法為不實，不僅十分簡單，此外要證明今天地表上最「階級」的道德其實是共產主義也相當容易。俄羅斯 1 億 8 千萬人裡，只有約 3 百萬人是共產黨員。人數很少的統治階層無情地迫逼其他人民去接受它論斷什麼是善，什麼是惡。

共產黨的道德遵循一個簡單的公式。任何支持共產大義的東西就是善；任何從中作梗的便是惡。面臨檢驗時，證明以上為投機主義、權宜之計的則律，或者根本沒有道德可言。任何人不聽從共產黨裁定什麼對共產主義為善而什麼為惡，就得受到蘇聯憲法第 131 和 133 條最嚴厲的制裁。這就是馬克思徒眾歸咎猶太－基督教禮俗是「階級」道德的原因，這也可以在共產行動計畫裡面找到一模一樣的案例。

共產黨的階級鬥爭理論

謬誤九──下一個謬誤便是馬克思及恩格斯宣稱，他們已發現人類進步之秘密。那便是他們認定的「階級鬥爭」。

人們會想起，馬克思、恩格斯說，有人意識到奴隸制是一個符合要求的生產模式，進而建立一種社會，旨在保護奴隸主的權利。他們進一步相信，如果這種事態沒受挑戰，奴隸制的生產模式就會變成常態，社會一樣也會固定下來。只是，馬、

恩跟所有讀過歷史的人們一樣，發現經濟秩序會變，由奴隸制到封建經濟，再由封建經濟到資本主義。為什麼會這樣呢？他們認為是階級鬥爭所造成的。他們斷言，奴隸推翻其主子，依封建經濟為本，創造新的生產模式。接下來一種社會便會發展出來，保護這種生產模式，直到農奴推翻其莊園主，成立一種特徵為自由競爭資本主義的生產模式為止。他們說，現代社會就是為了要保護資本主義。

批評家認為，馬克思、恩格斯顯然忽視某些歷史最明顯的事實。舉個例子，古文明如埃及、希臘、羅馬的衰敗、遭推翻，與奴隸起而反抗其主子毫無關聯。

「那時奴隸大多是卑屈、赤貧及無助的人，他們偶爾嘟囔及反抗，都遭殘酷暴行鎮壓下去。那不是馬克思想像的那種階級鬥爭，也沒引發轉型到封建經濟。恩格斯自己都說，到羅馬帝國末期，奴隸稀少價昂，而靠奴工種植的大塊領地就不再能獲利；由土地擁有者及佃戶來做的小規模農耕相形之下較賺錢；簡言之，『奴隸制消亡是因為不再賺錢』。接下來蠻族入侵，羅馬傾覆，封建制度之確立，是較高文明被較低者征服的結果，並非階級鬥爭所驅動。」

馬克思、恩格斯要解釋社會由封建經濟轉型到資本主義時，也碰到類似的歷史問題。

謬誤十──共產主義理論想使用階級鬥爭為基礎，解釋過往的進步，不僅沒能成功，連預測未來在資本主義下，階級仇恨會增加的趨勢也都不準。馬克思、恩格斯說成無可避免的兩階級暴力敵對，過了一百年也沒發展出來。

共產黨內的煽動家使盡全力，想在工人心中煽起不自然的階級意識火焰，但勞資間的基本鬥爭，一直不是推翻資本主義，而是讓工人更公平地分潤到資本主義的果實。舉個例子，過去 20 年間，美國勞工取得前所未有的高地位。共產黨領袖想在這股改革潮流中奪取領導權，但工人掙錢愈多，就變得愈獨立——不僅向僱主主張他們的權利，還把共產黨的煽動家由工會領導層趕走。勞工並不響應共產黨推翻資本主義的呼籲，共產黨寫手已略帶苦澀地承認了這一點。

同一時間，政府及產業領袖一般都發展出這樣的哲理：勞工有強大購買力，對維持工業之輪運轉至關重大。因此，勞工主張自己扮演資本主義當中不可或缺角色的情況，也是前所未見的。勞工成為資本主義不可或缺的一部分，而非有階級意識的敵人，這種趨勢讓共產主義土崩瓦解。

謬誤十一——共產黨人提出的另一個沒能符合設想的假設，是在資本主義之下，一切財富會逐漸遭到壟斷，直到個人擁有一切，而被剝削的無產階級會成為人類絕大多數部分。然而，沒有財產的無產階級數目非但沒有成長，事實上在資本主義下還減少了。馬克思寫下他大部頭的《資本論》時，活在最最赤貧狀態。他仰仗的無產階級，是那些生活條件類似於他的那些人——完全沒有財產，也沒資本利益。

今天，在資本開發度極高的美國，可以按馬克思定義分類為無產階級的，只有那些沒土地、沒儲蓄、沒社會福利、沒退休福利、沒壽險、沒持公司股票及政府債券的人，因為凡此

種種，都代表生產財富或貨幣基金的所有權，超乎消費的立即需求。如此沒財產的無產階級，在美國並不存在，而有史以來各國當中，也只有美國如此。只是，在此重點乃是美國無產階級是少數中的少數，馬克思大概不想認養他們。美式資本主義底下，財富在人民之間分配之廣，要超過歷史上任何大國；並把馬克思存乎於心的無財產的無產階級，降低到占人口的極少數。

相較於這種狀況，我們發現人民絕大多數都屬沒財產的無產階級的那個國家，便是共產主義的祖國——蘇聯，而無產階級專政已生效逾 35 年！

謬誤十二——馬克思的工資理論也隨著時間過去而崩潰。他假設說，科技的發展會讓機器愈來愈有效率，因此讓許多人失業，以至於他們要競爭工作，直到工資變得愈來愈微薄。事實上科技進展創造的就業機會，比它摧毀的來得多，而且，除開經濟不景氣的間歇期，資本主義的長期趨勢一直逼近經濟學夢想的「充分就業」。

謬誤十三——因為馬克思相信，工資會愈變愈少，所以他假定要維持生計唯一可行之道便是擁有資產。他說，擁有資產正是無產階級與剝削階級的唯一區別的道理正是如此。這個結論又是大錯。今天，某些人可以輕易地靠著出售勞務，一年收到一萬美元，有些人是靠著資產所有權而衍生二千五百美元的收入過活。碰到此類案例，要說前一個團體是無產階級，而第二群人是剝削的資產階級，幾乎可以說是荒謬。在資本主義底下，財產所有權肯定不是取

得充足經濟獨立的唯一手段。

謬誤十四——馬克思及恩格斯預測中產階級在資本主義之下的遭遇，也出了錯。他們說，中產階級會被迫走上愁慘之路而跌回無產階級，以至於最後只有兩個激烈仇視的階級——資本家及沒財產的無產階級。情況正好相反。經濟學家已進行多項研究，指出中產階級（由既不極為富裕也非格外貧窮的人組成）成長非常快速。作為一個群體，中產階級的成員相較於總人口的其他部分，不管是人數還是財富都在增加當中。

謬誤十五——共產主義的另一個謬誤，是階級鬥爭所導致的「必要的進步」。提出這項理論是因為馬克思、恩格斯試圖運用他們哲學裡的辯證法，主張源自兩個相對力量之間的鬥爭，必然會造成革命進步。這種說法未能解釋許多國家千百年來沒有進步過的說法——比如印度、中國、埃及、阿拉伯，以及東亞的人民。

這個理論也未能解釋歷史最明顯的事實之一，也就是文明的退步。根據人類所有的經驗模式指出，國家會上升到國力的高峰，接下來因為道德及知識的衰敗，失去文化地位及經濟優勢。想由歷史證明這一點，比起階級鬥爭通過稱為「必要的進步」、不斷升高的階段而提高人類，要容易得多。

謬誤十六——最後，階級鬥爭無法解釋過往，這也是導致馬克思、恩格斯未能正確預測出在他們有生之年會發生

的事情。他們說，共產主義會最先降臨在資本化程度最高的國家，這是因為隨著資本行為的升高，階級鬥爭會變得更為激烈。根據這個說法，他們認為共產主義會先降臨在德國。幾年後，馬克思則把自己的預言換成英國。

諷刺的是，共產主義（至少無產階級專政）竟最先發生在俄羅斯——一個經濟條件在歐洲各國當中，開發算最低的國家。此外，共產主義以政變來到俄國，而非透過工人的階級鬥爭。政變是列寧的陰謀詭計；第一次世界大戰的最後幾個月，列寧在德國「最高統帥部」的鼓勵之下進入俄國，動用少數強硬派革命分子奪走臨時政府；臨時政府當時剛逼沙皇遜位，代表工人與其他階級，正要制定民主憲政。

所以，共產主義落腳俄羅斯，並非階級鬥爭自然的結果，反而像任何其他獨裁政體——靠著少數人的軍力。下面要繼續說明「無產階級專政」的謬誤。

無產階級專政

謬誤十七——共產主義主張壟斷政治與經濟權力，用意是想做更多的事情，從而增進人類的幸福，但經驗證明那是錯誤的夢想。舉個例子，無產階級專政想要通過廢除私有財產制，把所有生產手段交由政府管理，而把財富分配給全民享受。他們為什麼要這麼做？他們說，這是為了預防財產及財富全數落入私人資本家手中。

但當共產黨人試著在俄國那麼做的時候，發生了什麼事？

它摧毀了當時俄國微小的財富差距，同時在那套經濟系統下，一些特權分子毫無章法地分配生活必需品，而同一時間又決定全體人民，在人生各個重要階段，該怎麼生活。其結果是把經濟猛然倒退回封建經濟。

馬克思與恩格斯之愚蠢，在於沒能分辨擁有私有財產的權利，以及擁有私有財產的壞處兩者之間的差別。他們用廢除權利來除掉壞處。人類的難題，向來不在私人財產擁有權，而是該怎麼公平分配，以便眾人能享有財產權。所以，共產理論沒能解決問題，因為把全部財產交回去，聽憑獨裁政體的打雜僱員來監督，導致的是財產壟斷，而不是讓擁財之樂分配得更廣。

謬誤十八——無產階級專政要讓每個人有工作就有報酬，而非賺取工資。只是，藉由廢除工資來力挺勞工，共產黨高層只是廢除了當中的交易媒介。俄國共產革命後，大家發現這個做法迫使國家退回原始的以物易物制度。整個構想造成極大慘劇，以至於幾個月後就得放棄。共產黨人學習到，工資平等化的問題，不會因為廢止工資就能得到解決。

謬誤十九——無產階級專政的用意，還希望能夠建立起龐大的「防衛」部隊，而部隊能幫忙「解放」其他國家的無產階級，直到專政最後涵蓋全地球。

這種遮遮掩掩的手法，想模糊共產黨領袖征服世界的野心，至今仍在使用。他們的軍隊總是說成是為「國防」所用，

而在他們侵略下的受害人則說成被「解放」。現代世界史已經為共產黨的解放作用，下了一個悲慘的註解啊。

　　謬誤二十──共產黨進一步指望，無產階級專政能給高層時間，向大眾展示他們的計畫是有效力的，進而確保團結支持進一步的「全面共產」。俄國共黨專政倒沒那種說服力。事實上，由於獲得授權以暴力對付資產階級，轉而用同等的凶狠，對付無產階級或勞工階級，以至於到今天，大眾已被調教成麻木、畏懼而默從的狀態，而非「團結支持」共產黨的理念。

全面共產下無國家、無階級的社會

　　謬誤二十一──共產黨夢想未來有個偉大的新「單一世界」，這是植基於以下的信念：無產階級專政下的暴力威迫，可以建立一種社會，創造出人類新秩序；人們變得習於奉行列寧所說的「單純、符合基本規則的每日共同社群生活」。

　　這個願望的謬誤，在於共產主義對人類行為的曲解。以唯物辯證法為基礎，共產理論假定，若是改變一個人的外界事物，自動會逼迫他改變內心。外在環境與人的內在成分，兩者之間有交互關係，這一點不必懷疑，但環境只能制約人，無法改變他的本質。舉個例子好了，正如人一定要吃飯、發笑、生兒育女、成群結派，探索未知，所以與此相同的是：他們永遠都喜歡擁有東西而快樂（光是這一點就讓分享產生快樂）；人

類永遠有自我表達或自決的欲望，想改善環境的雄心，以及超越同儕的動機。這些人性是天生而來，代代相傳的，無法立法處理掉，也無法忽視。

所以，若是共產主義的群居生活違反人類天性，不管暴力脅迫力量多大，都無法培養出永久性的習慣，奉行「單純、符合基本規則的每日共同社群生活」。無論人類被壓迫到什麼程度，他天性裡都保存著熱情的本能，想自由地表達這些欲望，而欲望是他遺傳而來，不是後天學習的。正因如此，這些欲望不能無視，也因如此，即使在無產階級專政無情鎮壓下，欲望也不會被消滅。專政一露出「凋萎」的時刻，欲望一定會崛起，主張自己的權利。

過去六千年歷史顯示，社會只有在調和人天生本能與傾向時，它才會成功。事實上，共產主義想廢止的同一批人類天性，在合適的條件下，正是人類取得滿足、力量及幸福的泉源，對個人及整體社會都能帶來進步。

謬誤二十二——馬克思、恩格斯太急著貶抑資本主義，花大部分時間在這個特定的主題上，以至於從沒能完全闡明他們要取代資本主義的「全面共產主義」；只是，我們倒是有充足的資訊揭露其先天性不足。其中之一便是「各盡所能，各取所需」這句名言。

當一個人與一個失能人士打交道的時候，「各盡所能，各取所需」聽來或許棒極了，因為社會願意幫忙一個看起來有缺陷的人，替他補足無法自行完成的事情。只是，這種原則套用到整個社會時，會怎樣呢？最近有位老師問學生，對這個共產

黨的口號有什麼看法，學生都認為似乎滿不錯的。老師接下來向他們展示，假如「各盡所能，各取所需」運用在學校，會發生什麼事情。他說：

「這門課及格分數為 75 分。所以，假如你們有人得到 95 分，我就拿走 20 分，把分數給一個只考到 55 的同學。假如有同學考到 90 分，我就拿走 15 分，給一個只得到 60 分的。如此大家都能過關。」

班上努力讀書、成績較好的學生馬上抗議了，但偷懶或沒那麼認真的則認為，這個點子不錯。最後，老師解釋說：

「我認為長期下來，你們都不會喜歡這種系統。以下是可能發生的狀況。首先，生產力高的學生——他們在學校或生活當中，總是少數人——很快就會喪失生產的動機。考得高分，若是分數有部分會被『當局』拿走送給別人，那幹嘛那麼拚？接下來，較沒生產力的學生——不管學校或別地方都是多數——一時之間可以緩口氣，不必讀書或生產。這樣持續到生產力高的人消沉，或被弄到跟生產力低的一樣水準，所以沒東西可貢獻給同伴了。到那時候，為了讓大家都活下去，『當局』別無選擇，只能啟動一套強制勞動的體制，即使生產力低的都受懲罰。後者當然會激烈抗議，但是對到底發生了什麼事卻毫不知情。」

就共產主義而言，這所謂的需要「當局」，代表說重回到無產階級專政，以便強迫所有工人生產更多生活必需品。但即使強迫，無產階級專政也無法叫人們各盡所能。這是因為共產主義已蓄意摧毀掉最尋常的工作動機，一如學校老師引用的例子。我們列舉動機有四種：

一、增加報酬，以便增加生產。

二、增加報酬鼓勵更賣力工作，而研發更好產品。

三、增加報酬鼓勵更賣力工作，而提供更好服務。

四、工人有權使用過去扣除消費所需而積攢的酬勞（獲利），
　　來購買並開發財產，藉此改善自己與家人生活條件。

　　共產黨高層似乎不懂普世的生活教訓。人類最大的敵人是懶惰，而對抗懶惰的主要行動力，不在強逼，而是有機會自我改善。馬克思、恩格斯堅稱，那種態度自私、「無社會性」，但事實很清楚，工人發現自己勞動的果實，沒先造福自己與家人，而是滿足「社會」的胃口，那要叫他更賣力工作，實在很難。

　　共產黨人認為，他們可以用外力驅逐這種「無社會性」的態度，但俄羅斯 35 年無產階級專政已清楚證明，除非人能依自己能力取得酬勞，不然無法各盡其才。共產黨領袖都知道，靠外力的做法已經失敗。在專政的鞭笞下，工人們生產出來的，僅足以勉強維生。因此共產黨高層開始說，專政必須無限期進行下去。只要工人無法各盡所能生產，那麼肯定談不上「全面共產主義」而各取所需。

　　謬誤二十三──研讀馬克思、恩格斯理論時，人們很快會意識到：這兩位沒能考量到某些生活的基本因素。比如說他們假定，沒有國家的群眾統治（最後總是淪為暴民統治）相較於行政、立法、司法三權分立的政府，會更有分辨力、覺察能力。坐擁這種期待在全面共產下實現，違背了人類過去的經驗所知的一切。

謬誤二十四──馬克思、恩格斯的理論還假定，在無產階級專政實施的鎮壓之下，人們將會完全消失占有的本能。馬、恩明白表示，他們希望無產階級專政，能讓人們形成不擁有財產的「習慣」，或根本不想擁有財產。

　　只是，在無國家社會定位後，全新世代來到世上，不再有無情鎮壓（導致他們父執輩取得習慣，奉行「單純、符合基本規則的每日共同社群生活」）的記憶，此時會發生什麼事呢？假設很多人拒絕做這種工作，或沒達成指望他們的工作份量，以至於他們被判為沒「各盡所能」而有罪，會怎樣呢？或者，假設他們由這種無階級、無國家社會，需索超過應得份量，又會如何呢？

　　若是他們自立門戶，偷偷武裝起來，無預期地起而攫取無產階級或國家社會拒絕給他們的財富，又會怎樣？難道沒有必要再度成立無產階級專政，鎮壓這種反叛嗎？或許占有本能要比馬克思、恩格斯設想的更難以壓制。事實上，根據我們對人類數千年行為已取得的認知，共產主義有可能超越無產階級專政階段嗎？

　　謬誤二十五──最後，全面共產主義承諾，即便在沒有一般工作動機下，無階級、無國家社會仍會生產出數量更多的貨物，勝過今天任何現有體制。按這種理論設想：共產主義生產會設法達到絕對飽和狀態，人類一切需求都得以滿足。補給品將堆積如山，依據每個人的需求來分配。勞務也一樣，可以在中央補給站取得，而且可得的數量如此之大，以至於消費者之間的競爭元素全被鏟除。故此，

共產主義實施下，市場、金錢及價格都會消失。

　　那麼，假如絕對飽和這個目標沒達成，會怎樣？無產階級專政不必再被徵召來壓制不滿嗎？這個問題有個很好例子，那便是汽車。該生產多少汽車，才能達到絕對飽和，應付 20 億人的需求（假如國家當局很快消失，需求這個詞最後必定等同於「需要」）。在資本經濟下，一戶人家有一或兩輛車就覺得滿足需要。假如除掉這種經濟需要，會發生什麼狀況？在全面共產之下，一個工人有權拿走他想要的所有汽車。除非他拿到一切他要的，不然自私的魔鬼就會露出醜陋的嘴臉。共產黨人的文宣一再保證，充分生產可以根除導致階級鬥爭的自私元素。

　　新的車款出現時，又會怎樣呢？每次一款新車研發出來，社會就會自動把所有舊款淘汰嗎？在全面共產的情況下，誰會要舊車？這個問題似乎有點荒謬，但因為理所當然，反而最平常不過，而且在談到各類的生產時，都會出現。必須有人判定哪些人必須把舊車多留個一兩年，如果不這樣做，每戶人家幾乎可以肯定都要新車款，甚至還要上好幾輛新車。

　　如此體制下，這類問題顯然極為重大，任何鏟除金錢、市場、價格的希望，都會因此淪為泡影。如此的體制需要的政府機器，要比自由競爭資本主義大上很多倍，指望以產出那麼大量的產品、勞務，而使國家得以「凋萎」，不論是從推論或經驗來看都是行不通的。

共產主義其實是用負面手法來解決問題

在探討共產主義基本謬誤的最後，我們或許該總結出它最為重大的謬誤。共產教義裡，任何問題都可以用消滅導致問題的制度來解決。就算是馬克思或恩格斯，可能都沒意會到他們在做的就是那樣，只是人們會注意到說：這種手法完全主導他們著手解決的每個問題。

舉例來說，政府的問題。馬克思、恩格斯想盡辦法除掉政府，而解決因為政府所造成的那些問題。道德的問題則以除掉道德。宗教孳生問題，那就除掉宗教，問題就解決了。婚姻、家庭與家族有問題，那麼消滅婚姻、家庭與家族，不就解決了嗎？

源自財產權的問題要想解決，他們的辦法就是不讓人擁有任何財產權。平均工資的問題則以廢止工資來消除。牽連到金錢、市場及價格，那麼搞掉金錢、市場及價格就沒事了。生產及分配有競爭上的問題，那麼靠著強力禁止競爭也就解決了。

最後，他們解決現代社會所有問題的方法，是動用革命來摧毀這個世界。看起來共產黨的幽靈期望透過把現有一切化為灰燼之後，它才要從地球深處浮升上來。共產主義必須以一個目的——摧毀——來建造。只有在大破壞之後，共產黨領袖才膽敢希望，自己或許能提供自由、平等及正義給他們的追隨者。

共產主義今天向全世界兜售的，就是對於未來含糊、糟糕的允諾。直到那一天的降臨，共產黨領袖會要求全人類忍受革命暴力烈火般地鎮壓並清算反抗的團體、沒收財產；共產黨「基於武力且不受任何法律限制」的無產階級專政，暫停一切公民

自由——新聞自由、言論自由、集會自由、勞改營、秘密警察不時監視全體公民、長期服兵役、貧困的集體農場、交結路線不同分子遭發現就有被清算之虞。最後，則是忍受一種經濟秩序——它允諾的生活，只比勉強餬口好一點——而且未來很多世代都得那樣過。

自從共產黨領袖攫取一個國家，向好奇的世界展示可以搞出什麼神奇花樣以來，40多個年頭已經過去了。從一個國家開始，他們已擴大箝制力，直到世界上三分之一的人類今天已屈服在他們的鐵腕獨裁之下。那些逃離他們暴政的人們都可見證：馬克思人已造出一個政治上的怪物，集人類有史以來，人類心思所能發明的一切折磨、羞辱之大成。

佯裝成把人類由所謂資本主義壓迫解放出來，馬克思人公然反抗20世紀文明的白色暖光，而引入在人類史上規模前所未見的奴役。雖然口中宣稱促進「一般人權」，馬克思人大肆屠殺的同胞，由古拉格囚犯到俄國貴族，數量之多超乎理性所能理解。人屬馬克思人自稱具現自然之最善——宇宙智商最高的科學生物——實則用他的狡詐來惡化種種罪行，那些罪，即便史前最愛掠奪的部落都幹不出來。

因此，明理的人把共產主義形容是一種歷史的退化與否定。它叫人類反人類。非但沒能解決現代生活許多複雜的問題，馬克思主義的負面手法反而把過去人類那麼多世代奮力且成功解決的麻煩全部都給找回來了。

為了更全面且精準領略到目前還在發生的事情，我們接下來要檢視一下當初的時空背景，是怎麼導致世界史上第一個共產黨控制的國家誕生。

第五章

共產運動在俄羅斯崛起

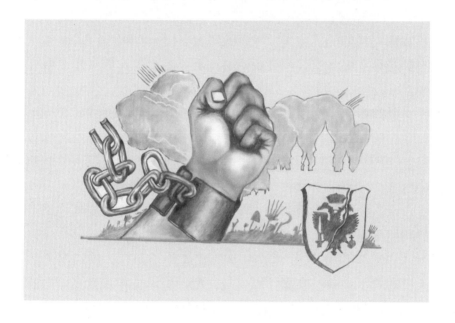

The Rise of the Revolutionary Movement
in Russia

本章所描述的，都是著名的馬克思信徒心中最熟悉的事件。共產黨經常以自己對這些事件的詮釋為基礎，建立起他們的論調，因此，讀者應該會發現，這個歷史背景相當有用。

本章另外收集了一些共產黨領袖：列寧（Nikolai Lenin）、托洛斯基（Leon Trotsky）以及史達林（Joseph Stalin）的個人傳記。

審視下列問題，可以透露某些本章打算提供的答案：

1868 年在俄羅斯推動馬克思主義的是誰？馬克思為什麼認為那人是他的「敵人」？沙皇亞歷山大二世（Alexander II）遭刺殺後，馬克思談論俄羅斯發生共產革命的可能，說了些什麼？

是何種環境造就了列寧？他哥哥為什麼被絞刑處死？

布爾什維克（the Bolsheviks）是誰組織的？組織的名稱意思是什麼？他們把對手稱為什麼？它是精準名稱，抑或是戰略使然？

托洛斯基的背景如何？他怎麼取這個姓名？他如何逃離西伯利亞？為什麼他在 1903 年反對列寧？

1905 年俄國革命，是由少數激進分子領導，抑或是全體人民起義？列寧及布爾什維克為什麼反對承諾實施代議制政府的《十月宣言》（October Manifesto）？

史達林家出身哪種家庭？他接受神學教育，為什麼被神學院開除？史達林 1907 年的犯案活動，顯示他有什麼人格？這段期間，史達林當工會組織者、宣傳家及革命領袖，活動範圍有多廣？他跟列寧關係怎樣？

第一次世界大戰怎麼把俄羅斯帶到再一次全面性抗暴的邊緣？那次危機發生時，沙皇態度如何？

馬克思主義來到俄羅斯

1885 年，美國公民、駐聖彼得堡美國大使館專員懷特
（Andrew D. White）返國述職，描述俄國局勢如下：「整個政
府體制可以說是世上最野蠻殘酷的一個。一個斯文社會如此墮
落、人民受壓迫、官僚體系如此無恥，世上真沒有第二個。」

懷特寫下這段話時，俄羅斯總人口略多於 7,000 萬，其中
4,600 萬人以農奴身分受到束縛。

我們回想到馬克思、恩格斯看見英國工人的生活條件，激
動得義憤填膺，但英國人的生活狀態卻遠優於俄國貧農。俄國
農奴不僅忍飢挨餓、被剝削、貧苦，還活在封建壓迫的嚴酷
體制下。秘密警察總是橫行無阻，人民隨時有被捕、發送到西
伯利亞勞改營之虞，沙皇常備軍也殘酷凌辱他們。俄國農奴沒
有不容侵犯的豁免權，不管他的人身、財物、子女，有時妻子
也一樣。一切都受到沙皇腐敗官僚系統貪官污吏猥瑣念頭的宰
制。

1861 到 1866 年間，沙皇亞歷山大二世認真想著廢除農奴
制度，批准幾條解放敕令。然而，就一切實務面來看，小農貧
苦的生活依然嚴峻、陰暗、不安。革命爆發的條件一直在醞釀
當中。

巴枯寧（Bakunin）翻譯的《資本論》於 1868 年逃過沙皇
的檢查制，馬克思主義因此傳到俄國，有如上選的精神糧食，
在自由派及激進人士當中傳閱著。這件事對於俄國來說，源自
《共產黨宣言》的赤色烈焰點燃起來了，「讓統治階級在共產
革命面前顫抖吧。無產者在這個革命中失去的只是自己頸上的
鎖鏈……全世界工人們，團結起來！」

俄國革命運動很快就成形，到了 1880 年，可以肯定地說，馬克思主義占據了主導地位。第一次意義重大的暴力事件發生在 1881 年，一枚炸彈被扔進沙皇亞歷山大二世的馬車，沙皇傷重不治；扔炸彈的人是革命組織「人民意志黨」（The People's Will）成員葛寧耶維茨基（Ignatius Grinevitsky）。

　　刺殺沙皇成功，讓很多馬克思信徒覺得，無限制革命的時刻應該很近了。遠在倫敦，垂老的馬克思開始收到俄國門徒的詢問。他們想知道，在俄國發動革命是否可行；俄國經濟從沒通過資本開發階段，而馬克思總是說，資本開發是前提。馬克思認真研究這個問題。最後，他提出答案，說是自己認為俄國擁有「最罕見、最適合、任何國家都沒有的機會，能避開（跳過）資本開發的階段」。換句話說，馬克思暗示俄國有可能提早革命。

　　馬克思理論的路線來了個大轉彎。他還承認自己早年的預言之一有誤；也就是革命會先在高度開發的資本國家發作，如德國及英國。他在朋友群裡宣稱，「這真是命運的諷刺，原來我的主顧是俄羅斯人，而我跟他們打筆仗達 25 年，不僅在德文（刊物）中，法文及英文的也有。」

　　的確很諷刺，儘管馬克思在口頭及評論文章上一直臭罵俄國人，但俄國馬克思信徒依然忠於馬克思及其理論。這在巴枯寧一案再真實也不過。巴枯寧是第一個信仰馬克思的俄國人，提倡馬克思、恩格斯理論如此賣力，以至於兩人害怕他會奪走第一國際。所以他倆挑他出來進行政治清算。

　　然而，即使到最後，巴枯寧重申自己信仰馬克思。在談完馬克思對他的「強烈仇視」之後，巴枯寧結論說，「這讓我厭惡公眾生活。我受夠了，我把青春奉獻給鬥爭之後，現在我累

了……讓其他年輕人接手這項工作吧。就我而言，已不再覺得堅強了……因此我退出競技場，只向我親愛的同一輩人要求一件事——饒了我吧。」

1876 年，巴枯寧放下人生的擔子，而蒙他饋贈馬克思主義及俄國革命的「年輕人」，已開始在人群中露臉。

1870 年，列寧來到人世，而在 1879 那一年，史達林及托洛斯基也來到世間。其他人陸續到來，但這三人是主要領袖，扛起巴枯寧的傳統，同時做到馬克思自己一直辦不到的事。這三人在革命中震撼一個大國，另擔任接生婆，讓世上第一個共黨專政來到人間。

早年的列寧

馬克思大概沒料到，第一個共黨獨裁者會是列寧這樣的人。1870 年 4 月 22 日，他出生在窩瓦河（Volga）地區的辛比爾斯克（Simbirsk）。父親當到州級國立學校督學，並獲俄羅斯世襲貴族爵位，母親是德國人，信仰路德宗（Lutheran）基督教。列寧一頭紅髮，高顴骨，還有阿斯特拉罕州韃靼祖先遺傳的斜眼睛。

列寧的原名是佛拉迪米爾‧伊里奇‧烏里揚諾夫（Vladimir Ilich Ulyanov），但革命時化名為「尼可萊‧列寧」，自此開始揚名。少年時代，他接受父親的嚴格訓練；儘管父親是州級督學，但仍被稱為「自由派」。列寧父親是有人道主義情懷的人，17 年間設立了 450 所小學，賣力到累死。他在列寧 15 歲時逝世，過沒多久更大的悲劇打擊到一家人——他的哥哥被絞死。

列寧這位兄長叫亞歷山大，死時快 21 歲。沒多久之前，亞歷山大對宗教失去了信心，進而深深著迷於唯物論哲學。他同時覺得有必要採取直接、斷然行動，推行俄國社會改革。

　　就讀聖彼得堡大學時，亞歷山大與幾位同夥，想做一枚炸彈來炸死沙皇亞歷山大三世（Alexander III）。炸彈由炸藥及番木鼈鹼處理過的彈丸組成，外頭用假的醫學字典掩護。就在執行刺殺計畫前被警方破獲，整個團體立即被捕。接下來很快審案並定罪，1887 年 5 月，聖彼得堡的報紙公布，列寧的哥哥已被送上絞刑台。

　　這次騷動消退後，剛滿 17 歲的列寧反而認真地去研讀馬克思及其他革命派作家的作品。跟他的兄長一樣，列寧在兩、三年前已不再信仰宗教，變得認同馬克思對生命憤世嫉俗的詮釋。此外，哥哥之死還強化列寧的決心，愈快變成活躍革命志士愈好。

　　為了讓自己取得某種專業上的地位，列寧廣泛閱讀法律。透過母親的求情，他獲准參加聖彼得堡大學的期末大考，而且在 124 位學生中以狀元出線。列寧接下來試圖要做個執業律師，但不曉得為什麼，他的官司幾乎是以敗訴收場，因此他放棄法律，終生沒再回頭。

　　1891 到 1892 年間，俄國鬧飢荒，又有霍亂疫情爆發。在列寧所住地區，俄國名作家兼慈善家托爾斯泰組織幾百個流動廚房救濟飢民，分配作物種子及馬匹給貧困農人，想維持人們活下去的勇氣。但列寧不幹這些。他沒幫忙救濟，也不參加紓困委員會。後來他被人指責對於飢荒的心態可議，把飢荒當成加重人民苦難的手段，煽動他們的革命意志並引發革命行動。那些年，馬克思派的政綱無疑夯實了列寧的思維，把他變成毫

不妥協的革命黨人。

此後沒多久，列寧定居於聖彼得堡。此時他 23 歲，熱衷於推動革命。因此他參加「解放勞動階級戰鬥聯盟」（Fighting Union for the Liberation of the Working Class）。然而在 1895 年，列寧發覺自己患了胃結核，必須前往瑞士特殊療養院進行治療。在西歐期間，他接觸到流亡中的俄羅斯馬派領袖普列漢諾夫（George Plekhanov）。

列寧花很多時間與普列漢諾夫相處，而且對俄國流亡激進人士中的這位大人物，竟會跟新來者——如他分享自己暴力革命、推翻沙皇計畫，深感榮寵。普列漢諾夫一樣看重列寧。他感受到列寧憎恨沙皇政權污染到的一切，因此決定，列寧應該返回俄國糾集馬克思信徒，然後效法在德國極其成功的「社會民主黨」（Social Democrats），組織一個全國性的共產黨。列寧另按要求，開始出版革命期刊。

列寧接受這個命運中一早就注定要由他來執行的差事，並把它視為神聖的任務。一回到俄羅斯，他便組織罷工、訓練新人、謀劃政治策略，寫作煽動文章。只是在這個大有希望的行動當中，有個警察臥底出賣了他們。列寧被判刑，流亡到極遠的西伯利亞。列寧坦承自己的革命志業以苦澀的結局中斷了。

抵達西伯利亞不久，有個馬克思女信眾叫克魯普斯卡婭（Nadezhda Krupskaya）前來與他會合，兩人結識於 1894 年。她應列寧要求而來，條件是兩人舉行結婚典禮，而讓他們的結合合法化。此舉雖違反馬派「廢除家庭」的原則，但他倆為了能待在一起而同意了。此時，列寧有了一個獻身於革命的程度不亞於他的愛侶。他們沒有生兒育女，密友宣稱列寧夫婦是故意不生小孩，原因在兩人感受到自己人生的使命，不容兒女

拖累。

列寧在西伯利亞的時間用在讀書，用秘密墨水寫了成堆的信件，團結新成立的「俄羅斯社會民主黨」（Social-Democratic Party of Russia），另完成他的著作，書名為《俄國資本主義的發展》（*Capitalism in Russia*）。

1900 年列寧獲釋，當時他已成為審慎、工於算計、羽翼豐滿、擅長謀略的革命家。他立即前往德國慕尼黑，在當地創辦叫做《火星報》（*The Spark*）的刊物，再偷運回俄羅斯。列寧與妻子展開西歐的流亡生活長達 17 年幾乎沒間斷，只在很特殊的狀況才會偷偷回到俄國。夫妻倆生活簡樸，輕車簡從，彷彿一直在等歷史發話下來，把革命角色分派給他們。

布爾什維克的源起

1903 年，列寧夫婦已在倫敦成立總部。他們感覺到自己是要接續馬克思未竟的事業。當時馬克思已過世 17 年，兩人經常前往馬克思墓前「朝聖」。

那一年 7 月，俄國社會民主黨大會在倫敦召開。來自俄羅斯的代表有 43 人，還有來自各個俄國人流亡在西歐的團體。列寧擔任大會主席，一開始態度還算溫和、不偏不倚，但隨著討論持續下去，他驚駭地發現，大會往和平社會主義發展，而非武裝革命。列寧馬上把朋友、追隨者召集到身邊。他把大會按以下命題分成兩半：黨員的權力應該僅為硬派革命派人士（一如列寧所倡議）所有，還是要放寬給任何同情這項運動的人。

在這場爭執裡，列寧暫時把與會的多數人集結在他身邊，

此後用這個當作基礎，把支持他的人稱為「布爾什維克」（俄語字義為「多數派」），反對他的人則被叫做「孟什維克」（Mensheviks，俄語字義為「少數派」）。一個被命名為「多數派」的黨派，在宣傳價值上很快就獲得效果了。這又是另一個案例，來明列寧有絕對的決心，要利用所有的工具來推動自己的政治戰略。

然而在那場大會上，列寧的勝利很短暫。幾個團體合力反對他，過沒多久，他發現自己在大多數事項都代表少數意見。只是，列寧繼續把他的追隨者稱為布爾什維克，而任何反對他的人為孟什維克。

托洛斯基的背景

此時反對列寧的人當中，有一個年紀才 23 歲的狂熱分子，名叫托洛斯基。後來列寧、托洛斯基將並肩合力，但是在 1903 年這場大會，他倆站在對立陣營。我們先把故事暫停一下，簡短看一下托洛斯基的早年。

從很多方面看來，列寧與托洛斯基的背景相似。兩人都來自優渥人家，都受過良好教育，兩人都因理想幻滅而投身革命，也都在西伯利亞服過刑。

托洛斯基出生時，名為列夫‧布朗斯坦（Lev Bronstein），爸爸是富農。沙皇發動反猶太攻勢，托洛斯基之父成為漏網之魚逃離城市，到黑海附近的農業地區定居，當地對宗教較為寬容。然而，隨著家族成員興旺起來，他們逐漸不去當地的猶太會堂，也沒有再進行安息日儀式。最後爸爸代表家裡公開支持無神論。

托洛斯基外出求學時，抱持著從父親身上學來對唯物論的認同。這樣的態度很快就有了成果。當托洛斯基即將從學校畢業時，他被認定成唯物論者，不但憤世嫉俗，還流露出種種強烈跡象，顯示他將會成為政治上的激進分子。雖說最不喜歡這種傾向的人便是他爸爸，但沒什麼能叫托洛斯基回頭。每次托洛斯基回家度假，父子倆總是激烈爭吵，幾年之後，他就完全疏離了家人。

在這樣的情況下，當托洛斯基接觸到馬克思主義時，就毫不費力地在心中為它安了個位置。他改從馬克思主義這件事之所以能夠順利達成，都是因為一名比他年長六歲但年輕又迷人的女子對他的教誨，後來托洛斯基娶了她。女子芳名叫亞歷珊德拉‧洛芙娜（Alexandra Lvovna）。

托洛斯基與亞歷珊德拉決定出力組織「南俄羅斯工會」（South Russian Workers' Union）時，托洛斯基才 19 歲。托洛斯基獲派的任務為發行非法報紙。可想而知，這件事很快就讓他被捕。托洛斯基被單獨囚禁了 3 個月，經過一輪輾轉於各處牢房之後，他被送去西伯利亞，後來亞歷珊德拉前去與他會合。他倆都被判處在寒冷、荒涼、人煙稀少的地區服刑四年。這段放逐期間他們生了兩個小孩。

1902 年，托洛斯基藏身在農夫的乾草車上，逃離放逐地。他抵達西伯利亞火車站，接下來利用自稱「托洛斯基」的偽造文件——他最後一個獄卒的名字——而矇混過關，此後便一直用這個名字。在幾個馬派同志協助下，他前往倫敦，到達的時候剛好可以參加前文提到的社會民主黨大會。過些時候，他的妻兒也會前來與他團聚。

列寧與托洛斯基首次見面一拍即合。列寧說，托洛斯基是

擁有「罕見能力」的革命志士。托洛斯基則以建議列寧擔綱大會主席作為回報。然而在會議期間，托洛斯基看夠列寧心思中，那些冰冷如利刃的一面。有些最資深、受敬愛的黨員反對列寧意見，卻遭他無情地開除，讓托洛斯基感到震驚。（托洛斯基 1903 年對同志的溫情關懷，與他在 1917 至 1922 年之間的立場呈現尖銳對比。當時他親自監督，無情地清算掉好幾百名同黨同志，他懷疑那些人偏離共產黨的既定政策。）

事實證明，1903 年的托洛斯基一時反對列寧，無損於他的革命生涯。隨後那幾年，托洛斯基變成傑出寫手兼公眾演說家，遠比列寧更早在西歐揚名立萬。眾人口中的托洛斯基是俊俏、驕傲、反社會的知識分子，有時候真讓他的馬派同黨們很生氣，尤其他對自己衣著的講究更是如此。托洛斯基因為有鷹鉤鼻，再加上八字鬍，讓他博得「小鷹」的稱號。

現在，我們回到俄羅斯革命運動迅速開展的年代去吧。

1905 年的俄國革命

到了 1903 年，俄國政治局勢已處於革命爆發邊緣。沙皇尼古拉二世（Nicholas II），不知道自己很快即將變成末代沙皇。作為統治者，歷史證明他軟弱到叫人稱奇。當他還年輕時，很討人喜愛，個性友善，俄國自由派曾寄望他登基以後，可以採取俄國迫切需要的改革，以便俄國能躋身世界先進國家之列。但這一點叫他們失望了。尼古拉二世對外推動他父皇亞歷山大三世的帝國政策，內政則奉行被刺殺身亡的祖父的嚴酷政策。事實上，為了滿足自己的擴張野心，尼古拉二世 1903 年還舉國投入，跟日本打了場愚蠢的戰爭。沒有多久他就發現，

俄軍嚐到羞辱性的戰敗。

日俄戰爭持續兩年多，快到屈辱收場時，俄國人民承受的經濟及政治壓力，讓傷痕累累的帝國土崩瓦解。政府官員被刺殺，群眾示威風起雲湧，250多萬名勞工發動全國罷工。沙皇用盡各種手段來鎮壓起義，但不管是大規模的逮捕、大量的人民被監禁甚至是處決，都擋不住這股狂潮。人民怒火高漲，銀行家、農民、教授乃至沒有受過教育的文盲也並肩走上街頭示威。

沙皇笨拙的應對手腕引爆了革命，「冬宮大屠殺」（Winter Palace Massacre）可以說是個典型範例。事件發生在1905年1月22日，當時神父加邦（Father George Gapon）帶著幾千名無武裝工人，遊行到冬宮正門，想和平地呈上請願書，希望改善勞動條件。當遊行群眾靠近冬宮時，可以看到他們拿著巨幅的尼古拉二世肖像前後揮動，洪亮地唱著「上帝保佑沙皇」。那個光景很詭異。工人的貧窮，與沙皇冬宮的巍峨壯麗，恰成鮮明對比。冬宮那座巨大、奢侈的宮殿可以容納6,500多名賓客住進它那裝潢富麗的套房。

但沙皇沒出來迎接他們，遊行者發現冬宮被大批部隊包圍。一開始工人們對狀況有所警覺，但當沒人下令驅散時，他們覺得安心了。只是突然間，他們聽到一聲粗嘎的軍令，部隊立即直接向群眾開槍。毀滅性的槍擊把前排的示威者打倒在地，而剩下的人驚恐地想逃離現場而發生了踩踏事件。部隊持續開槍，直到群眾完全被驅離。大約500人死在現場，3,000人受傷。這件事在俄國史上惡名昭彰，被稱為「血腥星期日」（Bloody Sunday）。

這起暴行的消息如洪水般橫掃俄羅斯大草原及平原。人民

因為憎恨日俄戰爭的負擔，已經憤怒到快爆炸，新的怒火適足以引發全面起義。一開始，有些人想訴諸武力，但大致而言，主要的反擊方法，是癱瘓沙俄的戰時經濟——人民罷工了。幾個月內，俄國整個經濟機器陷入停滯。工廠關門，店面空盪盪，報紙停刊，乾貨、燃料沒人搬運，新收割的穀物擱在裝卸場腐爛。尼古拉二世即位以來第一次感到驚恐。他拋下日俄戰爭，同意傾聽人民的需求。

需求的四個事項，包括：

一、保護個人，准許思想自由、言論自由、集會自由，以及組織工會的權利。

二、各階級人民都有權投票選出「國家杜馬」（Duma，國民大會）。

三、沒有國民大會同意，任何由沙皇頒訂的法律自動廢除。

四、國民大會有權決定，沙皇的任何詔書是否合法。

這些需求放進一份文件叫《十月宣言》。宣言明白指出，大多數民眾無意毀掉沙皇，只希望建立一個類似英國的君主立憲體制。如此的妥協讓馬克思信徒跳腳了。他們要革命繼續下去，直到沙皇被迫無條件投降且遜位。不如此，他們無法建立共黨專政。

起義開始便匆匆跑回俄羅斯的托洛斯基，當著一群正在慶祝沙皇接受《十月宣言》的人面前，撕毀了《十月宣言》副本，聲稱宣言背叛了革命。他馬上與其他馬派信徒串聯建立組織，想煽動革命活動的火焰再起；主要做法是組織很多的蘇維埃

（在各個工會裡成立工人議會）。列寧拖到 1905 年 11 月才抵達俄國，並且同意聯合托洛斯基進行「二次革命」。然而 60 天後，這場馬派運動崩潰了。托洛斯基被捕，而列寧則在夜裡潛逃到較安全的地區。

就這樣，14 個月來的反沙皇革命抗暴結束了；頭 12 個月為全民行動，最後 2 個月是馬派起事。總計起來，俄羅斯帝國境內的部隊奉命出動逾 2500 次。人民與部隊爆發的戰鬥中，14,000 人喪生，約 1,000 人被處決，20,000 人受傷，70,000 人被捕。

托洛斯基在最後階段來領導革命，使得沙皇的法院對他判以嚴厲的刑罰。他被判犯下革命暴行，無限期流放到西伯利亞。但托洛斯基並沒去到西伯利亞。他在風雪籠罩的情況下大膽潛逃，用馴鹿拉著雪橇走了 430 英里，騎馬穿越烏拉山脈後，逃去芬蘭，與列寧及其他幾位馬派成員會合。

停留芬蘭期間，托洛斯基細心制定出「不斷革命」（Perpetual Revolution）理論。這個理論主張共產黨應不斷地鬥爭現存的政府，直到一切政府都被推翻，建立無產階級專政為止。這讓托洛斯基的著重點，幾乎與列寧一致。或許在不自知之中，他說服了自己，成為一名全面的布爾什維克。

在這個時間點，布爾什維克運動來到最低潮。布爾什維克領袖沒能辦到逼迫沙皇下台的承諾，而他們在《十月宣言》後還搞革命，更是激怒了沙皇拒絕履行宣言的地步。沙皇批准人民選出國家杜馬，但設法褫奪它一切實權。俄國人民曉得自己被騙了，唯有再發動一次革命，才能讓宣言內容被實踐，然而當時卻無法辦到。個別團體的確在煽動反沙皇及其大臣，但這些團體的下場跟大多數布爾什維克領袖一樣，被迫逃去西歐保

命。

　　為了重振布爾什維克派日益縮小的影響力，列寧召開一系列會議。在其中一場這類的閉門會議裡，有位新的革命角色出現，他便是史達林（Joseph Stalin）。此時沒沒無名的史達林代表外高加索（Transcaucasia）地區一個小布爾什維克團體與會。列寧馬上認定他為農民階級真正的革命成員——粗野、堅定、強而有力、行動堅決。列寧需要這類人物，因此徵召史達林進入他的麾下。

　　史達林是俄羅斯革命運動裡，第三號重要人物。

史達林的背景

　　史達林原名朱加什維利（Djugashvili），1879 年 12 月 21 日出生於哥里（Gori）小鎮，鄰近土耳其邊界。那座最早為他遮風蔽雨的寒酸木屋，今天已改建為國立紀念館，館頂由大理石打造。

　　史達林父親是個鞋匠，有酗酒習慣且最後要了他的命。父親死時史達林只有 11 歲。此後，史達林的母親替人打掃、縫紉、做飯，賺夠錢讓史達林去讀書。因為母親希望他去當神父，所以他到鄰近的提比里斯（Tiflis）市的神學院求學。

　　史達林還在摸索自己道路時，發現那家神學院充滿了秘密社團。他們其中很多人靠著費爾巴哈、鮑威爾的無神論著作，以及馬克思、恩格斯的革命著作在壯大。過沒多久，史達林認定自己愛好革命更甚於宗教，因此在神學院秘密組織中，變得極為活躍。他一直參與這些活動將近 3 年，最後在 1899 年 5 月被揭發，遭學院以「缺乏宗教使命」為由開除。

一等他融入外面的世界，史達林把自己的時間全都花在當職業馬派革命者。他組織罷工，組織非法的五一勞動節慶祝活動，最後逃到巴統（Batumi），在當地成為社會民主黨首席勞工煽動家。最後他被捕並關押在監獄至 1903 年，然後被流放到西伯利亞 3 年。

　　當聽到布爾什維克與孟什維克分裂的消息時，史達林人還在西伯利亞。他當下就選擇成為強硬派的布爾什維克。翌年成功逃離西伯利亞後，他回到提比里斯，成為外高加索布爾什維克的領袖。1905 年革命期間，他在故鄉喬治亞當領導，革命卻告流產，接著立刻前往芬蘭，參加布爾什維克會議，接觸到列寧。

　　自此之後，史達林一直擔任列寧的副手，深深景仰列寧。這距離他開始對共產主義大業展現出強有力的熱誠之心才沒有多久而已。

史達林從事犯罪活動

　　1907 年夏天，史達林與列寧在柏林密會，然後他返回提比里斯，組織強盜集團。那個集團可不是劫富濟貧的羅賓漢式團體，更像是大型幫派，完全不管家鄉父老以及男女老少的性命。

　　他們丟擲威力強大的炸彈，把從郵局運鈔前往國立銀行提比里斯分行的車隊裡的馬車馬匹炸死，另造成幾個路人喪生，50 多名大人小孩受傷。丟炸彈的人趁四周慌亂，取出車廂內裝著 34 萬 1 千元盧布（約 17 萬美元）的錢袋，匆匆離去。

　　這起犯罪完全不顧人命，以至於俄羅斯官方的國內外機

構，都想追尋每條可能線索，揭露搶匪的身分。最後，那筆錢被發現落入史達林親密同夥李維諾夫（Maxim Litvinov）的手中（此人後來奉史達林之命，1933 年赴美，尋求美國承認蘇聯）。李維諾夫及一名同夥試著把那批盧布，在巴黎換成法郎，再把錢送去給列寧，但是被法國警方逮捕。炸彈劫鈔案的詳情終於被警方查出來，元凶的姓名曝光。只是，史達林逍遙法外好幾年，繼續參與他的革命行動。

史達林成為工會幹部、寫手及布爾什維克領袖

　　1907 到 1913 那幾年，史達林苦幹實幹。人們形容列寧是個「聰明的共產黨人」，但這個說法與史達林相去甚遠。史達林學會宣傳、高壓管理、大眾傳播、罷工及煽動勞工等等每一種技巧。他最重要的經歷，有些發生在極活躍的巴庫（Baku）工業區。他奉令到當地組織數萬名油井及煉油廠工人。為辦到這一點，他創立合法、合法邊緣及完全非法的三層系統。他把自己的領導權，如此完整地加在這個大工業中心工人身上，以至於他能組織一個強大的工業蘇維埃（工人議會），從上到下由完全忠於他的布爾什維克同僚主宰。

　　由於他的喬治亞口音太濃，史達林當演講家的威力一直不大，1907 到 1913 年之間，他變成幹練的革命黨寫手。有一陣子他在提比里斯當社會主義報紙《時報》（Dio）的編輯，攻擊孟什維克時的重大火力，就連布爾什維克人都感到驚訝。1910 年他前往聖彼得堡，擔任《社民報》（Social Democrat）、《星報》（Star）、《真理報》（Truth）寫手。正是這段期間，原名約瑟夫・朱加什維利的他開始以筆名「鋼鐵人」（Man of

Steel）聞名，俄文便是史達林。

1912 年，列寧完全與社會民主黨斬斷關係，成立布爾什維克黨（Bolshevik Party），此時史達林特別受列寧推崇，列寧把史達林安插到新組織的中央委員會裡。

隔年，史達林的事業遭打斷，被逮捕並送去西伯利亞，這對史達林來說是家常便飯了。自 1903 年以來，他被捕 8 次，流放 7 次，脫逃 6 次。但最後的這一次他逃不了，因為被送到西伯利亞最偏遠的區域之一。

隨著一戰來臨，史達林沒特別想逃的欲望。他向友人們表示，自己樂得在西伯利亞逍遙，享受「假期」，逃獄還可能讓他被徵召去當兵。他一點也不想服兵役。

俄羅斯在一戰的角色

回想起 1914 年，歐洲主要國家全在大秀軍力。不可避免的是，外交上最輕微的誤判，都可能會引發造成生靈塗炭的毀滅性事件。點燃火藥庫的星火，便是奧匈帝國儲君遭塞爾維亞分離分子刺殺。事件發生在 1914 年 6 月 28 日。

奧匈帝國一直在找藉口接收塞爾維亞，事件發生之後部隊開拔。這叫沙皇火大，因為塞爾維亞列在他自己的征服日程表上，所以他向奧匈帝國宣戰。德國跑來保衛奧匈，向俄羅斯宣戰。當時，法國是俄國盟友，於是德國以此為由，向法國開戰。如此讓身為法國盟友的英國被捲入戰爭。戰爭機器便因此開始運轉。

從俄國沙皇看來，一戰爆發沒什麼意外。他忙著建造強力軍事機器，準備這場戰爭已經好多年。只是，俄國人民並沒有

做好打仗的心理準備。

　　人民與沙皇關係緊張已近 10 年，因為尼古拉二世一直沒有兌現 1905 年《十月宣言》允諾的立憲政府。當然，一戰的爆發，人民有受攻擊之虞，他們便依正常的自衛本能結合，進行例行性的保家衛國，沙皇以為這是個好兆頭，人民會忠心支持他，撐過整場戰爭。

　　但幾個月後，戰爭的壓力開始浮現。到了 1915 年，民眾已怨聲載道，而到了 1916 年，沙皇的戰爭機器瀕臨崩潰，開始搖晃抽搐。三年內，俄國動員了 1,300 多萬戰鬥兵員入伍，這些人當中，約 200 萬人戰死，400 萬人受傷，250 萬人被俘。長達 24 個月，前線一直傳來噩耗。俄軍被逐出加利西亞（Galicia）、俄屬波蘭及部分立陶宛、塞爾維亞及達達尼爾。

　　鄂圖曼帝國的參戰，使得俄羅斯的外貿變得氣若游絲，而且也讓俄國孤立，無法取得盟國的武器與彈藥。俄國送上前線的後備軍經常裝備不足，以至於好多人得沿路由戰死的士兵身旁撿起步槍。缺少彈藥，逼得軍官只能限制麾下步兵，每支槍每天配額不超過四發子彈。

　　到這個節骨眼上，英國大使警示沙皇，若事態沒改善，整個東部戰線可能崩潰。俄軍逃兵的比例已經達到讓國家蒙羞的地步。工農威脅要罷工，食物短缺狀況愈來愈嚴重，因為政府以一文不值的鈔票來買穀物。在城市，生活開支漲到三倍，但工資只升了一點點。

　　但沙皇卻看不出有任何需要警惕的理由。他已化解 1905 年的起義，此時打算如法炮製。為展現他對局勢完全有信心，他宣布將御駕前往前線，提振士氣。

　　他似乎忘記了，人民遭逢的困境，跟引發 1905 年的革命

幾乎是一模一樣。此時沙皇現身來鼓舞將士為時已晚了。沙皇的氣數已盡。尼古拉二世自己不曉得，但他幾個月內就丟掉了皇權，而且再過不久，連命都沒了。

第六章

俄羅斯如何變成世界共產強權

列寧　　托洛斯基

How Russia Became A Communist World
Power

俄國布爾什維克革命史，還有接下來的那20年，可以稱之為馬克思主義的現代版《新約聖經》。共產黨人把它當成是歷史證據，證明馬克思理論可以成功辦到。然而有趣的是，作為反共更有力的論述，證據也可以由相同的這段史詩裡找出來。一切相關事實都彙總於本章，供讀者自行判斷。

　　審視下列問題，有助於討論這段歷史時，了解某些經常浮現的難題。

　　強迫沙皇退位的是誰？共產黨領袖當時在哪兒？1917年3月俄國革命與1905年俄國革命，有什麼相同之處？列寧是怎麼回到俄羅斯的？德國官員為什麼要幫他？

　　1917年11月25日全國大選時，投票反對列寧政體的人民，占了百分比的多少？

　　列寧把俄國抽離一戰，他的動機是什麼？為什麼他與德國人簽訂的條約被稱為「俄國的大災難」？

　　列寧把馬克思理論運用在俄國經濟，那時發生什麼事？為什麼列寧要下令處決沙皇及其家人？

　　是什麼狀況下，迫使列寧放棄許多馬克思最鍾愛的理論？

　　為什麼列寧在臨終前留下遺囑，希望永遠不要讓史達林取得權力？史達林第一個「五年計畫」（Five-Year Plan）的目的是什麼？

　　俄國共產黨1932年12月想罷黜史達林，原因何在？是什麼救了史達林？

　　為什麼史達林把共產黨高層幾乎全部處決掉？到了1938年，史達林打算做什麼？

1917 年 3 月俄國革命

　　1917 年 3 月 8 日，俄羅斯人高漲的革命情緒終於爆發，政治怒潮往沙皇及其政權沖去。相較來說，暴力是有限的。想要起義的感受如此普遍，以至於訊號一發出，25 萬示威群眾便出現在莫斯科街頭。示威群眾接管首都時，革命自動地橫掃全帝國。

　　這次革命對全世界極其重要。後世回憶 1917 年春天，認為它是一戰當中極其重大的階段。美國剛參戰，而法、英及義大利幾乎已精疲力竭。西線只算勉強抵擋住德意志及其盟國的進攻，東線連同幾百萬俄軍戰爭機器的崩潰，對協約國來說是全面的大災難。

　　俄國革命對德國來說也是有重大的意涵。德皇了解，假如俄國退出戰爭，那麼東線的大批德軍就可以轉來西線。如此他就可以憑著龐大的優勢軍力，搗破所有的抗擊。

　　但在背後鼓動俄國革命的人從沒打算讓東線崩潰。他們起義打倒沙皇，是想拯救俄羅斯而非滅國。臨時政府一成立，馬上宣布整體的計畫，創設民主、憲政政府，同時堅持把一戰打下去。這讓西部的協約國恢復信心。美、英、法、義立刻承認俄國新政權，而全球各地自由人民的心也支持這個自由新星，臨時政府似乎隨著歡欣的俄羅斯人民而冉冉上升。

　　至於沙皇，他真的很難理解眼前發生的事情。革命伊始，尼古拉二世斷然否認政府已經解體。示威者首度出現時，他解散國家杜馬（人民大會），下令軍隊驅離群眾。然而在一個星期內，他手下的大臣們都勸他遜位，因為他的目標已無望達成。

事情發展到他的將軍們也叫他退位，尼古拉二世最後才投降。他跟一家人被安置在聖彼得堡外的離宮給軟禁起來。雖說俄國人民在他統治下受盡苦難，臨時政府倒無意殺死沙皇，只想把他一家人在戰爭條件容許時，盡快送去英國。

安頓好沙皇，臨時政府接下來進行兩個任務，大範圍地推動內政改革，同時重新集結軍力。在前線，俄軍展現士氣以回應國內的革命。國內，內政改革一個月內就有可觀進展。有史以來第一次，俄國人民看見希望，未來統治他們的是自由民主政府。參加人民起義的李沃夫親王（Prince Lvov）信心滿滿地宣稱，「我們不妨自認為是最快樂的人類，我們這世代的人們將會發現，自己是活在俄羅斯史上最歡樂時期。」

俄羅斯民主政體的計畫遭破壞

單從沙皇退位，以及俄國全民臨時政府成立的歷史來看，其中最有意思的部分是：布爾什維克或共產黨，其實並沒有參與到這個過程。推動這次起義的人，與 1905 年反抗沙皇的是同一批人。他們代表俄羅斯最優秀的人——自由派貴族、知識分子、商人、數以百萬的農民、工人。但放眼望去，布爾什維克領袖並不在內。列寧流亡瑞士，托洛斯基流亡紐約，史達林關在西伯利亞牢裡。對他們未來政治宣傳很不利的是，布爾什維克始終無法宣稱 1917 年 3 月把沙皇拉下馬的革命裡，自己有什麼功勞。

臨時政府很寬宏大量，准許布爾什維克領袖們返國。政治犯全部從西伯利亞開釋，流亡人士受邀回國。英國人聽到列寧獲准回俄時，他們向俄國盟友警告說，這是大錯特錯。列寧要

取道回俄，理所當然只有一條路，便是取得德國官員的協助。德國為此合作的理由相當明顯。

德國人已警覺到，俄國人民有重新站起來的可能，而他們想方設法，找機會在俄國臨時政府裡製造混亂及不睦。德國人與列寧在瑞士簡短交談後，深信要完成上述目標，列寧是不二人選。因此，他們把列寧夫婦及一些俄國流亡人士橫越德國，送到瑞典。這樣列寧要立即前往俄國首都的話，就容易許多。

列寧抵達聖彼得堡的時候，受到人群歡迎，大家把他看待成同情革命的同志。軍方派人送他登上一輛裝甲車車頂，大批人潮滿心期待他對革命成功的嘉許。只是，當列寧開口，急促的字眼開始噴口而出，那並非是什麼讚賞之詞。他激昂的演說，等同於新一輪的開戰宣言。

他痛罵臨時政府對建立共和體制的付出，要求實施無產階級專政，呼籲鬥爭並接管所有土地，俄羅斯人民要立刻接受全面社會主義的經濟訓練。他譴責繼續參與一戰的行動，表示應該立即與德國議和（列寧後來遭控他想讓俄國脫離一戰，是為了償還德國的人情）。

幾個星期之內，全俄羅斯呼應列寧在聖彼得堡提出的計畫，開始聆聽布爾什維克領袖的政治宣傳。由西伯利亞回來的史達林在新共產黨的報紙寫文章，慫恿進行反革命。由紐約返國的托洛斯基運用自己傑出的雄辯話術，煽動工會及軍隊推翻臨時政府。布爾什維克喊出「和平、土地及麵包」。在當時情勢下，這種宣傳戰必然有其吸引力。

列寧為保性命逃走

臨時政府試圖警告人民，別聽信布爾什維克誘人的承諾，只是政府已開始失去威信，原因在大眾要求改革之急，不是新政權辦得到的。這導致臨時政府領袖發出警告的效果就大打折扣了。事實上，1917 年 7 月，農民、工人及軍人等發動的多次暴動開始湧現，而列寧認定出擊的時機成熟了。他認為，前線俄軍為遏阻德軍正拚命作戰，要擊垮戍守國內的老人、少年部隊並不困難。然而，這一點他失算了。當列寧率領布爾什維克武力出擊時，臨時政府不僅弭平叛亂，還迫使列寧逃去芬蘭保命。

自此之後，列寧更小心行事。他讓手下去組織新的革命部隊，而自己則在國外指揮。他手下之一是托洛斯基。托洛斯基此時已公開認同布爾什維克，且竄升為二把手。他奉派去組織「紅軍」（Red Guard），糾集工會、陸軍、海軍及農人當中的武裝反抗志士。

10 月初，列寧覺得可以安全返國了。11 月 7 日，他做出關鍵性的決定，對臨時政府發動全面革命。革命始於列寧下令給托洛斯基，派紅軍向冬宮開火，並奪取政府的其他據點。在猛烈攻打之下，行政中心很快投降，臨時政府官員幾乎悉數被捕。共產黨的寫手把這次行動稱為「搖撼世界的十天」。

動用武力、暴力，讓布爾什維克不消幾個星期，便奪得幾乎所有重要城市的控制權。正規軍無法前來救援臨時政府，結果民眾發現自己是遭布爾什維克無政府主義者攻打，當時他們並沒有任何武力可以反抗。到了 12 月中旬，布爾什維克已經來到撲滅最後負隅頑抗民眾的時刻。在此之前，大眾已經清楚

心中的民主夢已經胎死腹中了。

俄羅斯投票峻拒共產主義

臨時政府遭推翻前，曾訂 11 月 25 日舉行全國大選，成立人民大會或國會。是布爾什維克大聲疾呼要求這次的選舉，所以列寧也不敢延後選舉，即便那個日子來臨時，他還在鞏固自己的權力。選舉如期舉行。

若說列寧曾夢想取得廣大支持，那麼選舉結果對他真是夢魘一場。超過 75% 的民眾投票反對他。顯然民選的代表會反對布爾什維克政權，所以當 1918 年 1 月 18 日這些代表出席大會時，列寧已經決定好要做什麼了。

他下令，人民大會把他們的立法權，全數移交給布爾什維克控制的「蘇維埃代表大會」（Congress of the Soviets），然後自行投票並通過而解散人民大會。這當然是非法荒唐之極，以至於代表們不聽他的。所以列寧動用「最後手段」——軍隊。隔天大清早，武裝衛兵進入會議廳，下令代表們休會。代表們看著步槍，知道沒得選擇，很不情願地離開會場。

這個不法行為，替俄國民主敲響喪鐘。只是，列寧曉得這種鹵莽權宜舉措，讓自己敵人取得強大宣傳材料來貶抑他。這件事情形成了一種印象，未來紅軍的任何政變行動，都不是透過正常民主程序授權的。然而，眼下傷害已成定局。共產黨人已推翻俄國史上最能代表人民的代議式政府。此時人們該嚐嚐無產階級專政的滋味了。

列寧讓俄國脫離一戰

列寧最初的野心之一，是要解除一戰的東線，讓俄國從戰爭脫身。列寧這麼做，除了履行他可能承諾過給德國人的保證之外，還有另一個更重大的原因。他相信，一戰的壓力，讓各個主要資本主義國家可能爆發一連串的共產革命。所以，他要讓俄國抽身，離開一戰，以便做好準備充當身為「共產祖國」的角色。這讓他取得機會，鞏固自己在俄國的權力，接下來指導厭戰的資本主義國家發生革命，以便在很短時間內把整個世界納入無產階級專政底下。

然而，要讓俄國自一戰抽身可不是易事。幾個月內，俄軍從有軍力優勢的對手跟前撤退。結果，當列寧終於跟同盟國達成停戰，磋商和平協議時，它們把他看待成戰敗國領袖。德國向俄國的需索叫人火大。列寧猶豫不決。為了讓他就範，德軍更深入到俄國境內，很快就威脅到聖彼得堡近郊。列寧匆匆遷都到莫斯科，接下來做出了讓共產黨革命志士深以為恥的事，他呼籲俄國的資本主義老盟友——法、英、美——前來救命。

當這些國家完全無視列寧之時，他受到更大羞辱。列寧把俄軍抽出戰場時，已摧毀協約國防線的平衡。此時那些國家正忙著準備保衛自己，抵禦德國計畫春天發動的全面攻勢，所以既沒意願也沒辦法幫忙列寧掙脫自找的困境。

列寧一如既往，是個政治賭徒，此時他權衡自己在天平上存活的機率，決定逼迫自己的黨支持他接受同盟國屈辱式的要求。即便布爾什維克黨執委會成員有著鐵一般的紀律，但他們對列寧的提議也顯得猶豫不決。然而，他強迫執委最後以七比四通過表決。

結果便是 1918 年 3 月 3 日，俄國與同盟國締結聲名狼藉的《布列斯特－立陶夫斯克條約》（Brest-Litovsk）。

條約中，列寧接受條款，割讓出俄羅斯帝國 62,000,000 人口、可耕地 1,267,000 平方英里、26% 的全國鐵路、33% 的工廠、75% 的煤礦以及 75% 的鐵礦。除此之外，列寧還同意，俄羅斯將賠款 15 億美元給同盟國。

使俄國人民付出 850 萬人死傷的第一次世界大戰，就這麼樣收場了。

首度嚐試把俄羅斯共產化

列寧把俄國帶離戰爭，此時顯得信心滿滿，想把整個俄國經濟付諸實踐共產理論。他把所有民間的工業給充公，改由政府營運。他抄沒本屬貴族、沙皇及教會的土地，另充公所有原本用來種地的牲口、農具。他接下來廢除工資，代之以「依項目」直接給付。這麼做讓俄羅斯受制於累贅又原始的以物易物制度。他下令，一切國內物資按階級配給人民。舉個例子，工人或士兵得配給 35 磅的麵包，而非勞工如經理人只收到 12 磅。列寧另將所有勞動力納入國家的調動計畫。有技術專長的人可能被迫去做任何派給他的工作。零售貨品的販賣則由政府接管。

至於小農方面，列寧把充公來的土地分配給他們，但要求他們不能僱請任何人協助種地，也不得銷售任何農產品。銷售全歸政府來做。此外，土地不得出售、租賃或抵押。

1918 年 3 月，布爾什維克改名為「俄羅斯共產黨」。

但打從一開始，俄國人民就不太適應這些新命令。工人沒

有個人誘因，農田及工廠生產縮減為涓滴之流。工廠的產量，很快降到只剩戰前的 13%，農人產量則減半。工人們經常從工廠偷貨品，以換取農民藏匿沒上繳給政府的食物。過沒多久，農民們匿藏的農產品便超過總收成的三分之一。

可想而知，俄羅斯經濟的解體所引發的布爾什維克高層的怒氣及挫折感，便全灑到人民頭上。各種想得出來的恐怖手段都使出來，逼人民生產，這也造就了報復的行動。

1918 年夏天，「白軍」（White Guard）矢言要打倒紅軍，解放俄國人民，激烈內戰於是爆發。西方協約國雖然本身壓力沉重，但同情那股運動，送出補給、裝備甚至勉強撥出來的部隊，出力解救俄國人掙脫布爾什維克的箝制。

列寧曉得這是最高危機。因此他決定同時由三個方向還擊。為抵抗有組織的軍事團體，他授權托洛斯基強力動員一支最後總數達 500 萬人的紅軍。為壓低人民反布爾什維克的情緒及拒絕上工，他組織通稱「契卡」（Cheka）的秘密警察。該團體得偵訊、逮捕、判決及處決嫌疑人等。權威人士宣稱，俄國內戰期間，有數萬人死於契卡行刑隊槍下。最後，列寧找沙皇下手。為阻止任何保皇黨發展起來的可能性，他叫人把沙皇、皇后、其小孩及全部隨扈，全在葉卡捷琳堡（Yekaterinburg）被槍殺，遺體完全毀掉。這起大屠殺發生在 1918 年 7 月 16 日。

六個星期後，白軍沸騰的恨意差點要了列寧的命。布爾什維克的新貴族在敵強我寡的情況下被堵到，在一陣亂槍射擊下，契卡頭子遭槍殺，列寧受重傷。為了報復，契卡斷然處決了 500 人。

1918 年 11 月 11 日，一戰終於結束，然而對俄羅斯局勢

沒有什麼影響。內戰還在持續，甚至更為激烈，布爾什維克黨人加倍用力，想把俄國共產化。列寧繼續在帝國各地設立蘇維埃，這些蘇維埃接著把代表送到首都的最高蘇維埃。列寧透過布爾什維克主宰的工會帝國來貫徹其政策。支撐蘇維埃的有紅軍的執行力，以及契卡秘警的恐怖行動。

然而，雖然擁有這麼多的高壓手段，列寧最後卻發現自己在戰場上是日居下風。有一陣子，因「國際聯盟」（the League of Nations）「世界民族自決」的政策，美、英、法、日各國開始撤走他們的部隊及補給，列寧膽子又大了起來，但是白軍的激烈戰鬥卻持續進行著。

列寧的突破點發生在 1921 至 1922 年之間，當時布爾什維克經濟制度之無效率，因為大飢荒而雪上加霜。俄羅斯穀倉的窩瓦河沿岸，農作物全面歉收。巴塞奇斯（Nikolaus Basaeches）寫道，「任何曾經住在飢荒區的人，任何曾經目睹因飢餓而變得殘酷的人，一生都無法忘掉那種光景。人吃人很普遍。絕望中的人身形枯槁，枯瘦且腳步踉蹌，活像個褐色的木乃伊……那些人，宛如餓狼一般撲到毫無防備的村莊，他們很快殺光每個還活著的人。」

遍地孤兒成群流浪，好比飢餓的狼群，散布在城市及鄉間。估計在 1922 那一年，超過 3,300 萬名俄國人挨餓，500 萬人死亡。美國人民碰到這種數量幾乎無法想像的人間疾苦都嚇到了，以至於籌款給胡佛委員會（Hoover Commission），在 1922 年供糧給超過 1,000 萬名俄國人。

共產大夢的結束

　　然而，就在發生這起飢荒前，列寧已強迫自己承認，他派給俄國的是一個不可能的任務。他的布爾什維克革命沒能把和平帶給國家，反而引發一場恐怖內戰，使得 2800 萬人喪命。列寧強加給人民的社會主義原則，不僅無法像馬克思保證那樣增產，反而把產量減少到承平時期也無法讓半數人民吃飽穿暖的地步。

　　碰到這種狀況，列寧認輸，承認事實，下令讓步。早在 1921 年，他便宣布，接下來要實施「新經濟政策」（New Economic Program，後來簡稱 NEP）。

　　共產黨採納這種屈辱性的政策倒轉，是為了不被推翻。列寧把工資還給工人，馬上產生貨幣流通，以取代過去的以物換物。他取消政府買賣中心，允許民間開始交易。在不到一年的三個季度的時間，所有零售流通便回到民間。他甚至鼓勵小農租賃額外土地，僱別的農民替他們幹活，而違反馬克思神聖不可侵犯的教條。他還鼓勵私人要有進取心，並向農民們保證，他們可以在公開市場出售自己大部分的穀物，不像過去，收成會被政府官員奪走。

　　僅僅幾個月，往日共產經濟的赤貧、飢荒開始消失。供需關係開始發威，發自民間的進取心開始滿足人民所需。俄國城市裡，榮景很快就回來了，街道不再荒涼，店鋪不再空空如也。

史達林起而掌權

　　列寧只勉強活到看見新經濟政策生效。他在 1922 年第一

次中風，1924 年 1 月 20 日去世。列寧得知自己大限將至，開始提高警覺，擔心史達林可能接他的位子。多年以來，列寧一直用史達林去執行手段必須殘忍的任務，只是，此時假如史達林用相同手段來接管共產黨，之後會發生的事情，卻反而讓列寧感到害怕。

1923 年 12 月 25 日，列寧半癱躺在病榻上，已無法言語，他寫了以下激烈的懇求信給政治局（Politburo，共產黨的最高層級的管理委員會，也是俄羅斯最高權力單位）。

「史達林太粗野了，這項缺點作為共產黨黨員，我們還能包容，但坐上總書記位子就不行。因此，我向同志們建議，找個方式別讓史達林登上那個位子，任命一個各方面都與史達林不同的人來做……也就是說，要更有耐心、更忠誠、更溫和、更關心同志、較不任性等等。這件事情看似瑣屑、不打緊，但我想，從防止分裂的角度，以及從史達林與托洛斯基兩人關係來看……就不是瑣事，或者可以說，這種瑣事有可能變得至關重要。」

歷史證明，列寧曉得自己在講什麼。史達林對生命的態度，或許可以由他後來權力漸漲時寫的一段話得以了解：「選好要宰的人，計畫要夠周詳，再貫注以絕不寬容的復仇心，接下來去睡覺……世上最甜美的事，莫過於此。」

到了 1927 年，列寧害怕的事，史達林恰恰好全辦到了——完全控制俄羅斯帝國。他不僅把托洛斯基拔除，還把每一個重大的反對力量，全用權力鬥爭方式把人趕走。在爭奪世界共產主義的戰場，他取得完全勝利，以至於他信心滿滿，想試著滿足自己最大壯志，他決定做第二次嘗試，再次把俄羅斯給共產化。

第一次五年計畫

第一次五年計畫始於 1928 年。它的目標是掃除在新經濟政策時代，商人、農人營造的欣欣向榮而富起來的獨立性。再次大規模地充公財物，秘密警察再次開始屠殺反抗的俄羅斯大眾。史達林決定，俄羅斯經濟應立即強迫轉入理論型社會主義的框架，向世界展示它可以超產、超分配，勝過諸如美、英等資本主義工業國家。然而，幾個星期內，五年計畫就把新經濟政策時期，俄羅斯為人所知的相對繁榮、充裕的光芒給全部撲熄了。配給成為必要手段，受人憎恨、由樺木皮做的「飢荒麵包」再度登場。

五年計畫的基調是工業、農業集體化。史達林知道他會遭到富裕小農的抵抗，所以他下令把富農當成一個階級，完全屠殺清算。有些富農毀掉他們全部田地，焚毀房舍，殺掉牛隻，再逃往高加索山區，但他們大多沿路便被逮到或死在路上。官方報告說，頓河（Don）流域有個地區，砲兵把反抗村落夷為平地，5 萬名男女老少村民被殺，留下來的 2,000 人被運往中亞地區，而他們世代耕種的土地，則被集體化農場拿走。

史達林另在五年計畫中，升高共產黨對宗教的攻勢。到了1930 年，「戰鬥無神論者同盟」（Union of Militant Atheists）擁有的活躍會員，來到 250 萬人。教堂及大教堂被改為世俗用途的建築。耶誕節慶遭到禁止，買賣耶誕樹是刑事罪名。星期天不再被視為禮拜日，工人們按規定輪休，以便工業能日以繼夜、一星期七天不停休生產。

史達林另試著奉行恩格斯拆散家庭的建議。馬克思及恩格斯一切理論，在史達林獨裁期間，都具現於人間。

到了 1930 年，史達林開始醒悟，自己或許把長期受苦的
人民，逼到太過頭了。因此他擺出一副極痛苦的表情給遭殃大
眾看。他把一切麻煩，推諉給政府官員，說他們操之過急，把
不合理的要求，強加在人民身上，尤其是小農。他這樣表達時，
彷彿自己剛聽到把人民壓倒的深沉苦難。只是，讓自己洗刷作
惡紀錄之後，史達林接著堅定地執行恐怖政策，而讓情況變得
前所未有的醜惡。

1932 至 1933 年的共產黨危機

到了 1932 年，局勢已經變成危機。俄羅斯人民受苦於飢
荒、大規模處決、富農階級遭無情清算、民營企業全遭鎮壓、
犯人解遞到西伯利亞、長期服刑於勞改營。反人類罪行的規
模，只有後來納粹在達豪（Dachau）、布亨瓦德（Buchenwald）、
貝爾森（Belsen）等集中營所犯的大屠殺才堪比擬。

巴塞奇斯在最近一本史達林傳記裡說，1932 年共產黨高
層已曉得，他們必須推翻史達林，不然就要面臨革命。即使是
軍方都準備造反。政治局在 12 月秘密集會，史達林提出不少
方案，想進一步鎮壓人民。只是這一次，即便是因為史達林的
關係才能掌權的人，都公開投票反對他。據說史達林被這次展
現出來的反對力量給震懾，以至於他向莫洛托夫承認，或許他
該認輸辭職。然而，莫洛托夫鼓勵他再撐一陣子，看看事態有
無好轉。

美國在關鍵時刻承認蘇俄

莫洛托夫沒錯。接下來的局勢真讓史達林解了套。首先發生的是 1933 年 1 月，希特勒崛起掌權。希特勒強烈反共的政策，導致很多俄羅斯人相信，俄、德之間可能會爆發戰爭。他們因為擔憂希特勒，而忘掉了對史達林的憎惡。第二項幫忙到史達林的因素，是全球資本主義的偉大領袖美國，承認史達林共產政權。最後這項因素可以說是個引人注意的進展。

美國拒絕承認蘇俄長達 16 年之久。這段期間，歷任美國國務卿說明原因時都很精準。例如 1923 年，國務卿休斯（Charles E. Hughes）便宣稱，「我國人民對俄國人民真誠的友誼毋庸置疑。正因如此，才強烈希望什麼事（比如外交承認）都不該做，生怕會認同蘇俄採納的暴政，也不該採取任何行動，而阻礙俄羅斯人民逐步重申他們有自由的權利。」

這麼多年來的很多這類言論，都讓史達林注意到，假如要美國承認蘇俄，共產黨的政策以及策略上要做很多的改變。所以早在 1933 年，當史達林派他的老同志、老戰友李維諾夫到華府，磋商美國外交承認時，他就曉得條件一定會是什麼。李維諾夫書面保證，自此之後蘇聯不會干涉美國內政。他說，蘇聯不會准其官員，以宣傳戰或煽動的方式推翻美國政府。此外，他更保證蘇聯不會准許任何在俄國境內組成的團體，以唆使推翻美國政府為目的。

此時好像俄共準備放棄共產國際及世界革命了。以一位俄國政府官員這樣嚴肅保證為基礎，1933 年底，美國承認了蘇聯。就是這樣的條件，導致美國改變對蘇俄政策，由彼此抵抗變成共同生存。

但在 10 個月後，美國官員就曉得自己被騙了。美國駐蘇俄第一位大使布利特（William C. Bullitt）從莫斯科回報說，每個蘇聯官員嘴邊都掛著世界革命。共產國際（推動世界革命的組織）已準備就緒，將在蘇俄舉辦第七次大會，就算違背李維諾夫字面意義及精神上的承諾也都不管了。

美國向李維諾夫強烈抗議，但他也只聳聳肩，說蘇俄絕對沒有「任何責任，與共產國際毫不相干」。顯然蘇俄境內狀況已經改變。史達林再度抓牢自己的獨裁政權。美國外交承認的威望已幫到忙，而蘇俄的承諾此時就當廢紙處理。

共產國際第七次世界大會召開時，美國及其他資本主義國家全都在大會上被罵，而且公開推動許多暴力推翻美國政府的計畫。事實上，一如我們下一章會見到，就在李維諾夫保證不干預美國內政同一時間，蘇維埃情報員正忙著在華府政府各個官署，精心建立間諜網。

有些政界權威人士相信，當發現俄共領袖無恥違反承諾時，美國就該斬斷與蘇俄的外交關係。但這件事並沒有發生。當時的外交戰略家這麼主張：美國應把布爾什維克看待成吵鬧的大男孩，以監護他們度過青少年期。他們進一步辯解說，美國至少該派個大使駐俄，就近監視。以這種建議為基礎，美國的共存政策又降了一級。

對於共產黨破壞承諾卻顯得無動於衷的態度道歉，美國的外交官們接受了，卑躬屈膝地吞下來自共產黨的差辱。此事大大助長史達林在俄國的政治資本。

史達林重返掌權

　　當史達林發現俄國民眾厭惡他的外在徵象消失之後，他覺得此時可以再次充充門面。只是，共產黨高層根深柢固的仇恨繼續在心中滋長。他們私下在圈內傳，「為了黨好」，必須除掉史達林。所以，俄羅斯高層當中的革命分子，偷偷結合各自的想法，研究出最好的方法來除掉史達林。最後他們決定，先除掉他身邊的人，接下來再發動政變。一開始目標是打倒基洛夫（Sergei Kirov）──史達林的最愛，獲政治局正式任命為史達林的繼承人。

　　1934 年 12 月 1 日，基洛夫遭人迎面槍殺。據說再沒別的事比基洛夫被謀殺影響史達林更深。他對於敵人的計畫看得再清晰也不過，所以他惡毒有力地反擊。官方公布從俄國各個地區挑出總共超過 1,000 多人的嫌疑名單，然後全數遭到射殺。

　　史達林接下來指揮秘密警察，清查黨內每個「偏差縫隙」，又敲又戳，直到發現基洛夫謀殺案背後的藏鏡人。這件事並不難。即便是最不重要的黨員，很多人都知道某些俄國最知名人士參與那樁陰謀。為了自救，他們很快就表示懺悔。史達林下令逮捕每個嫌犯，外加他們的家人、同夥、朋友甚至有書信往來的一般人。

　　數萬人死在行刑隊的秘密槍決之下，而較為有頭有臉的官員則在史達林時代著名的整肅審判上，公開展示給全世界看。史達林的前革命同志們試著為自己家人求取憐憫，用最自貶的言語，承認他們遭控的一切罪名。即使這樣，他們還是一無所得。

　　巴塞奇斯描述，公開被判有罪的高官、其親友，名單「不

僅包括前黨內高層⋯⋯還有 12 位現仍在職的政府官員、陸軍總司令、參謀總長、幾乎所有陸軍司令員，再加上很多的高級軍官、警政部長及警政高層、外交部副部長、幾乎所有的蘇聯駐外大使及官員、莫斯科外交部裡幾乎所有外交官員、高級法官，以及加盟共和國的政府成員。」

時任俄共在美間諜的錢伯斯，也都質疑俄羅斯當時犯下了恐怖的反人類罪。他後來寫道，「這次大清洗，最直接的意義就是大屠殺⋯⋯這次大屠殺，或許是史上規模最大，是蓄意計畫、執行的⋯⋯被殺的人，據估在數十萬到數百萬男女老少。過程耗時約 3 年，從 1935 到 1938 年為止。」

史達林造出新階級

大整肅過程的最後，是劊子手被處決。自遠古以來，政治土匪最愛用的伎倆，便是欽點一批跟隨者動手謀殺他人，接下來再殺掉謀殺犯，以遮掩最初的罪行。史達林如法炮製。他挑個性不穩的葉若夫（Yeshov）設立秘密警察機關來執行整肅，再拉一些法官來參與這起陰謀。警察及法官都忠心地執行他們那不幸的任務，還以為自己沐浴在史達林的關愛、信任的耀眼光輝當中。

只有到他們發現，自己也被丟進骯髒地牢或者面臨行刑隊時才了解，自以為的史達林關愛、信任，不過是一廂情願。在蘇聯各行政區執行清黨的數百名秘密警察小組的頭子、勞改營指揮官及承審法官發現，自己也落到跟被他們殺害的人一樣的下場。

心智失常的葉若夫不僅以殘酷暴力對付史達林的政敵，連

他們的妻兒都不放過，可即便如此他也難逃一死。他被掃入最後一張恐怖大羅網，連同在他手下做事的人，全消失得無影無蹤。

史達林一避過政治災難就決定，靠著發明新的共產分類系統而鞏固自己權力。在此之前，共產黨領袖只承認兩種階級——工人及農民。此時史達林決定承認一個新階級——共產黨官僚或官員。他贈送特別好處給他們，准許他們去「不公開」的配銷中心採買。那些中心裡，有大量物資是從沒分配給工人的。根據史達林的安排，黨內指定的人可以收到其他好處——住屋、奢侈品、特別假、子女有特殊教育機會。史達林靠這種方式，造出新式的共產黨，而黨員完全效忠於他。

在 1936 年交給「蘇維埃大會」（Congress of Soviets）的新憲法裡，他同樣保護新黨員們。憲法保護「職業財產」（occupational property）。故此，官員階級的工資、消費品、房子及存款，不能被剝奪。憲法甚至規定，這種「職業財產」可以繼承、贈與。所以，官員階級得以累積可觀財產，並傳給選定的受益人。遺產這種東西，原本在共產黨的宣傳戰裡被凶狠地譴責了一百多年，但此時可以贈送給非親屬，而且數量不拘。

史達林態度的轉變，可以由他採納一系列「改革」看得出來，那些改革本質上純屬資本主義，包括儲蓄給息、發行附息公債、合法化工資差距擴大。例如說，一個勞工可能一個月收入僅一百盧布，而官員階級可以多達六千盧布一個月。

凡此種種都清楚顯示一個簡單易懂、有關俄羅斯發展的事實。以前的「窮苦人」此時占據了國家。他們的政策也一樣簡單易懂：永久掌權，享受勝利的戰利品。

到了 1938 年，史達林對自己的位子有信心到無以復加。他宣布，其政權在俄國境內已沒有敵人，所以不再需要恐怖行為或鎮壓行動。然而，他明白表示，共產黨的海外政策必須堅定不移地執行下去，一切攻擊蘇俄以外資本世界的恐怖行為均可被接受，是必要且無可避免的行為。

　　此時俄國主張自己是世界強國。史達林明白揭露自己的決心，要把他的獨裁推往下一個階段——全球共產主義的擴張。

第七章

共產主義來到美國

Communism in the United States

我們已經追溯俄羅斯共產黨發展史到 1938 年了。為了清楚 1938 年以後發生了什麼事，有必要了解共產主義在美國的發展歷史。

馬克思部隊意圖征服美國，多年來一直是共產黨高層計畫中的重要部分。「首先我們會拿下東歐，接下來是亞洲陸塊。再來則包圍資本主義最後堡壘的美利堅合眾國。吾人倒沒必要攻打美國，它會像熟透的果子，落在我們手中。」這段話明顯反映出，馬克思派打算透過內部顛覆，推翻美國的意圖。

共黨領袖對他們在美計畫的進展，經常覺得深受鼓舞，有時讓人難以理解。下列問題的答案，可以透露出原因何在。

信奉共產主義的美國人，是否忽略了「朝聖先輩」（Pilgrim Fathers）留下的強力警告？為什麼朝聖先輩被描述為「在最適合的環境下」奉行共產主義？結果又如何？

俄國革命之後，共產主義多久後在美國登場？第一波共產暴力，有多廣泛？

佛斯特（William Z. Foster）經過宣誓的供詞，有關在美進行共產革命，內容是什麼？

為什麼錢伯斯能提供那麼多有關共產黨在美國的細節？1932 年 6 月，有人要錢伯斯付出當共產黨員的全部代價——代價是什麼？錢伯斯的小女兒如何影響父親放棄共產主義？

班特萊的背景是什麼？她怎會變成一個她從不認識的人之共產黨「老婆」？

受僱當俄國間諜的美國共產黨人，如何成功開脫免罪？

美國有些高階政府官員，冒著下獄蒙羞的危險刺探機密，或用別的方法來執行蘇俄高層的命令。俄共領袖審核那些人的名單，你想他們有什麼反應？

美國朝聖先輩試行共產主義

美國歷史有個教訓，大家遺忘了，那便是阿美利堅的開荒諸賢在試行自由競爭式的資本主義前，就先試過實施共產主義。

1620年，朝聖先輩登陸於麻塞諸塞州普利茅斯（Plymouth），已決定建立一個共產式的殖民地。多方看來，這個共產社會成立於最合宜的條件下。首先，他們孤立無援，為了活下去，有急迫的動機要讓計畫有效運作。第二，他們是特選的一群人，男女都信教，有合作精神、手足般的情誼。朝聖者們以最有成功機會的期盼，展開其共產社區。總督布拉德福德（William Bradford）留下了精采的紀錄。

「大家發現……社區衍生出很多困擾、不滿，好多本來能替大家帶來好處、安適的工作，都擱置沒做。最有能力、適合勞動服務的年輕人在發牢騷，自己花時間及力氣，為別人的妻兒做事，沒得到半點酬謝。壯漢跟出力不到別人四分之一的羸弱者，在分配糧食、布匹時，取得的一樣多，這樣被視為不公平……至於人妻被命令去服務別的男人，比如做飯洗衣等等，她們認為像奴役，很多為人丈夫的也忍受不了。」（請注意，即使有基督教手足情誼，沒有成立專政，共產主義也無法實踐。）

但是，假如還有生產力的話，殖民地居民認為共產制度還是可以持續下去的。布拉德福德總督憂心的是，經由自治團體的安排之下，整體的生產量是如此之少，以至於殖民地居民要挨餓。所以，他說：

「最後，經過多方辯論之後……總督讓步，認為人人該負

責自己的農作物，也就是自食其力……所以按家戶人數比例，每戶人家取得一塊土地。」

一等每戶人家取得土地及穀物，大家就得種植、耕耘及收成，不然就得自負後果，總督還是希望民眾繼續以合睦的社會形態共同生活，只是集體生產改為私人、自由競爭的生產。一年之後，總督說：

「那麼做是大大的成功。它讓大家都很勤勞，種植的穀物遠比別的方式來得多……女人們現在願意來到田地，還帶她們的小孩一起來種，而在此之前則說他們太幼弱、沒能力。人要是被他人逼迫做事，就會被視為暴政、壓榨。」

朝聖先輩已發現人類一大秘密：人逼自己去做事，比起被別人逼著去做，成就遠大得多。布拉德福德總督回想起他們耗費心力想營造的共產社會時，做了以下的結論：

> 「從這些追求共同目標、虔誠又認真的人們，在有利條件下經過好幾年的嘗試所取得的經驗來看，很容易就揭露柏拉圖等古人的看法（後世還有些人在推崇），說拿走私有財，並納入共有財產，可以使得人們更快樂和更繁榮。彷彿他們比上帝還睿智。」

結果很明顯，布拉德福德總督最後認為，共產不僅沒效率，也不合常理，並有違上帝的律法。這一點或許會在一些讀者心中挑起一個問題。根據他們所知，共產主義提供最理想的手段，以奉行基督教的基本原則。這個問題的歷史背景，我們在別處有做了討論。

有趣的是：朝聖先輩試過共產主義之後，拋棄了它，並改

採自由競爭式的資本主義。後者歷經數百年光陰，在美國開發程度之高，遠勝於其他任何國家。資本主義在最早階段，被描述為冷血自私的制度，但經濟學家指出，資本主義經過緩慢而痛苦的演化之後，終於發展成一種社會、經濟工具，迄今生產出更多財富，在美國人當中分配財富一致的程度，要勝過現代人試過的任何制度。它進一步改善、進一步調適，適應高度工業化社會，其演化過程還在進行當中。

馬克思主義來到美國

1917 年俄國爆發布爾什維克革命，引起一群美國人的興趣，他們便是美國社會黨（Socialist Party）左翼人士。多年來，社會黨人一直想叫聯邦政府接管所有主要產業，把國家社會化。他們試圖透過和平立法的方式來改革，但總是失敗。突然間，在 1917 年 11 月，這些人聽到俄羅斯布爾什維克動用革命暴力奪權，然後在一夜間就把全國給社會化了。

社會黨左翼立刻認為這是適合美國的處方。他們馬上決定籌組共產黨，動用暴力革命活動，盡早讓美國蘇維埃化。有個叫里德（John Reed）的男子被他們的冒險行動大感振奮。里德是個記者，剛由俄羅斯返美，對革命及世界共產主義顯得熱情非常。

這群人與莫斯科方面接觸，1919 年 3 月獲邀派代表前往俄羅斯，幫忙組成「第三國際」（Third International）（複製馬克思的第一國際，想推動世界革命）。當他們返國，便著手自己的宣傳攻勢。里德用「紐約共產黨」（New York Communist）的專欄，煽動工人們暴動。「世界國際工人組織」

（International Workers of the World, I.W.W.）的舊有成員受到新運動吸引加入共產黨，把美國共產黨行列壯大起來。這不禁讓人聯想到世界國際工人組織成員曾在一戰期間施展他們習得的搞破壞及暴力手段。

俄國共黨派出蘇維埃政府官方代表，幫忙組織全面的布爾什維克方案，讓美國共產黨運動更受鼓舞。那位代表大名叫馬廷斯（C. A. Martens），他帶來為數可觀的金錢，花在美國工會及軍隊當中布建。共產黨只拯救俄國無產階級是不夠的，馬廷斯同志向所有願意聽他的人保證說，自己由莫斯科前來，任務是解放被資本主義美國踐踏的工人們。隨著運動有所進展，美國代表奉派到俄羅斯，以取得許可設立「美國共產主義勞工黨」（Communist Labor Party of the United States），成為俄國資助的共產國際（世界革命組織）分支。後來黨名中的「勞工」兩字被拿掉。

美國新的共產黨的黨工簽署了《入會二十一條款》（Twenty-one Conditions of Admission）多年後的 1952 年，當該黨被勒令登記為蘇聯控制的代理機構的時候，叫他們好生尷尬。

以下是《入會二十一條款》一些標準承諾：

「（美利堅合眾國）共產黨必須執行明確的宣傳戰，阻撓軍火運交給蘇維埃共和國的敵國。」

「（美國共產黨）黨綱必須由共產國際定期大會批准。」

「共產國際的一切決定……對一切隸屬共產國際各黨具約束力（包括美國共產黨）。」

「傳播共產理念之義務，包括到軍中強力執行有系統性宣傳戰這項特別重要的職責。若這種煽動遭特別法禁止，那麼就違法來執行。」

「每個有意隸屬於共產國際的政黨，都必須有系統、持續地在產業工會內部，實施共產式煽動行為。」

正因諸如此類的基本承諾，導致「美國顛覆活動管制局」（U. S. Subversive Activities Control Board）經過廣泛的聽證會之後，於 1953 年發表下列聲明：

「從全部的紀錄來看，我們發現證據大多佐證，被告的領袖（美利堅合眾國共產黨的領袖）及黨員們認為，他們對美國的忠誠，要低於對蘇聯的忠貞及責任。」

第一波共黨暴力打擊到美國

1919 年 4 月 28 日開始，一系列數量多達 36 枚的炸彈，經發現放在郵包中，要寄給司法部長、最高法院法官荷姆斯（Holmes）、銀行家摩根（J.P. Morgan）、實業家洛克菲勒（John D. Rockefeller），以及地位重要程度相似的人。其中一枚炸彈被成功送到喬治亞州參議員哈德魏克（Thomas W. Hardwick）家中，哈德魏克當時極力阻擋布爾什維克移民來到美國。一名女僕打開包裹，炸彈炸斷了她的雙手。

1920 年 9 月 16 日，一枚大型炸彈裝在馬拉的貨車廂裡，運到紐約市華爾街與百老街（Broad Street）轉角，當地是美國資本主義的咽喉。馬車來到街邊停住，街對面是一棟樸實的石灰岩三樓建築物，摩根銀行（J. P. Morgan and Company）總部設在裡頭。

突然間，馬車傳出一聲巨響，藍白色火焰直衝天空。炸彈威力極大，當場造成 30 人死亡，數百人受傷。摩根銀行辦公室的內部受到破壞，周遭幾個街區建築物玻璃都被震碎，有枚

鐵彈丸甚至射破公平大樓（Equitable Building）34 樓的窗戶。

這些謀殺及暴力行為，在美國各地燃起憎恨布爾什維克的強烈情緒。被激怒的公民偶爾還以暴制暴來復仇。司法部長逮捕多人，最後，一整船布爾什維克外國人及共產黨領袖，在「布佛德」（S.S. Buford）號客貨輪載送下，經芬蘭被趕回俄國。船上有惡名昭彰的艾瑪‧高德曼（Emma Goldman），她 25 年前的無政府主義演講，導致佐克茲（Leon Czolgosz）刺殺麥金利總統（William McKinley）。當時她一點也不曉得，在接下來的 24 個月，她不僅斷絕與列寧及其布爾什維克信徒的來往，而且到了 1940 年，她餘生最大希望，就是能死在美國。[1]

佛斯特展開共產式的工會活動

今天名號響亮而讓美國大眾知悉的共產黨領袖，沒幾個贏過佛斯特。佛斯特是美國共產黨的創始黨員，獲該黨指派去接收美國好幾個工會。活動經費大多來自莫斯科。「赤色職工國際」（Profintern, Red International of Trade Unions）已從蘇聯政府取得 100 萬美元，幫忙把共產主義傳播到其他國家的工會組織。

一戰開打之後，勞工因為戰時條件而處於煩亂狀態，佛斯特的活動很快就在勞工陣線大為吃香。佛斯特發現，要在幾大重要產業引發罷工沒什麼困難，甚至跟他無關的罷工，功勞也算在他頭上。結果便是很多人不怎麼了解共產主義，就把自己支持勞工的同情心，等同為共產主義。

1　編註：艾瑪‧高德曼 1940 年 5 月 14 日，死於加拿大多倫多。

外界以為煤礦工人積極參與投票，想把煤礦產業國營化，是受到佛斯特的影響。類似的標籤似乎也可貼在鋼鐵業罷工上，有證據十分肯定那次罷工是由佛斯特教唆並推動的。很多人知道，煤、鋼工人有很多正當的罷工理由，對他們來說，佛斯特及其共產黨的同夥逮到機會，如同蠕蟲般鑽進勞工運動的行為並不重要。

但佛斯特從沒真的把自己的主要野心給隱藏起來，那就是以暴力推翻美國政府，複製蘇俄方式，叫美國勞工（以及其他美國人）低頭，聽令於共黨獨裁。事實上，佛斯特認為自己即將成為獨裁者。他兩次代表共產黨參選總統，還寫了本叫《美國邁向蘇維埃之路》（*Toward Soviet America*）的書，大談共產黨如何接管美國。

當國會委員會叫他宣誓作證，問他有關共產主義時，佛斯特口若懸河，十分坦白。

主席：「我國的共產黨提倡世界革命嗎？」

佛斯特：「沒錯。」

主席：「他們（共產黨）推動在美國進行革命嗎？」

佛斯特：「我已言明，共產黨倡議廢止美國及其他任何國家的資本制度……」

主席：「那麼，我國的共產黨反對國家的共和政府形式嘍？」

佛斯特：「資本民主體制──那是一定的。」

主席：「你們提倡的，是改變我國的共和形式政府，而代之以蘇維埃式的政府？」

佛斯特：「我已經說好幾次了。」

主席：「那麼，如果我的理解沒錯，我國的工人把蘇聯看待成他們的國家，對嗎？」

佛斯特：「較進步的工人是那樣。」

主席：「他們把蘇聯國旗視為自己的國旗？」

佛斯特：「我國工人跟每個國家工人都只有一面國旗，那便是紅旗。」

主席：「……若他們必須在紅旗及美國國旗間取捨。我從你這邊得知，你會選擇紅旗，沒錯吧？」

佛斯特：「答案我講過了。」

主席：「佛斯特先生，若是答案叫你尷尬，我不想強迫你回答。」

佛斯特：「我一點也不尷尬。我說得很清楚，紅旗是革命階級的旗幟，而我等隸屬於革命階級。」

從 1921 到 1924 年，共產黨黨員為避免被捕而轉入地下運作。但戰時緊急法正要失效之際，共產黨領袖漸漸地再次冒出頭來，續續其以革命推翻美國政府的攻勢。

然而接下來幾年，美國整體心理對國家安全意識不太在意，是個狂熱、輕率、戰後整體瘋狂的年代。全國上下充斥著過於繁榮、陶醉的光景，不想憂煩幾個腦袋狂熱、打算統治世界的男子。不知怎地，「共產主義」這個詞彙開始飄出異國風情味。人們開玩笑，把前幾年的炸彈爆炸、罷工、逮捕、遞解出境，說成是「紅色恐慌」（the great Red scare）的歲月。

然而，就是在這些最不怕共產主義的人當中，肥沃的良田正在開發，等著未來共產來占領。美國在半吊子唯智主義氛圍中老氣橫秋起來。國家以往的基柱，在怒吼醜聞、揚言抖出

陳年醜事聲浪中坍塌倒地。大膽揭穿的時代已然降臨。當時，沒幾個人了解，國家正往經濟、精神崩塌漂移過去，會造就知識上的反叛，容許共產主義的代理人穿透到美國社會各個階層——包括美國政府一些高階單位。這讓我們得面對錢伯斯的故事。錢伯斯在這個階段改為接受共產主義，並以俄國間諜組織頭頭的身份賣力往上爬，陰謀等級可謂最高等級。他的揭發陳述，就像一張全景式的照片，得窺 1925 到 1938 年間，共產主義在美國的成長過程。

錢伯斯眼中美國共產黨的成長

簡短複習一下錢伯斯投向共產主義的過程，或許能夠揭露一種演變的模式，因為 1920 年代及 1930 年代初期，不少美國年輕知識分子就是遵循該模式在發展的。

錢伯斯成長於距離紐約市郊不遠的長島。他家中，任職報紙插畫家的父親很冷漠，不關心人；母親因被溺愛而變得太專橫（她以前是女明星）；祖母有精神疾病。錢伯斯有個弟弟，但兄弟倆感情並沒有特別好。

錢伯斯跟弟弟在一戰後的鬧哄哄時期長大成人，而且跟當代很多人一樣，道德與宗教信仰變得殘缺。他弟弟讀完大學，返鄉後憤世嫉俗、理想幻滅，染上酒癮，最後自殺。一家人的生活形態，似乎惡化成一鍋無目的的雜燴湯，跟馬克思、恩格斯宣稱的一模一樣。錢伯斯如此描述自己的經歷：

「我入學（一戰爆發後不久）時，人生跟政治觀很保守，而且還信教。等到畢業離校時，我完全出於自我選擇，不再保守，也不信教。我在學校文學雜誌發表一齣無神論短劇的劇

本……同一年，我去歐洲，瞧見德國處於戰敗後的躁狂痛苦之中。之後，我回到哥倫比亞大學，開始自食其力。1925年，我自動辭職，目的很明顯，就是要加入共產黨。因為我開始相信，我們生活的這個世界正垂死待斃，此時唯有實施外科手術才能拯救人類的殘破，而共產黨是歷史的外科醫生。」

錢伯斯是真的熱心跑去為共產主義工作。他當上《紡織工人》（*The Textile Worker*）的共同編輯，替《工人日報》（*Daily Worker*）寫稿，還娶了個共產黨「妻子」，學習工會罷工的暴力戰術。這段期間他寫道，「我首度了解，共產黨在某些罷工，會僱幫派分子對付皮草老闆……我第一次知道，共產黨籍的工會成員會帶著自己那幫示威者衝進非工會會員的店，一下子就用他們的尖鉤皮草刀，把價值數千美元的貂皮削成碎片。」

錢伯斯打算把共產黨的計畫，變為自己這一生的長遠模式。然而，過沒多久，他的共產黨「妻子」拋下他，走自己的路去了。錢伯斯覺得自己下次結婚時（1931年），到某個市政廳舉辦正式的「資產階級結婚」較符合自己的偏好。在此階段，錢伯斯從沒料想到自己還有別的能耐，讓他有朝一日掙脫共產主義，變成年薪約3萬美元、《時代》雜誌的主編。

1928年，錢伯斯目睹美國共產黨的第一次清黨。有好些年，美共一直被綽號「美國列寧」的魯森堡（Charles E. Ruthenburg）把持。魯森堡猝死時，爆發了競相奪權的瘋狂行徑。洛夫斯通（Jay Lovestone）代表一支人數雖少卻嘈雜的少數派壓倒佛斯特。只是洛夫斯通很快犯了嚴重的政治錯誤。他與史達林最有權力的俄羅斯對手之一的布哈林（Nikolai Bukharin）站同一邊。布哈林支持較不暴力的黨綱，跟史達林心裡想的不一樣。

洛夫斯通及佛斯特被召到莫斯科。兩人返美時,洛夫斯通心碎了。他被史達林斥為叛徒,驅逐出黨。史達林點名佛斯特接掌寶座。下一步便是強迫美共每個黨員都支持佛斯特的激進黨綱,不然就被趕出去。大多數美共黨員摸清莫斯科放出的新一輪訊號,馬上宣誓效忠佛斯特。但錢伯斯不然。在他看來,史達林強迫大多數美國共產黨人去服從自己投票反對過的領導人的舉止,跟法西斯獨裁者沒有兩樣。錢伯斯收手,不再活躍於共產黨。

有兩年時間,錢伯斯出於自己的選擇,待在共產黨的外圍。他沒被開除出黨,對共產主義的忠誠也沒改變,但他深深憎惡史達林。然而,整個局勢被大蕭條改變。錢伯斯同情失業者,於是再度回到共產黨的懷抱。他同時不得不承認,由一切表象看來,很久以前預測的美式資本主義崩潰已然到來。

受到時代氣圍影響,錢伯斯寫了短篇小說《你沒聽見嗎?》(*Can You Hear the Voices*)。作品大獲成功,被改編成戲劇,以小冊子形式出版,獲莫斯科推崇為傑出的革命文學。接下來錢伯斯發現,自己受到美國共產黨的高度讚揚,好像他從來沒有離開過黨似的。錢伯斯很快回頭替革命工作。

1932 年 6 月,錢伯斯被要求付出身為共產黨人的全部代價。黨提名他受僱於蘇維埃陸軍情報處,當間諜刺探美國。錢伯斯為了妻子,本不想接受這個差事,但紐約中央委員會委員跟他講,「你沒得選擇。」

錢伯斯很快發現,自己被置於蘇俄間諜機關鋼鐵般的指揮架構底下。因為已把共產主義看成是信仰,錢伯斯盲目接受指令。他變成陰謀技巧的專家,召開秘密會議,書寫機密文件,擺脫跟蹤者,誰也不信任,收到上級命令日夜都可出任務。

過沒多久，錢伯斯擔任與華府地區蘇俄最重要的間諜組織的主要接頭人。他描述自己的刺探行為，包括與一些後來當上美國政府高官的人合作。

一、希斯。錢伯斯與希斯成為私人密友。希斯一開始服務於農業部，接下來在參議院調查軍火業的特別委員會（Special Senate Committee）任職。有一陣子，他服務於司法部，接下來轉去國務院。他在國務院快速升官，擔任重要的政治事務局長。小羅斯福總統前往雅爾達時，希斯擔任他的顧問，並於創設聯合國的敦巴頓橡樹園會議（Dumbarton Oaks Conference）上，出任執行秘書。

二、懷特。此君後來變成美國財政部助理部長，而且是「摩根索計畫」（Morgenthau Plan）的撰寫人。

三、阿卜特（John J. Abt）。他任職過農業部、公共事業振興署（WPA）、參議院勞工暨教育委員會，之後獲任為司法部長特別助理，負責司法審判部門。

四、柯林斯（Henry H. Collins）。他先後在美國全國步槍協會（NRA）、農業部、勞工部、國務院任職。二次大戰時擔任陸軍少校，1948年成為「美國俄羅斯研究院」（American Russian Institute）的執行董事（據司法部長表示，那是一個共產陣線的組織）。

五、克萊默（Charles Kramer）。他歷任全國勞資關係委員會（National Labor Relation Board）、價格管理辦公室（Office of Price Administration）的職位，1943年他以幕僚的身份，加入參議院戰爭動員小組委員會。

六、威特（Nathan Witt）。任職農業部，之後成為全國勞資關

係委員會秘書長。

七、**魏爾**（Harold Ware），此君任職農業部。

八、**佩洛**（Victor Perlo），任職價格管理辦公室、戰爭生產委員會及財政部。

九、**瓦德雷赫**（Henry Julian Wadleigh），此君後來成為財政部重要官員。

錢伯斯作證說，他透過聯絡人，收到非常多的政府機密文件，以至於要兩個、有時是三個攝影師耗時耗力，連續不斷拍成微型膠卷後再送去俄羅斯。錢伯斯說，他認為希斯是他的頭號情報來源。他描述希斯如何每個晚上把一個塞滿國務院資料的手提箱帶回家。那些文件有些是用微型膠卷拍下來的。其他則由希斯用打字機做成複本，或手寫彙總。正是這些打字文件，以及被認定為希斯手寫的備忘錄，後來以「南瓜文件」（Pumpkin Papers）而為人所知，並因此讓希斯以偽證被定罪。

很多年後，錢伯斯被要求說明，何以那麼多教育程度高的美國人會遭愚弄，犯下顛覆國家的行為。他解釋說，一旦人相信共產主義的意識形態，就會認為當間諜合乎道德，甚至是一種責任，然後打著人道、造福未來社會的名義去做。

大蕭條及二戰時期，美國人參與蘇俄指揮的對美間諜行動，其程度令人難以置信，要到最近才公諸於世。目前已有多本專書，彙總聯調局、法院及國會挖掘出來的事證。

錢伯斯與共產決裂

1938 年，錢伯斯正值俄國信使兼聯絡人事業的高峰，他

發現自己的唯物論哲理崩潰了。那是一天早晨，當錢伯斯在餵養小女兒時，突然了解到，眼前女兒纖弱但無限複雜的身體及個性，是無法用因緣和合來解釋的。從那一刻起，他就在倒數與共產決裂的日子。

一開始，他極其心煩意亂，想把新想法從腦海中擠出去，但隨著他打開思維，面對周遭一切證據，他最後完全領悟到，自己住在一個設計完美得驚人的宇宙，而且服膺至高智能的創意性監督之下。結果便是，一如共產哲學引領他參加運動，如今哲理崩潰了，叫他決心退出。到他真正擺脫糾纏，逃離蘇維埃情治單位，還是很多個月後的事情。

錢伯斯說，當他終於跟共產主義決裂時，他竭盡所能想讓他的密友希斯也一起離開。然而，希斯不僅拒絕，而且據錢伯斯說，希斯火大地責備錢伯斯想影響他。

錢伯斯看過他人的下場，約略知道想離開共產主義這部陰謀機器將意味著什麼事。只是，他走的路引發的身心受苦，只怕超乎自己所預期。

今天，膽敢脫離共產黨的人所受到的苦難經驗，再也沒比錢伯斯個人自傳《見證人》（Witness）描述得更為完整了。有一度，他出門時身旁要帶把槍，唯恐蘇俄秘密警察會想取他性命，一如他們對其他很多人所為。又有一度，錢伯斯想自殺，免得必須揭發那些過去是他最親密的朋友。

這些細節唯有讀完相關全文才能領略。就本書目的而言，指出以下一點便足夠了：直到錢伯斯終於下定決心道出全情的時候，美國大眾對於蘇俄已把龐大的間諜活動網植入美國社會各階層一事，幾乎是毫無所知。而且，即便聯調局早已仔細蒐集情報，不斷警告政府官員要留心共產黨的活動已經好多年，

這種不幸的狀況依然還是存在。

最後，一大堆證人證實，事實真是如此沒有錯。

錢伯斯離開後，伊莉莎白・班特萊接管

錢伯斯沒有想到，他背棄蘇俄諜報系統之後，蘇聯是用一名女性來取代他。她的名字叫伊莉莎白・班特萊。

班特萊的祖先來自新英格蘭地區，可說源遠流長。她讀過瓦薩學院（Vassar College），遊學義大利一年，於 1934 年返國時發現，美國深陷經濟大蕭條。她找不到工作，認為自己唯一希望，便是去就讀商業課程，於是她註冊就讀哥倫比亞大學商學院。她在學校碰到一群對她友善、同情的人。她過好一段時間才了解，他們是共產黨黨員。這批朋友跟她解釋什麼是共產主義，聽起來還算是合理的。根據他們的說法，共產主義是對美式資本主義的一大改良（當時，美式資本主義被臭罵成失業及破產組成的冰山）。於是班特萊變成共產黨員。她以一個 20 來歲女性能夠投入的全部熱情參加活動，一時之間彷彿一個嶄新的歷史紀元正要展開，而人類一切問題都能夠獲得解決。

有段時間，班特萊在紐約福利局工作，同時還當上哥倫比亞大學黨員小組的財務書記。她到共產工人學校（Communist Workers' School）上學，還用許多假名參加不少進步組織，造成至少有一次她去開會時，記不得該用哪個假名。

過沒多久，班特萊就令蘇俄地下組織的領導層印象深刻。在當事人還沒完全搞懂發生什麼事情以前，就被人不動聲色地從美國共產黨的日常工作，移轉去了蘇聯間諜地下網絡去了。

她替不同的三個人工作過，最後被派給一個勞累過度、老派的革命黨人，「提米」（Timmy）。班特萊愛上了提米。

　　有一天，提米對她說，「妳我無權依照彼此的感受去做……解方只有一條，那便是緊守秘密，不讓任何人知道我們的關係……妳必須完全忠貞於我，不必曉得我的姓名、我住哪兒、靠什麼為生。」

　　就這樣，班特萊變成共產黨人的妻子，後來知道對方是哥羅斯（Jacob Golos），是潛入美國的蘇俄秘密警察全權頭目之一。

　　在他調教下，班特萊變成後來自稱的「強化版布爾什維克」人物。

　　1940 年 5 月，她看到有消息指稱，有人企圖取掉人住在墨西哥的托洛斯基性命。那次圖謀失敗，但托氏的私人保鑣被綁架且由背後槍決。多年來，史達林一直想清算他的老對手，班特萊由哥羅斯的舉止得知，自己的共黨愛侶也參與陰謀。幾個月後，一名殺手真的來到托洛斯基身邊，用鐵頭登山杖砸碎他頭殼。

　　自 1941 年起，蘇俄諜報機關用班特萊去收集華府聯絡人給的情報。她說，自己一開始變成席佛邁斯特（Gregory Silvermaster）間諜集團的信差。該集團從五角大廈及其他最高機密等級的政府官署內部的共產黨人獲取情報。在她還沒有投誠之前，幾乎把錢伯斯以往經營的管道都接上了，人數甚至有比之前都還要多。

　　偶爾會有近乎災難的事情發生，比如席佛邁斯特透過白宮行政助理嘉瑞（Lauchlin Currie）的影響力，取得「戰時經濟委員會」（Board of Economic Warfare）的差事。班特萊說，席

佛邁斯特上班後，看到一封給他上級的信，寫信人是陸軍情報首長，內容談到聯調局及海軍情報單位握有證據，說席佛邁斯特跟共產黨有關連。信裡要求把席佛邁斯特解職。

驚惶的席佛邁斯特問班特萊該如何是好。她給的指示，就如同給其他曝光的共產黨人一樣：「站穩你的腳步，裝出無辜受傷的模樣。說自己不是共產黨，只是『進步派』人士，過去紀錄可以證明你一直在為勞工權利奮戰。集結所有『自由派』朋友到你身邊……如有必要，聘請律師打官司，理由是你的名譽已嚴重受損。同一時間，動用你一切人脈把整件事砸個稀爛。叫嘉瑞、懷特（時任財政部高官），任何你認識而信得過的都來。」

被傳喚到國會調查委員會的共產黨嫌犯，都奉行這套自保方法，任何熟悉這一套的人，馬上會察覺出那便是共產黨的手法，而且都是經由班特萊建議，裝成被迫害的無辜者。你認為這些手法既天真又幼稚，但是不可思議的是，它竟能叫那麼多人混淆、上當長達那麼多年，令美國舉國上下為此而蒙羞。班特萊給席佛邁斯特的建議，事實上也給過其他人。席佛邁斯特受用得很，他很快就取得很多有力人士的奧援，有些還讓他出乎意料。

三個月的「反擊」之後，戰爭部助理部長聽到各種不同的懇求，也認為對席佛邁斯特有所不公，於是下令取消解職他的要求。席佛邁斯特得以辭職的方式全身而退，並返回自己農業部的老工作，重新來過。班特萊總結說，「一記如釋重負的嘆息聲，迴盪於整個俄國秘密警察組織，接下來我們就回到正軌。」

據班特萊的供詞，她與三個主要間諜組織合作。第一個是「魏爾小組」（Ware Cell），就是錢伯斯打交道的同一群人。

此外，她打點「席佛邁斯特小組」（Silvermaster Cell）及「佩洛小組」（Perlo Cell）。她說這三個小組的職責，是負責供應她幾乎是川流不息的情報，再傳遞到莫斯特去。她作證說，席佛邁斯特及佩洛兩個小組的成員如下所列（她接觸過的成員當時服務的部門也羅列出來）。

席佛邁斯特小組

一、席佛邁斯特擔任農業安全署勞工處長，在戰時經濟委員會短時間任職。

二、阿德勒（Solomam Adler），財政部對華事務官員。

三、伯斯勒（Norman Bursler），司法部特別助理。

四、弗蘭克・柯（Frank Coe），財政部貨幣研究處副處長，另做過美國駐倫敦大使特助、戰時經濟委員會執行理事助理、對外經濟署助理署長。

五、高德（William Gold，以 Bela Gold 聞名），農業部農業經濟司施政評量處副處長，另任職參議院戰爭動員小組委員會、對外經濟署經濟政策局。

六、高德太太（Mrs. William〔Sonia〕Gold），眾議院州間移民專責委員會研究助理，另當過就業安全局勞動市場分析師，也在財政部貨幣研究處服務過。

七、席爾佛曼（Abraham George Silverman），歷任美國鐵路退休委員會研究暨資訊服務局長、美國空軍副司令主管的物資及維修處的文職經濟顧問及分析計畫主任。

八、泰勒（William Taylor），任職於財政部。

九、烏爾曼（William Ludwig Ullmann），任職過財政部貨幣研

究處、五角大廈航空隊總部物資及維修處。

佩洛小組

一、佩洛（Victor Perlo，他另外與韋爾小組有聯繫），擔任價格管理辦公室研究部門分支單位主任，另服務於戰時生產委員會，處理有關軍機生產的問題。

二、費茲傑羅（Edward J. Fitzgerald），戰時生產委員會。

三、葛拉瑟（Harold Glasser），任職於財政部，再出借給厄瓜多政府、戰時生產委會，同時於設在北非阿爾及爾市的北非事務委員會擔任顧問。

四、克萊默（也與韋爾單位有關），任職於全國勞資關係委員會、價格管理辦公室、參議院戰時動員小組委員會經濟專家。

五、列辛斯基（Solomon Leshinsky），服務於「美國善後救濟總署」（United States Relief and Rehabilitation Administration）。

六、馬格多夫（Harry Magdoff），服務於戰時生產委員會統計處及「急難管理辦公室」（Office of Emergency Management）、戰時生產委員會研究及統計局、戰時生產委員會工具處、國內外商業局（Bureau of Foreign and Domestic Commerce）。

七、羅森堡（Allan Rosenberg），任職於對外經濟署。

八、惠勒（Donald Niven Wheeler），任職於戰略情報局（Office of Strategic Services）。[2]

2　譯註：美國二戰時情報機構，美國中央情報局前身。

此外，班特萊點名以下人士幫忙從政府部門檔案取得情報，即便他們並不隸屬任何特定小組。

一、格林柏格（Michael Greenburg），任職於經濟戰爭委員會、對外經濟署中國事務專家。
二、葛列格（Joseph Gregg），美洲國際事務辦公室（Office for Inter-American Affairs）協調員、研究處助理。
三、哈爾柏林（Maurice Halperin），任職於戰略情報局、研究分析處底下的拉丁美洲科主管，以及國務院拉丁美洲司長。
四、約瑟夫（J. Julius Joseph），任職戰略情報局日本處。
五、卓別林李（Duncan Chaplin Lee），任職戰略情報局，局長唐諾文（William J. Donovan）將軍的法律顧問。
六、米勒（Robert T. Miller），任職美洲事務協調辦公室政治研究主任、國務院近東事務情報委員會成員、國務院研究及刊物處副處長。
七、帕克（William Z. Park），美洲事務協調辦公室。
八、恬妮（Helen Tenney），戰略情報局西班牙處。

　　班特萊表示，這些名單擺出來，是為了顯示她在華府擔任蘇俄間諜的白手套兼信差時期，蘇聯地下人員汲取情報的管道有多驚人、強大。
　　班特萊一股腦地為蘇聯工作到 1944 年。然而，哥羅斯在 1943 年感恩節前夕突然心臟病發作猝死，對她造成打擊。哥羅斯臨死之前對班特萊透露，他的蘇聯上司們有多殘忍，強迫哥羅斯去做一些連他這種久經革命磨練、良知生繭的人都會感

到噁心的齷齪事。

哥羅斯死後，班特萊曉得白勞德（Earl Browder）已同意把一群位於華府的共產黨員，移交給凡事都不擇手段的蘇聯間諜。她質問白勞德的時候，據說他這麼回應，「別天真了。妳也曉得當命令下來，我就得服從給我的命令。我倒是希望碰到這種事情的時候，能拖就拖，但辦不到就是辦不到。」

班特萊說，「但葛列格可是你的老朋友啊。」白勞德回答，「那又怎樣？可以犧牲掉他呀。」過沒多久，有個蘇聯高官從莫斯科來找班特萊，讓她十分驚訝。對方說，她已獲頒蘇聯最高勳章「紅星勳章」（Order of the Red Star）。但她一點都不為此感動，尤其當她看到的蘇聯官員居然是那種令人厭惡及噁心的德性時。由那一刻起，她認為蘇俄的共產黨高層，是絕對無法建立起偉大新世界的——無論她送去多少的情報給他們。

對她共產理想最後一記重擊，是蘇聯人強迫她，替他們弄個女性朋友過去給他們。這是要去做有傷風敗俗的事情，以作為政府高官的官妓。

有一天夜裡，本特列質問自己，「我們起頭多麼英勇，想開創新世界，現在到底怎麼搞的？」打從內心深處，她終於認清到底發生了什麼事。「我們都被一部政治機器腐化、砸碎了，那部機器之無情殘忍，為史上前所未見。」

又過了好多個星期，班特萊終於走進聯調局，準備竭盡自己全力，來補償她的祖國。

由幾個方面看來，班特萊去聯調局既是勝利，同時也是悲劇。就她個人而言是勝利。她正需要這個機會，讓自己良心對得起國家。然而，到了 1948 年，她在國會聽證委員會前作證時，竟有變成悲劇之虞。共產黨媒體與那麼多所謂的「自由派」

人士合力譴責她，說她性變態、精神錯亂而撒謊或神智失常，種種蔑稱都有。聽證會耗時很久，再加上許多證人佐證，最後才讓那些叫囂平息下來。

班特萊及錢伯斯作證時都說，自己代表的是一群數量不多但危險的美國人，因為意識形態而誤入歧途，並在一戰到二戰結束之間的這段時間，壯大了共產黨。絕大多數人經歷相同的演變過程——一開始，投向共產主義，接著渴望起而行動。然後實際活動時，接觸到共產主義令人毛骨悚然的現實。最後，甦醒。毅然決定拋棄幻想，並在外部與其抗爭。

對那些跑去為共產黨的目標服務的美國公民來說，幸運的是，他們後來大多數都脫離了共產黨，回歸美國之道，而且比他們當初離開時，更崇信美國原則。只有少數人還是拒絕睜開眼睛張開耳朵，面對已經被揭發的真相。這批沒回歸的人，依舊日夜辛勞，獻身服務於共產主義的「理想」。

第八章

共產主義與第二次世界大戰

史達林 莫洛托夫

Communism and World War II

當共產黨在美國的間諜網日趨完善之際，類似的顛覆網絡也在世界各地建立了起來。史達林很快發現，列強的國家機密源源流入速度之快，讓他能像個職業賭徒，來玩全球等級的政治權力賭局。他坐在賭桌，他看破其他玩家手上做了暗號的牌，並仔細謀劃自己的戰略。

　　現在我們曉得，史達林正是從這種政治上無所不知、滿意到無以復加的位置上，推動一系列陰謀，出力引發第二次世界大戰。投誠的蘇俄情報官員指出，俄國高層煽動並利用二戰，當成全球共產主義長期擴張戰略的一部分。本章將回答下列問題。

　　該怎麼解讀 1933 年史達林試圖跟希特勒達成秘密協議？

　　史達林宣稱自己對發動二戰有功，原因何在？

　　1939 年，史達林與希特勒締約，為什麼震驚全球共產黨人？

　　希特勒撕毀條約攻打蘇俄，是史達林掉以輕心嗎？

　　納粹入侵蘇俄頭幾個月，美國的態度如何？是什麼改變那種態度？

　　1942 年，美國總統的一位顧問說：「未來出生的好幾世代人，他們的自由有好大部分，要歸功於蘇聯人民無法征服的力量。」對此，你如何去推論？同盟國領袖對於共產黨的戰略有基本認識了嗎？

　　共產黨高層是怎麼利用「租借法案」（Lend-Lease）的管道取得原子彈情報？

　　美國與共產主義共存是自何時開始？這個共存，經歷四個階段而惡化，代表事件是什麼？是根據什麼前提，讓蘇俄得以成為美國的全權夥伴，形塑戰後世界？

你該怎麼解讀，聯合國憲章是遵循 1936 年俄羅斯憲法的格式，而非國聯（League of Nations）的？起草憲章的人希斯是推動聯合國成立的敦巴頓橡樹園會議的執行秘書，你覺得有什麼關聯性嗎？

共產黨領袖從二戰起，以世上第二大政治強權之姿崛起時，他們抱持的是怎樣的態度？

希特勒及納粹崛起於德國

希特勒及納粹黨會在德國崛起，有人說共產主義要負很大責任。大家不免想起，1918 年德皇退位後，共產黨試圖接管德意志。反共政治團體立刻跳出來，經過一番狂亂的結盟關係阻止共產黨攫取權力。就在這種反共氛圍中，希特勒展開了他的政治生涯。他加入「國家社會主義工人黨」（National Socialists Party, Nazi，即納粹），該黨黨綱強烈反布爾什維克。到了 1921 年，希特勒變成了黨魁。

希特勒組織惡名昭彰的「納粹衝鋒隊」（Nazi Storm Troopers），反擊擴散、猖狂的共產黨暴力。他派褐衫軍去接受訓練，熟悉街頭火拼、暴動、以肢體接觸的方式壓制政敵等手法。到了 1923 年，衝鋒隊人數達到一萬人，希特勒覺得實力夠強大，試著想拿下德國巴伐利亞省（Bavaria）。但那次暴動失敗，希特勒被丟進牢裡。期間，他開始想把自己雄心受挫，宣洩於討論總體戰的狂熱手稿裡，也就是後來的《我的奮鬥》（Mein Kampf）。希特勒透露，自己不僅極為反共，另提倡徹底不遵守《凡爾賽和約》。他說，自己想為德國完全復興、成為世界強國而戰。希特勒打算創造偉大的北歐帝國，把歐洲擁

有日耳曼血統的人，不管國籍、居住地，全都納入。《我的奮鬥》對毗鄰德國的每個國家都造成威脅。書中另對俄羅斯虎視眈眈，原因在希特勒宣稱，德意志擴張的自然之道，最後一定會讓納粹的征服侵入肥沃的烏克蘭農業地帶，再深入俄國充沛的油田區。

後來，史達林看著希特勒殺出血路掌握權力。此時他了解這個納粹獨裁者跟自己是同一類人，是可怕的對手。史達林眼中的希特勒既狡猾又冷血，全然反道德。他對動用暴力、整肅同胞、在宣傳戰裡要詐等，一點良心愧疚也沒有，為了個人掌權要死上幾百萬人也無動於衷。唯物論在德國生產出的作品，與它在俄羅斯生產的一模一樣。雖然掛不同名稱，納粹主義及共產主義目標相同，澆鑄時的意識形態模子也很類似。

正因如此，希特勒 1933 年掌權後，史達林偷偷想跟他磋商出私人協議。史達林情報首長之一的克里維茨基（W. G. Krivitsky）將軍，曾明講出史達林私下接觸希特勒的詳情。史達林擺出友善姿勢，遭希特勒拒絕，當時他便曉得，那個德國元首只能徹頭徹尾地以敵人來對待。

接下來史達林急忙爭取民主國家的同情。他試著把蘇俄政策，與其他國家熱愛人民的政治與經濟政策，歸類為是同一回事。他把這波攻勢稱為「人民陣線」（Popular Front）。1935年舉辦的共產國際第七次大會上，他訓示忠心的各國共產黨，任何只要反希特勒及其盟友的政治團體，都要去拉攏結合——哪怕是以往共產黨攻擊過的右派政黨。由結果來論，「人民陣線」是共產黨戰略家動用過最成功的戰術。它允許共產黨公開與資本主義國家裡，最保守、備受推崇的政治團體結交為友。

共產黨宣稱對發動二戰有功

1938 年，希特勒決定以占領整個奧地利，來測試西方盟國的勇氣，史達林密切觀察事態。沒半點嚴重後果發生，希特勒準備繼續併吞沿德國邊境的其他地區。他在慕尼黑恐嚇說，要是英、法不讓他接管捷克斯洛伐克的工業區，他就對歐洲發動閃電戰。英、法同意了，他馬上把占領區擴大，英勇的捷克幾乎全遭吞噬。

1939 年，希特勒拿下立陶宛的邁曼爾（Memelland）地區，接著準備進軍波蘭。然而就這一點，他猶豫了。俄羅斯也要波蘭。現實如此，蘇俄掌握歐洲權力天平，除非希特勒能確保俄國不干涉，不然他不敢踏出引發西線全面戰爭的步伐。所以，希特勒主動向史達林提議，簽訂互不侵犯條約。叫全世界震驚的是：史達林接受了。那意味希特勒可以開戰而俄國保證不干涉。

這出乎大部分共產世界預料之外。多年來，共產黨宣傳攻勢把史達林描繪成世上反對納粹、法西斯主義的頭號大將。此時，史達林政權跟納粹簽了張全權委任書，任由希特勒在西線開戰。

在美國，共產黨媒體花了好幾天時間，才把宣傳攻勢扭轉過來。錢伯斯說，美國共產黨實在完全難以理解，史達林怎麼屈從於他的最大敵人？直到錢伯斯跟史達林前西歐情報頭子談過，他才知道蘇俄官方的解釋。克里維茨基（W. G. Krivitsky）將軍說，條約展現史達林身為戰略家的才華。他說，史達林曉得，條約簽下去，會讓希特勒在歐洲如脫韁野馬，同時他也曉得，隨著戰爭打下去，西邊的國家會戰到精疲力竭。屆時蘇俄

紅軍再進軍，幾乎不費吹灰之力，紅軍就能以無產階級專政之名，接管全歐洲。

一如史達林所料，希特勒刻不容緩，馬上利用史達林給他的政治助攻。條約簽於 1939 年 8 月 23 日。9 月 1 日，德國坦克就穿透英勇但無助的波蘭騎兵隊，數千噸炸彈從天而降，落入波蘭大城小鎮。

此外，又如史達林所料，英、法因為對波蘭的承諾，立即被拖入戰爭。這些國家面對這場戰爭，不論是實際上及心理上都沒有做好準備。不到一年時間，波蘭已被德國及蘇俄瓜分，法國被納粹占領。再沒多久，英軍被炸得由敦克爾克（Dunkirk）撤出歐陸，接下來納粹把占領行動擴大到丹麥、挪威、荷蘭及比利時，事實上絲毫抵抗都沒碰到。

假設此時戰爭就僵持在德國與英國之間的對抗，史達林認為是時候進行他精心算計的下一步了。只是兩大資本國家還沒捲入戰爭——日本及美國。

1941 年 4 月 13 日，史達林力推日本軍閥進攻太平洋。能辦到這一點，靠的便是他讓希特勒肆虐於歐洲的同一簡單招數——締約。

在當時，蘇俄是日本想在東亞及太平洋擴張唯一最大阻礙，影響力甚至超越美國。日本軍閥與俄國締約之後，就取得在太平洋及遠東發動大東亞戰爭的門票。他們立即準備發動進攻。

史達林戰略受挫

此時史達林打算躺下來，等著看資本主義國家飽受戰火洗

禮。他向蘇聯軍事高層保證，撐最久的國家會贏得二戰。那個國家當然就是蘇俄。然而他不曉得，希特勒一直在準備災難式的驚奇「禮物」要送給「共產祖國」。事實上，就在史達林提倡要與日本締結中立條約之際，希特勒私下對他的參謀總長講，「德軍必須做好準備，以閃電攻勢碾碎蘇俄。」

1941 年 6 月 22 日，奇襲發動了。希特勒撕毀德蘇和約，沿 2,000 英里長的戰線，以 121 個陸軍師及 3000 架戰機攻打蘇俄。多年前，早在《我的奮鬥》書中，他就談到這次的進攻了。

希特勒發動的閃電戰改變了世界歷史，粉碎史達林袖手旁觀，等資本主義國家自己打得精疲力竭的盤算。納粹進攻，意味蘇俄在倉促且準備最為不足的情況下捲入戰爭。

二戰逼近美國

對於美國很多觀察家來說，二戰的這個新進展，顯然有利於愛好和平的國家。希特勒攻打蘇俄，讓世界最大兩個侵略國鎖定彼此進行殊死戰，軍方將領甚至認為，這樣可以疏解未來全球的緊張態勢。然而，德軍在六個月內，已占領蘇聯 58 萬平方英里最富庶土地——當地原本住有俄國三分之一以上人口。雖然蘇俄動用「焦土」戰略，納粹軍隊仍成功由當地人民及土地榨取到補給，所以他們可以往前衝，不必等候補給線建立。德軍坦克很快穿透到只離莫斯科 60 英里的地方，希特勒得意洋洋地宣布，「蘇俄已被攻破，未來無法再起。」

以上這些都讓其他國家，對於有可能出現幅員西起英國，東到阿拉斯加的納粹帝國感到震驚。美國人本能上開始為俄國

人加油打氣，認為茲事體大，攸關性命及美國自身利益，再來美國傳統上有個傾向，喜歡鼓舞落居下風的人。

接下來便是 1941 年 12 月 7 日那個要命的星期天清晨，日本攻擊珍珠港，美國發現自己也置身於二戰浩劫之中——即使戰爭準備才剛上路而已。情急之下，美國高層向四面八方尋找朋友。值得一提的是：此時希特勒德國國防軍黑色軍靴的進軍腳步聲，讓各大陸人民心中嚇到不敢動彈；此時是納粹主義快把全世界文明的光線給撲滅，並非共產主義。由於蘇俄已進入美國人同情的範圍，蘇俄一夜之間就變成美國親密盟友一事就不難理解了。不知怎地，大家似乎忘記了，就是同一批俄國人，跟希特勒簽訂了互不侵犯條約，進而放任他在歐洲逞凶，也是同一批俄國人跟日本人簽了中立條約，才放任日本人在太平洋橫行的。

美蘇共存政策進入第三階段

到了 1942 年初春，很明顯戰火燒到美國時，美軍戰力不僅處於低水準，同時，軸心國事實上已摧毀掉美國任何在傳統上的盟國。正如凱南（George F. Kennan）暗示，或許正因如此，才可以理解當時美國某些外交謀士在處理蘇聯時，以賭一把的心態鋌而走險。

主導外交政策的已經由 1933 年的純粹共存政策，降尊紆貴到更低一級，他們決定忍受共產黨高層的霸凌、不信守承諾的行為。此時他們決心再進一步，看看能不能把共產黨高層轉化成美式思維。方法是用排山倒海般的慷慨熱情灑到他們頭上，以至於他們不再絲毫懷疑美國的意圖，爭取共產黨高層的

支持合作，以贏得二戰，然後維持戰後的和平。按設想，共產黨高層接下來會長久地、有同理心地跟美國及西方民主國家結盟，建立和平繁榮的「大同世界」。

這個計畫若是奏效，那真是外交天才的精心傑作了。很不幸，事情最後的發展，正如很多軍方官員及情報單位首腦所預測的那樣——它變成了一個管道，讓蘇俄靠著利用它最想摧毀的那個國家之財富及威望，躍升為世界強權。

不過，政策還是推行了。透過這項政策，不管是戰時或戰後，唯有如此才能理解美國對蘇俄的態度。

1942 年 6 月上旬，莫洛托夫秘密來到華府，於白宮停留。他離開之後，美國官方多方籌備，想把美國這項新政策轉達給美國人民了解。1942 年 6 月 22 日（希特勒攻打蘇聯一週年），援助俄國集會在紐約市麥迪遜廣場舉辦。一位政府高層官員在當地宣布，「第二戰線？沒錯，而且若有需要，還會開第三、第四戰線……我們下定決心，這場戰爭當中，什麼都阻擋不了我們與你們分享目前我方所有的人力物力，而且我們盼望與你們分享勝利及和平的果實。」接下來，他說了可悲的、但期待不會發生的一句話，「未來好幾世代出生的人，他們的自由有好大部分，要歸功於蘇聯人民無法被征服的力量。」

美國「租借法案」讓蘇俄受惠

美國的慷慨政策馬上開始啟動。租借法案讓俄國受惠的幾十億美元獲得批准。美國故意犧牲自己的利益，這可以從軍方接收到的一些命令看得出來。一條給美國陸軍航空隊司令部、日期押在 1943 年 1 月 1 日的命令，令人震驚：「俄國軍機的

改裝、裝備及調度，賦予其優先權，甚至凌駕於美國軍機之上。」

美國國會對蘇俄，就沒有如外交戰略般的熱情了。國會明確把對俄國租借法案，限制在對付軸心國敵人作戰物資上。國會禁止運送可以用在文職人員或戰後蘇俄復建的物資。這一點的用意，絕不在對俄國人民展現不友善，它只是一種理念的表達，說美國資源不應用在提升共產蘇俄成為世界強權的用途。有朝一日，俄國人民可能重拾自由，等到屆時再來分享資源。同時，非軍事方面的援助，只會增強戰後共黨專政的地位。

然而，雖說法律上有這些限制，但主宰這個不受限的租借法案的是外交官們，而非國會及軍方領袖。

舉個例子，狄恩（John R. Deane）將軍當時在莫斯科，擔任美國武官團團長，他就拒絕蘇俄的要求，沒把 25 部 200 馬力的大型船用柴油主機交出去。那些之前已送到俄國的主機露天放著任其鏽蝕，而且從各方面看來，主機放著只為戰後使用。此外，在南太平洋的麥克阿瑟將軍也急需那些主機。聽到狄恩將軍的決定後，蘇聯呼籲主管租借法案的霍普金斯（Harry Hopkins）推翻狄恩的決定。接下來 2 年內，總計 1,305 部那種主機被送去俄國，使得美國人民付出 30,745,947 美元的代價。

珍珠港事件後，海軍官員取得銅線的最高優先權，以用在修補美軍戰艦。此時他們發現，俄國人的銅線優先訂購權甚至更高，而且很顯然這些訂單是為了戰後重建俄國城市之用。給俄國人的銅線數量之大，以至於得存放在紐約州魏徹斯特郡（Westchester County）寬 20 英畝的場地，擱在那兒到二戰快要結束。直到停戰之前幾個月才被送往俄羅斯，供修復他們的通訊系統使用。

二戰結束之後，美國人民逐漸開始了解按租借法案，物資及財富大量湧向俄國。公布的清單是來自俄方紀錄。取得的人是美國軍官喬丹（George Racey Jordan）少校，他在蒙大拿州大瀑布城空軍基地（Great Falls Air Base），主管美國租借法案供應俄國的物料。根據俄國紀錄的清單分析顯示，共產黨經由租借法案收到逾 110 億美元的物資。儘管法律有限制，然而外交策略家們還是把由美國納稅人支付，價值 3,040,423,000 美元的美國貨品，且肯定不會出現在租借法案授權的物資暗度陳倉地運送了出去。根據清單，美國運送龐大的「非軍火」化學品給俄國，外加大量的香菸、黑膠唱片、化妝盒、樂譜、鋼琴、古董家具、價值 388,844 美元的「小日用品及廉價新玩意」、女性珠寶、家居用品、釣具、口紅、香水、洋娃娃、銀行保險櫃、公園遊戲場設備，還有大量的其他非援助範圍、非軍用商品。

學過俄國二戰史的人指出，美國租借法案開始餵養俄國的那個時間點，俄國幾乎快撐不下去了。該國動用焦土政策想拖延納粹攻勢，結果便是失去大多數作物。即使有了租借法案，俄軍軍糧還是必須以勉強餬口的水準來配給。如果沒有租借法案，俄國的抵抗很可能早已崩潰了。此外，德軍的占領使得俄國人失去了對很多工業中心的連繫。美國驚人的「民主兵工廠」除了戰機、彈藥、化學品、工具、重機械等等，還供應俄國 478,899 輛車，將近蘇聯前線所用車輛的半數。

有關共產黨的心理，有個有趣的評語值得一提。美國人民經由租借法案，共給付（坦白講就是贈送）共產祖國價值 110 億美元的物資，卻從沒收到俄國一句正式的道謝。史達林的藉口是，他的政府覺得二戰收尾時，美國停止租借法案是一項錯

誤。他表達得再清晰不過：在這種情況下，我的子民覺得表達謝意既不適當，也不合宜。

蘇俄試圖取得原子彈情報

整個二戰期間，蘇聯間諜大力集中於刺探戰爭中的成果——如何駕馭原子能。原子能科技研發出來時，共產黨雙線進擊，想取得其資訊。一路由諜報刺探，另一路走外交管道。有段時候，外交管道特別有收穫，不僅原子能情報，軍事及工業資訊也一樣。

在大瀑布空軍基地負責租借法案的喬丹少校是第一個知曉，蘇聯人每次離開美國，都隨身攜帶大量廉價的黑色手提箱。他們說手提箱是「外交郵袋」，因此得豁免檢查，不讓喬丹知道箱裡放的東西。

有一晚，駐該基地的蘇聯指揮官差不多是以要求的方式，要喬丹回去大瀑布基地當他的晚宴賓客。喬丹雖然有疑慮，但還是接受了。大約子夜時分，他接到一通語氣激動的電話，說一架飛機剛降落，而蘇聯人不待喬丹放行，就準備起飛回俄國。喬丹快速回到機場。可以肯定，飛機有鬼，裡頭有五十個黑色手提箱，蘇聯衛兵荷槍實彈護衛著。喬丹下令美軍士兵押住那些衛兵，若是他們試圖阻止檢查，就開槍射殺。

喬丹後來在國會委員會供稱，他發現每個手提箱內都裝有文件，內容包括有美國工業、港口、部隊、鐵路、通訊設施等等情報。喬丹說，在其中一個手提箱內，發現有封信以白宮信紙寫成，署名人為霍普金斯（Harry Hopkins），收件人為蘇俄政府三把手。信中另附最高機密等級「曼哈頓（原子能）計畫」

的地圖，外加描述性資料，是有關原子能實驗的！那個手提箱內有個卷宗，上頭寫著「來自希斯」。當時，喬丹不曉得希斯是何許人也。檔案裡有很多軍方的文件。另個卷宗有國務院文件，有些是美國駐莫斯科大使館寫的機密信件，內容是評估俄國當前局勢，以及細述、分析對蘇俄官員的印象。

喬丹少校向華府報告這些事件時，卻因扣留該機而受到嚴屬批評。

1943 年 4 月，俄國軍方聯絡官跟喬丹講，有一批很特別的實驗性化學物資要快速通關。該武官打電話給人在華府的霍普金斯，再把話筒交給喬丹。喬丹在作證時報告，霍普金斯對他講：「我要你不得與任何人討論這件事，而且不准列入紀錄。別大肆聲張，只消安靜快速地放它過去就好。」

該蘇俄武官後來跟喬丹講，那批貨是「火藥」，喬丹看見武官卷宗有個條目寫著「鈾」。那批物資第一次通關的時候是在 1943 年 6 月 10 日，接下來還有幾批。據說至少有 1,465 磅的鈾鹽被送到蘇聯去。冶金專家估計，它們可以濃縮成 6.25 磅的可裂變鈾 235，也就是比製造一次原子爆炸所需的量還要多出 2 磅。1945 年 7 月 24 日，杜魯門總統向邱吉爾與史達林宣布說，美國終於研發出極機密的炸彈。他對兩人說，那種炸彈擁有難以置信的爆炸力。國務卿伯恩斯（James F. Byrnes）當時密切觀察史達林，注意到他似乎不怎麼驚訝，甚至可說對杜魯門的話沒什麼興趣。4 年後的 1949 年 9 月 23 日，杜魯門總統向全球宣布，蘇俄已成功引爆一枚原子彈——比美國預期早了好些年。有些官員感到奇怪，以蘇俄得到那麼多協助來說，俄國人早該試爆原子彈了。

二戰後期那幾個月

就歷史來看，俄國總是固守強於進攻。二戰期間，俄國人民展現出不可思議的抵禦意志，即便希特勒認為俄國已徹底敗北的時候依然如此。俄國人蒙受龐大數字的損失：700 萬人死亡（包括 250 萬俄裔猶太人被納粹處決，另 150 萬蘇聯平民被德軍所殺），此外還有約 300 萬人死於戰鬥。有 300 到 400 萬人被俘，而傷殘人數迄今沒有公布。因為戰爭的關係，俄羅斯被毀的城鎮 1,700 座、70,000 個村落、31,000 家工廠、84,000 間學校、40,000 英里長的鐵路，此外 700 萬頭馬、1,700 萬頭牛及 2,000 萬頭豬毀於戰禍。總計約全蘇聯財產的四分之一。

史達林有沒有強迫自己承認犯錯，這個無從得知。但這些幾近於不可思議的戰禍，假如史達林 1939 年沒耍狡計與希特勒簽約，引爆二戰的開幕戰，本來很可能可以避免。今日很多主要政治權威人士說，假如希特勒忌憚來自俄國的威脅，被迫延遲進攻波蘭，那麼西歐國家會有充裕時間建軍，藉著恢復歐洲軍力平衡，整個二戰大戲可能根本不會發生。

美國共存政策進入第四階段

二戰期間，美國總統就怎麼對付共產黨高層最為有利的想法，收到兩種截然不同的解讀，也同時有兩種不同的建議。一群顧問採用的是歷史途徑，以共產黨自稱的世界革命黨徒來看待他們，認為可以用共產黨過去的行為來預測共產黨人未來會怎麼做。第二批顧問對共產黨領袖抱持較理想主義的看法，要大家忘了他們的過往，把他們的粗野看待成是政治不成熟的表

現，可以透過耐心忍受及寬大慷慨而感化過來。

第二批顧問很快便吸引抱持理想主義的人。不僅如此，一些後來被發現涉入很深，參與顛覆美國政府行動的人們，也在這個時候投靠了過來。今日歷史學者發現，理想主義與顛覆陰謀的分際，實在很難釐清。不管怎麼看，正是這群人支配了租借法案，另設好政策舞台，並控制了美國與蘇俄關係將近 15年。

另外，正是這些總統的顧問，對共產黨「正在變化」的最細微跡象，都報以最熱情洋溢的讚賞。例如 1943 年 5 月 22 日，共產國際解散時，這群人便頌揚這項宣布，認為這就是最無可辯駁的證據，顯示共產黨領袖已放棄征服世界。其他人則懷疑那只是宣傳伎倆。後來證實後者才是正確的。前蘇聯電譯員古琴科（Igor Gouzenko）供稱，「宣布解散共產國際，大概是共產黨近年來最大的花招。改換的只是名稱，目標在安撫民主國家的輿論。事實上共產國際還存在，繼續其志業，因為蘇聯高層從沒放棄建立共黨專政的想法。」

當總統所屬政黨的很多高級官員看出，美方的政策正移往危險方向時，便匆忙跑來警告他。布利特（William C. Bullitt）是總統好友，1933 年派任美國駐俄第一任大使。二戰期間，總統與他進行了一次有趣的交談。布利特概述他與史達林交手的經驗給總統聽，並警告總統，與共產黨高層打交道要保持戒心。

布利特話剛講完。總統回答說，「阿布啊，我不想反駁你講的事實，那些都很精準沒錯。我也不想批駁你的邏輯分析。只是我有個直覺，史達林不是那種人。霍普金斯講，史達林不是那種人，他不要別的，只要自己的國家能夠安全而已。而我

則想，若是我盡一己所能給他一切，而不要他有所回報……他不會想兼併別的國家，會與我致力於世界和平與民主。」

這次交談反映出來的哲思，是二戰末期「三強」舉行多場會議時的基調。到了這個時候，始於 1933 年純粹美蘇共存的美國外交戰略，已進入第四階段——完全接受俄共當全權夥伴，參與維持未來世界和平的各項計畫。

創設聯合國

1944 年 8、9 月間，英、中、俄、美代表於華府敦巴頓橡樹園（Dumbarton Oaks）集會，這次大會奠定聯合國憲章基礎。會中，俄羅斯不僅成為全權夥伴，還是有支配力的利害關係人。最重要的發展是，雖說其他國家反對，但俄國堅持——即便它是爭執裡的一造，也要有權行使否決。這一點違反國際法學體系，但與會民主國家同意了。只要能讓蘇俄參與，他們準備幾乎什麼代價都付出。

1944 年 12 月 28 日，美國駐蘇俄大使對美蘇關係，以及蘇俄在戰後扮演的角色，開始表達疑慮。他說，「蘇聯未來的外交政策裡有明確的目標，對於那些目標，我們尚未完全了解……從蘇聯迄今的行動可知，他們的語彙『友善』、『獨立』的含義顯然跟我們的詮釋相當不同。」

一等戰爭態勢扭轉過來，蘇聯對待美國官員的態度愈來愈傲慢。狄恩將軍寫給華府有關租借法案的報告說，「即便看待我方的贈與，都帶著懷疑……後半段才參戰的（美國）要不是奸狡的生意人而值得尊敬，就是個該鄙視的懦夫……我還沒能到一戶俄國人家裡造訪。官員們不敢變得與我們太友善，有些

人還因為太親美而遭迫害。」

到了翌年 4 月，英國首相邱吉爾對整個蘇俄局勢終於受夠了。他向羅斯福總統呼籲說，「我認為以下事項有最高重要性，在此緊要關頭，美、英兩國應採取堅定、直言不諱的立場，把事情談開，讓他們（俄國人）理解有個臨界點，超過了我們就不再容忍其侮辱。」

目前有些證據點出，美國總統也開始對實情有所覺察，但是寫好給蘇俄電文後一個星期，羅斯福總統去世了。結束二戰以及建立聯合國的重大任務，落到一些還堅持蘇聯遭到誤解、美蘇夥伴關係肯定能成功建立的人手中。

1945 年 4 月 25 日，46 國共 1,400 名代表於舊金山集會，經過慎重的商議後，採納了聯合國憲章。

任何熟悉蘇俄憲法的人，都會發現聯合國憲章的樣式跟它很相似。其特點在熱情宣揚民主制度，既健全又美好。接下來則寫了憲法上的約束性或程序性限制，完全否定了前頭剛提到的民主制度。舉個例子，蘇俄憲法規定了全面性的投票權，投票以秘密方式為之。接下來在 126 條規定，由單一政黨（共產黨）準備唯一一批候選人給選民。這麼做當然就讓全面投票、秘密投票等浮誇的言詞，變得完全沒意義。憲法也保障新聞自由，接下來則用一切著作必須「符合工人利益」的條款，把新聞自由抹殺掉。

聯合國憲章正以相同方式，規定「全體會員國主權平等」（第一條），接下來設個安全理事會，而由五個常任理事國（英、俄、中、法、美）把持，[1] 任一常任理事國，可以經由

1　編註：此處所指的中國，是中華民國。

行使否決權這個簡單機制，而使得其他會員國全體表達的意願變得無效。

憲章允許每個會員國在大會都有一票。聽來很民主，但接下來憲章規定，大會除了做建議，別無功能，必須把一切建議交由安理會採取行動（第 11 至 14 條）。這樣讓安理會成為聯合國唯一具法律約束力的立法團體。為了讓這一點絕對清晰，憲章在第 24 條規定，任何加入聯合國的國家，必須「同意接受並執行安全理事會的決定」。

這一點意味著，雖說聯合國厚顏無恥地宣稱，自己「立足於尊重平權及民族自決的原則」，但殘酷的事實卻是，會員國都保證服從安理會那幾個國家的意志。誠如接下來 10 年清楚顯示的那樣，聯合國所有會員，尤其是小國，可以在蘇聯掐住喉嚨下屈服。蘇聯是安理會常任理事國，並頻頻動用否決權來支配安理會。

聯合國憲章進一步規定，會員權只限制給「熱愛和平」的國家（第 4 條）。這一點在舊金山經過徹底討論，而美國國務卿杜勒斯（John Foster Dulles）則強調，聯合國設計宗旨是讓友好的國家集體維護和平的組織，而非世上所有國家的聚會場合。換句話說，聯合國乃建立於這樣的前提：其會員只包含那些在歷史上證明為「熱愛和平」的國家。接納聯合國憲章 8 年後，杜勒斯向美國律師協會（American Bar Association）解釋何以聯合國未能維繫和平。他說，「現在我們知道這個組織的不足之處，其有效功能要仰仗跟一個國家的合作，而那個國家是由想統治全世界的跨國政黨所支配。」

誠如往後一些權威人士指出，聯合國設立一個管理全世界的治安委員會，結果卻任命全球最大的幫派來擔任它的委員。

這就好比成立消防局，想撲滅戰爭的大火，接下來又把全球最大尾的縱火狂安插進局裡。由小國的觀點看來，這就好像保證派個優秀牧羊人來保護弱小國家，接下來又任命一隻野狼及其狼群來保衛羊群。

這一切在隨後的「幻滅的 10 年」，變得愈形明顯。然而在 1945 年，厭倦戰爭、心存指望的民主世界覺得，聯合國符合它想達成的一切——一個負責集體安全的組織，被設計成堡壘以抵禦侵略國家。

共產黨在二戰後期的態度

從法國共產黨頭子杜克洛（Jacques Duclos）於 1945 年 5 月 24 日，代表他的蘇俄上級寫了封信給在美國的共產黨人一事，可以清楚顯示出，美國在戰後將在共產主義這邊得到些什麼。該信指示美國共產黨人，立即拋棄跟資本主義友善合作的政策，回到世界革命的歷史任務。時光倒回 1940 年，美國共產黨已正式退出第三國際，以免在《弗瑞斯法》（Voorhis Act）規定下，自己必須登記為外國代理人。後來，美共解散，試圖寄生在美國當地政黨裡，並自稱「共產政治協會」（Communist Political Association）。

這次轉折、轉變，完全合乎蘇聯政策，一直到 1945 年。二戰之後，以前宣布的政策，倒轉回傳統馬克思主義。為了替這次政策大轉彎找藉口，美共黨魁白勞德遭控個人該為上次「錯誤」的政策負責，因此他被開除黨籍。

美共的領導權馬上由佛斯特接管。大家不免想起，佛斯特 1932 年寫過的煽動性書籍《美國邁向蘇維埃之路》。就在二

戰之前，他已在國會委員會前供稱，「共產黨人出任美國政府領袖的那一天肯定會到來，一如太陽東升，屆時政府不再是資本主義政府，而是蘇維埃政府，該政府背後有紅軍撐腰，以執行無產階級專政。」

如今不難理解，為什麼莫斯科會找類似佛斯特這樣的人，出任世界各地共產黨分支的首腦。現在我們曉得，俄共高層在二戰即將結束的時刻，深信第三次世界大戰就在不遠的未來。他們在自己的秘密小圈子裡樂觀地推測，下次大戰應該就是共產主義與資本主義的終極生死鬥。

古琴科供稱，停戰之後，他和其他蘇俄駐加拿大渥太華使館僱員被警告說要收起得意的態度。札博京（Zabotin）上校集合館員後，接下來是這麼談自由世界民主國家的，「昨天它們是我們盟友，今天是鄰居，明天就是敵人！」

要解析這段期間共產黨人的心態，可以由南斯拉夫共產黨領袖蒂托（Tito）對共黨高幹核心圈講的一席話窺知。

「第二次資本主義大戰期間，俄羅斯遭受最凶險敵手法西斯的攻擊，蘇聯最後以決定性的勝利告終。但這並不表示馬克思主義最終戰勝了資本主義、也絕不表示我們未來將延續與其關係。……最近，我們與資本主義戰爭期間的合作關係結束了，雖說資本主義以武力幫我們擊敗他們最凶惡的代理人，但他們依然是我們的天敵。我們可能再度利用他們的協助，但加速他們終極毀滅的這個唯一目標，始終沒變……

「原子彈是新要素，資本主義武力想藉著它提高摧毀蘇聯以及勞動階級而獲勝的機率。它是他們所剩的唯一希望……我們的理想目標尚未實現，因為他們在加速建造原子彈，最快將在 1945 年完成。但我們離實現目標並不遠。我們必須再爭取

些時間，以便重整隊伍，把我們的武器準備到最為妥善。

　　「所以，我們當前的政策是採行溫和路線，以便爭取時間，供蘇聯及其他我等控制的國度，重建經濟及工業。時機一到，我們便全力投入最後戰鬥，消滅反動派。」

　　這反映出共產黨領袖藉由二戰崛起，並成為世界第二大政治力量時的想法。他們認為，共產主義將以史無前例的可能性，挾帶著「美麗新世界」走入戰後時代。

第九章

戰後時期共黨攻擊自由世界

| 馬林科夫 | 赫魯雪夫 | 布爾加寧 |

Communist Attacks on the free World
during the Post-War Period

二戰後史達林的共產主義擴張計畫動用三種技巧來達成：在占領區成立親共傀儡政府、利用附庸國家的軍隊征服新領土、用蘇維埃諜報及宣傳組織進一步滲透自由國家。

　　本章將試著解說這三招取得的驚人成功，並回答下列問題。

　　二戰最後階段，同盟國領袖開始懷疑蘇俄在欺騙盟國嗎？為何霍普金斯死前幾個月，還要特地前往莫斯科一次？

　　自由世界怎麼會因為蘇維埃的策略，而在共產鐵幕（Iron Curtain）底下流失了 1 億人口？

　　自由世界，怎麼會因中華民國被共產黨征服，而再失去 4.5 億人口？「魏德邁報告」（Wedemeyer Report）透露了什麼？

　　你認為是在外交上鑄下大錯，而促進北韓攻打南韓嗎？拉鐵摩爾在（Owen Lattimore）1949 年語出驚人地說，「該做的事，便是讓南韓倒台，但別讓整件事看來是我們推倒南韓的。」你認為拉鐵摩爾這段話，與韓戰有什麼關係？

　　韓戰中的什麼事件讓聯合國部隊首度取得軍事優勢，並成為戰爭的轉捩點？

　　韓戰於 1953 年停火之後，美國國務卿說了什麼話，暗示美國將拋棄長達 20 年的姑息政策？

　　聯調局在「地下戰爭」（Battle of the Underground）的角色是什麼？

　　為什麼美國沒多做些什麼事情，防止中南半島淪陷？

　　為什麼在台海衝突時，中共會把美國稱為紙老虎？

　　曼努伊爾斯基（Dimitry Z. Manuilsky）針對「和平共存」戰略，說了什麼？

二戰結束時，美蘇關係惡化

二戰接近尾聲時，共產黨顛覆、侵略的證據變得如此明顯，以至於一些把自己職業生涯，押注在俄共高層友誼的人，隱約覺得該提高戒心。這麼做的包括霍普金斯。羅斯福總統死後不到一個月，霍普金斯擔心情勢發展，所以急忙安排與史達林見面。此時，霍普金斯病入膏肓，沒多少時間可活了，但他強迫自己去莫斯科「朝聖」最後一次。戰後的和平原本有宏大計畫安排，但此時已被摧殘殆盡，霍普金斯還是想做點什麼。

然而，等他到達莫斯科，碰到的史達林既粗魯又憤怒。「我們正想找前國務卿伯恩斯，請他講一下到底怎麼回事呢。」史達林講的話敵意驚人，批評霍普金斯處理資助蘇俄租借法案的操作手腕。

史達林破口大罵引起震驚，要由自認是蘇聯在美最好朋友的霍普金斯，才感受最深。他跟同夥花了幾十億美元，冒著原子戰的危險，想創造美蘇夥伴關係及維持和平。說不定當時史達林賞他一巴掌，比起他實際受到的待遇，都不會叫霍普金斯更為錯愕。

霍普金斯強烈地回應指出，「（透過他）美國執行租借法案很大方，送來大量食物及其他非軍用物資救援俄國人。」對於這一點，史達林完全承認，但粗暴地打斷他，說美國在歐戰勝利日之後，便結束租借法案，這讓蘇聯人無法原諒。

這個時候，除非美國慷慨地大開新一輪租借法案，不然無法平息史達林的怒氣。除此之外，史達林顯然想不出有什麼特別理由，假裝自己還需要美國的友誼。他甚至威脅要杯葛即將在舊金山召開的有關聯合國成立的大會。

出自今天看來似乎矛盾重重的理由，霍普金斯繼續懇求史達林留下來，另重申自己曉得，共產黨參與聯合國，美國會取得很多好處而願意讓步。史達林好比一個板起臉生氣的孩子，裝出一股在考慮但不情願的樣子，只是慢慢屈服。他要霍普金斯曉得，蘇俄願意參加舊金山會議，算是給美國天大的面子了。

　　最後，霍普金斯返國。等到他在 1946 年 1 月去世的時候，已有大量證據指出，那些熱愛和平的國家，因為讓蘇聯成為自由世界全權夥伴這項戰略性決定，結果陷入衝突與風雨飄搖的年代。

自由世界損失 1 億人口

　　二戰的主要目標，很明顯是要解放所有遭軸心國占領的國家。蘇俄曉得，若是要把影響力擴張到被解放的國家，尤其是毗鄰蘇聯邊界的那些，它必須設法製造出錯覺，是這些國家自行透過政治自決而走向共產陣營的。蘇聯的政策決定，要秘密但極其主動參與那些國家的事務——透過滲透及顛覆，讓它們「自願」成為附庸國家。

　　在某些國家，這項計畫立竿見影。例如南斯拉夫及阿爾巴尼亞幾乎一夜間變成附庸國。這是因為在二戰期間，共產黨已掌握當地反納粹、反法西斯運動的領導權，一等那些國家獲得解放，共產黨就要求有權成立新政府。後來，史達林試著整肅蒂托的政權，但發現它無法撼動。蒂托短期間讓南斯拉夫脫離蘇俄的勢力範圍，雖然有美國慷慨的經濟援助，但他依然公開忠於馬克思主義。

俄國另發現，想在東歐國家施展這項計畫的話，條件極其有利。二戰最後階段，蘇俄紅軍進攻之下，結果占領了全波蘭、羅馬尼亞、保加利亞、匈牙利、捷克斯洛伐克，以及現今大部分東德地區。

蘇俄「和平」征服這些國家，再撤走紅軍的戰略，便是鼓勵成立只由左派政黨聯合組成的各國政府。這樣做是要給人一種印象，即這些國家擁有代議制政府的樣子。下一步便是動員共產黨人，占據所有政府要職。第三也是最後一步，便是強迫各政黨加入，形成「鐵板一塊」（monolithic bloc），進而由共產黨領袖取得完全獨裁權力。

透過這麼精心的運作，前述國家完全臣服的工作於 1949 年達成。共產鐵幕在這些國家的西部邊界鏗鏘有力地垂下。自由世界發現，自己與這些前盟國完全失聯，而它們的人口數總計約 1 億。

自由世界失去中國及其 4.5 億人口

同一時間，自由世界嚐到與世界共產主義打交道，必須學習的最苦澀一課——失去中國。

中國與日本軍國主義打仗長達 14 年，二戰快結束時中國抱持著很高的期待。對日作戰是由蔣介石領導的獨裁政權打的，但他的國民黨政府保證，一等全國統一、條件允許，就實施民主憲政。戰爭結束時，蔣介石下令恢復民權，推動新聞自由。

中方高層曉得，國家和平的最大威脅，在人數雖不多但訓練有素、位於西北部的中國共產黨軍隊。但蔣介石依然推行憲

政計畫，憲法允許共產黨有代表權，只是要求共產黨把部隊解散。當時中國有信心，假如武裝反叛能消除，可以組成代議制政府，供國內各造參與。事實上，蔣介石還邀請共產黨領袖毛澤東到重慶，看看能否和平化解雙方歧見。

毛澤東真的來了。他矢言合作，建立民主政體。毛澤東假裝的誠意，演得不夠逼真，蔣介石及幕僚們實在無法買單。後來，蔣介石向他緊張兮兮的盟友們保證，除非自己完全滿意，政府平安地交由實質多數的人民控制──而非好戰叫囂的少數派──不然他絕不交出獨裁權力。

雅爾達密約對戰後中國的影響

中國對戰後和平的期盼很早便遭到打擊，它獲知早在1945年2月，英、美外交領袖在雅爾達已同意，假如蘇聯派兵參加對日戰爭，就把滿洲廣大的資產交給俄國。蔣介石對這種片面安排（中國從沒獲得諮詢）感到義憤填膺，而且不斷把接下來的慘敗，大力歸咎於一開始的這件大錯。

雅爾達密約（Yalta Agreement）容許蘇俄在日本投降僅6天後，長驅直入滿洲（還有朝鮮半島北部）。先上演標準的共產黨野蠻的占領後，蘇聯軍隊再把那塊日本已全面性工業化兼最富庶農產區之一的土地，牢牢把持在共產黨的掌控之下。沒錯，國民黨本想拿滿洲來當工業基地來提振中國飽受傷害的經濟。

然而，拿下滿洲之後，史達林出乎預料地同意，假如中國承認史達林在雅爾達已勒索到的滿洲歸蘇俄，那麼他會同意撤走蘇軍，另承認國民黨政府是那塊領土的合法主權政府。此

中涉及到滿洲半數鐵路所有權，以及租借旅順港當蘇俄海軍基地。在英、美強大壓力下，中國 1945 年 8 月 14 日簽訂該協議。

　　蔣介石沒多久就了解，他犯了嚴重錯誤。中蘇條約什麼都不是，只是俄國的戰略工具，把雅爾答的錯誤，全用條文合法化。一如蔣擔心那般，蘇聯人接管滿洲鐵路，彷彿全歸他們所有。他們不僅在旅順設立軍港，還驕橫地不准中國人用他們自己的大連港。雖沒搬光滿洲，但蘇聯人開始打劫整個地區的重工業，當成「戰利品」運回俄羅斯。這件事相當於一拳揮出去，打倒中國未來的經濟復甦。

　　但比搶劫重工業更重要的是，蘇俄動用策略，以五花八門的藉口，拖延撤走紅軍，直到中國共產黨能由西北趕來占領滿洲為止。等到中共來了，蘇聯人把數量龐大、從日軍身上繳獲的軍火及戰爭物資轉移給他們。

　　之後，等國民黨抵達想接管滿洲的時候，他們火大地發現，中共已經在地生根了。後果便是內戰在所難免。

蔣介石試著在中國建立民主政體

　　凡此種種發生的時候，國民黨正試著讓中國實行憲政體制。在蔣介石自己推動下，設定 1946 年 5 月 5 日舉行第一次國民大會，讓各政黨都參加。這個想團結並民主化中國的計畫，後因戰爭在滿洲的爆發而遭到嚴重危害。此時，美國外交官們決定介入。

　　這批外交官們打算叫聯合國維持世界和平，他們從一開始即堅信，共產黨高層對和平有意願，且沒有擴張領土的野心。他們假定事實就是如此，於是譴責蔣介石抗拒中共。他

們責備他製造新一輪的全球性緊張態勢。馬歇爾（George C. Marshall）將軍於是奉派到中國阻止內戰。

1946 年 1 月，馬歇爾抵達。接下來發生一長串個別事件，每一件都悲哀地顯示，想把一心在全球推動世界革命之徒，整合到代議制政府的框架裡，真是大錯特錯。

中共要求組成聯合政府，但堅持維持自己的軍隊。他們在全國政府裡要能發聲，但不准中央政府對共產黨盤踞地區的大小事置喙一句。他們同意停火，但接下來只要符合他們的利益就主動進攻。他們同意協助成立國會，各個政黨都可以參與，然後在最後一刻卻說，他們不會加入。

第一次國民大會日期為了讓中共能夠參與而延期，他們反倒用它當藉口，譴責蔣介石私下決定開會日期。第二次延期，中共依然拒絕參加，國民大會終於在 1946 年 11 月 15 日召開，而一部民主化的憲法終於在耶誕節獲得通過並被採納。但中共跟它沒半點關係。

蔣介石因此完全相信，中共絕不會想磋商出和平解決方案，只想傾巢而出，靠武力征服贏得整個中國的版圖。他還認為，中共絕無法代表中國的利益，因為他們的政策，是由莫斯科創造及規定的。

蔣介石的分析需要時間證明他是對的，但美國外交策略家們是最後一批被說服的——而且還要等到中國大陸丟失之後。此外，蔣介石遭共產黨人攻擊時，他無法說服美國外交團，自己的反擊是理直氣壯的。當他試圖奪回不久前被中共奪走的領土時，在華府竟被說成是「不可原諒的侵略行為」。

美國的老盟友被擊倒

最後，在 1946 年夏天，中共頻頻違反停戰協議，國民黨決定強力反擊，深入到滿洲。美國外交官們發狂似地下令蔣住手，但他拒絕那麼做。他說，再次停火只會讓共產黨取得時間重新集結，他們捲土重來時將比以前更為凶猛。他還表示，這次他打算要繼續打這場戰爭，直到強迫共產黨解除武裝，解甲歸田為止。如此中國才能推行憲政方案，不必擔心反叛一直出現。

這個理由沒能說服美國國務院。在三個不同時間點，蔣介石都被勒令無條件停火。為強迫蔣介石就範，美國終於實施禁運，一切援中物資全都停止。唯有在美援嘎然中止後，蔣介石才不甘願地同意停火。馬歇爾將軍說，「身為參謀長，我（在中國）武裝了 39 個反共師，現在我大筆一揮，把它們解散。」

這件事證實幫了中共大忙。國民黨被美國外交壓力牽制住的同時，中共集結他們的部隊，準備發動全面戰爭，而這也將會是中國的命運。很奇怪，即便在蔣介石放棄自己最明智的判斷，並且宣布停火之後，美國仍沒解除禁運。國民政府軍無所事事，並且消耗掉很多只怕再也得不到的補給。後來，等到紅軍如潮，開始向蔣介石衝來，美國國會最後強行通過「援中」法案，但物資卻沒能及時運到，沒真正幫上忙。

1947 年起，國民政府軍士氣瓦解。對於國軍高層而言，情勢很明顯，他們一方面是共軍進攻時的受害人，另一方面則因美、英外交使節缺乏遠見的判斷而遭殃。

蔣介石宣布無條件停火之後，馬歇爾將軍向共產黨高層呼籲，重啟磋商。共產黨是有回應，但口氣儼然自己就是勝利者，

勒令需索，即便是馬歇爾將軍對此都認為完全不合理。共產黨要求歸還他們剛被逐出的滿洲的那些富庶地區。他們要求解散國民大會，並要求未來於還在研議中的聯合政府裡要有主導地位。

情勢很明顯，按這樣的條件，任何退讓都無望達成。馬歇爾將軍把這種狀況，看待成共產黨不再有意調解，因此他叫杜魯門總統召自己回國，結束在中國的任務。1947 年 1 月他返回美國，馬上成為美國新任國務卿。

魏德邁報告

美國政府高層裡，很多人對中國內戰的處理方式感到十分不滿。所以在 1947 年夏天，魏德邁（Albert C. Wedemeyer）將軍奉總統命令前往亞洲，想了解中國什麼事不對勁了。返國之後，他提出一份報告，大大批評馬歇爾及整個外交官團隊以往奉行的和平方略。他指出，不僅自由中國的利益受到侵犯，美國及其所有盟邦的利益，也都屈服在共產黨的喜怒莫測之下。他建議，迅速提供大量援助給國民政府，而且預測，假如援助及時，局勢還可以挽救。

很不幸，這篇報告落入魏德邁將軍批評的那批人手中。結果報告埋進國務院檔案堆近兩年不見天日，等到要採取報告所建議的那些行動的時候，一切都為時已晚。

同一時間，種種潰散的力量快速移動，往無情的高潮湧去。1947 年到 1948 年上半年，蔣介石的軍隊防守得相當好。到了 1948 年下半年，缺乏補給，再加上中國經濟崩盤，造成重大傷害。國軍部隊的分崩離析並非逐步發生——而是來得突

然又全面。幾千人開了小差，潰不成軍地逃往南方，而其他幾千人則是拋下武器，當場向中共投降。

到了 1949 年 10 月，共產黨成立中華人民共和國，瘋狂慶祝其勝利。過沒多久，蔣介石承認自己暫時失利，放棄中國大陸，以便帶著他的殘兵敗將，逃往臺灣。

國務院 1949 年的《中美關係白皮書》

自由中國的淪陷，造成一波義憤滾滾席捲全美。不論政治領袖或平民百姓，總之都覺得老朋友被出賣、舊盟邦被顛覆。當時知道到底什麼事情造成中國崩潰的美國人很少，但民眾曉得，蔣介石及美國利益失敗得很慘。尋求真相的呼聲很廣。

那些炮製出弄死中國政策的人，很快合力撰寫報告，目的是想為自己打點美國遠東利益的做法進行辯護。報告名叫《中美關係》（United States Relations With China），1949 年以「白皮書」的形式發布。[1] 對很多人來說，《中美關係白皮書》的論調極能說服他們，但並非所有人都可以接受。事實上，失去中國這件事，使得有些與馬歇爾將軍共事、幾乎到最後還信任中共的人從錯愕中驚醒。

那個關鍵時期其中一人便是，美國駐華大使司徒雷登（John Leighton Stuart）博士。身為過去在中國的傳教士兼燕京大學校長，他不得不把中國的淪陷，認定為是人類巨大的災難。他批評自己也參與其中，另指責同僚試圖在白皮書中掩飾

---

1 編註：全稱 United States Relations with China: With Special Reference to the Period 1944-1949。

他們犯的錯誤。

司徒雷登坦誠表態，「我等（執行中國政策的）美國人主要只看見有關中共的好事，而沒仔細留意到任何極權體制本質上似乎都有的零寬容、偏執、欺騙、草菅人命等其他罪惡。我們被共產黨故意形塑成我們認為的那樣，迷惑地記住這些形容詞，比如進步、民主、解放，還有資本階級、反動、帝國主義。迄今我們未能完全了解中國民主體制的成就及潛力。所以，我們對丟失中國大陸這個大災難——不僅對中國如此，對美國及自由世界也一樣——難辭其咎。」

至於白皮書，司徒雷登說，「事實上，很多人讀到那本非凡的白皮書內容時，都會感到迷惘，充滿憂慮，我也是其中之一……很明顯，白皮書的目的不在產出一本『歷史學者的歷史書』，而是揀錄當時用來制定實際政策的素材。但被忽略的是制定政策時，沒被採用的素材、沒被倚重的素材。」

這一點也是魏德邁將軍抱怨的。美國外交戰略家既不願承認現實狀況，也不願扭轉他們對中共高層的評價，儘管那些人口是心非的證據俯拾皆是。

驚人的發展

到了 1949 年，任何有警覺心的美國人已沒什麼藉口，容許自己再被共產黨的戰略欺騙了。數十名美共間諜已經敗露，美共高層遭聯調局逮捕，而且以密謀暴力推翻美國政府定罪。錢伯斯、班特萊及一堆前共產黨間諜已經全盤托出，而西方盟國嚐到蘇俄柏林封鎖（Berlin Blockade）施加的惡毒壓力，美國已花了數十億美元的外援阻擋蘇俄，以免它用拿下中國的方式

吞噬全歐洲。儘管如此，由國務院資助的一場會議於 1949 年
10 月舉行時，幾乎怎麼講都說不通。

　　會議宣稱舉辦目的在於釐清：「專家們」認為當初在遠東
該怎麼做。會議由國務院官員傑賽普（Philip Jessup）主持，與
會者不僅有國務院官員，還邀請很多對亞洲有興趣的來賓。司
徒雷登也到場，會後他表示，對整個會議討論方向之偏頗，深
感憂慮。史塔森（Harold Stassen）也與會，後來他供稱，與會
大多數人支持下列政策：

一、援助歐洲應優先於亞洲。
二、要先「長期細心研究」之後，才能開始援助亞洲。
三、俄共應看待成「不像希特勒那般侵略成性」，還有「不那
　　麼嫻於直接動武，擴張其帝國」。
四、美國應承認共產中國。
五、應促使英國及印度跟進承認中共。
六、應准許中共接管臺灣。
七、假如中共堅持，應准其由英國手中收回香港。
八、不應援助印度的尼赫魯，因為他有「極端保守及專制的傾
　　向」。
九、應打破國民黨對中國大陸的封鎖，並對共產黨提供經濟援
　　助。
十、不應援助蔣介石或華南反共游擊隊。

　　兩位最積極推銷這些政策的與會人士，便是拉鐵摩爾及
羅辛格（Lawrence Rosinger）。最後經前《每日工人報》（*Daily
Worker*）編輯比登茲（Louis Budenz）作證，指認兩人為美共

黨員。

假設一下，就算沒有比登茲的指認，與會者應該都知道一個明顯的事實，那便是整張政策列表，根本是來自莫斯科的「黨意」。幾個月來在各共產黨媒體鼓吹的，正是這些政策。光憑這一點，就可斷定支持那些古怪建議的官員的判斷力和識別能力專業程度如何。尤其當時蘇俄正動用挑釁、煽惑的政策，在威脅自由世界幾乎各地區國家。

那場會議之後三個月，新任國務卿艾奇遜（Dean Acheson）宣布幾項政策，預告臺灣會淪陷，國民黨會遭共產黨清算。首先，他否決參謀首長聯席會議主席提供強大軍援給蔣介石的建議，並在 1950 年 1 月 12 日宣布，前述的第六及第十點，將成為美國官方政策。他同時表示，美國在太平洋的防禦範圍，不包括臺灣或南韓。美國防守圈外若發生攻擊，「一開始必須仰賴被攻擊人民自己抵禦」。並且建議，那些地區人民可以向聯合國求助。

這篇聲明很直接，就是美國外交官們打算放棄臺灣及南韓。聲明讓很多研究遠東情勢的人感到震驚，不僅因為政策違反美國利益，而且坦白講就是預先通知臺灣、南韓兩地，共產黨可以入侵，美國不會干涉，請共產黨去攻擊那兩個自由世界的盟友。

共產黨只花了 6 個月時間，就挑選及準備好其攻擊點。他們選擇事實上毫無防禦力的南韓，當成第一個戰場。

共產黨攻打南韓

大家要記得，雅爾達密約允許蘇俄占領滿洲的同時，也接

管北韓。蘇聯人跟在其他地方一樣，非要到共產黨的傀儡政府穩穩屹立，不然不撤走其部隊。至於南韓，美軍占據到北緯38度線以南的朝鮮半島領土。

1949年聯合國要求美、蘇撤走軍隊。蘇聯人走的時候，留下18.7萬名訓練及裝備都精良的戰士、173輛俄製坦克、大量俄製火砲及200架俄製戰機組成的強大北韓軍。而在另一邊，南韓是新生的民主共和國，部隊96,000人，裝備不足，尤其沒有坦克、反坦克武器、重型火砲及戰機。到了1949年底，南韓面對北韓攻擊的脆弱程度，更甚於臺灣面對共產中國。華府外交官已向臺灣及南韓坦白，一旦碰到攻擊，兩國別指望美方會提供任何軍事協助。作為外交圈內的左翼代言人，拉鐵摩爾認為，「眼前是要讓南韓淪陷，但不能被看起來是我們在後面推一把的。」

1950年6月25日，星期日。北韓軍八個師兵力跨過北緯38度線，往南撲向漢城。李承晚總統向聯合國安理會、華府杜魯門總統、駐日的麥克阿瑟將軍，發出驚恐求救，三方都做出了回應。安理會宣布，北韓破壞和平有罪，下令北韓軍退回38度線以北。（假如蘇聯當時有出席，肯定會否決這項動議，但蘇聯代表當時在杯葛安理會，原因是中國的代表權依然給國民黨，而不是中共。）

麥克阿瑟將軍的回應是搭機前往朝鮮半島，並把緊急情勢回報給華府。杜魯門總統的回應則是完全扭轉自己外交謀士給的政策，下令麥克阿瑟將軍把駐日美軍投入於阻擋北韓軍氣焰，戰爭就是這樣開始的。

有幾個星期時間，局勢看來烏雲蔽天。麥克阿瑟將軍獲任聯合國部隊總司令，但一開始軍力如此有限，釜山的灘頭堡縱

深不足，大概是他們能守住的最後一處。麥克阿瑟想出一個孤注一擲的計畫。由於計畫內容既難度高又不合邏輯，以至於讓共產陣營大吃一驚。9月15日，美國海軍（外加兩艘英國航空母艦）、空軍、陸軍及海軍陸戰隊來到朝鮮半島中間部位，巧妙地進攻仁川──當地最高潮與最低潮之間的潮差有 29 英尺，要在這裡登陸根本就是異想天開。部隊趕在電光石火的時機登陸，接下來北韓人民軍曉得，他們已陷入強大軍事鉗型攻勢的夾擊，補給線被切斷，聯合國軍快速合圍，殲滅北韓人民軍的最精銳部隊──那些部隊當然集中於南部。那次登陸戰真是輝煌的勝利。

麥克阿瑟接下來揮軍向北。南韓部隊沿東岸，而其他聯合國部隊沿西岸，兩路北上。這麼做的時候，華府及聯合國沒給明確指令，麥克阿瑟只受制於含糊的暗示。有一陣子，麥帥顯然被禁止追擊退卻到北韓境內的敵軍。

到了 10 月中旬，聯合國軍循海岸進攻的雙箭頭已逼近朝鮮半島最北側，韓戰眼看就要結束。統一兩韓，建立民主共和國的前景似乎近在眼前。只是在 11 月，始料未及的災難臨頭了。

第一波赤潮跨越朝鮮半島北疆的鴨綠江衝來，那是中共由 100 萬人組成的軍隊。隨著這些部隊投入北韓，聯合國部隊發現，自己遭一大波狂熱、嘶喊的自殺人海壓得無法透氣。麥克阿瑟與華府通電說，「我軍遭逢另一輪的戰爭！」

聯合國陣線被切成片斷，防線被推回北緯 38 度線以南。麥克阿瑟不敢置信，中共膽敢冒著被擁有原子彈攻擊能力的美國空軍強力報復之可能，對聯合國軍進行這種無法被諒解的攻擊行動。當下無從得知，但後來很快就發覺的駭人真相是，中

共已由他們的間諜那裡得知，華府、倫敦及紐約的外交圈不會准許麥帥用美國空軍進行報復。麥克阿瑟受制於打「有限戰」。

就在此時，麥克阿瑟發現，聯合國內的親共力量、國務院裡的左派同情者，讓白宮、參謀首長聯席會議主席及韓戰操盤者的政策泥淖難行。他另發現，自己需求孔急的龐大補給，已按國務院上述會議提到的第一點，被轉移到歐洲去。他還被特別指明，不能跟蹤中國戰機到其基地，也不能轟炸把大量補給運到鴨綠江北岸的中長鐵路。此外，華府不准麥克阿瑟轟炸讓部隊及補給源源流入的鴨綠江大橋，而他自己的補給已被砍低到反攻就算並非毫不可能，戰略上也十分困難的地步。當蔣介石熱情提議，打算把數千訓練精良的國民政府軍，由臺灣送來韓國參戰，卻遭美國國務院斷然拒絕，這是絆倒駱駝的最後一根稻草了。

長達四個月時間，麥克阿瑟眼看著那些因綁手綁腳政策而發生的屠殺。最後他再也忍不住了。他違反總統 1950 年 12 月 6 日下的噤口令，而回答國會議員馬丁（Joseph W. Martin）的書面質詢，提到聯合國軍因戰局被莫名其妙地逆轉，而在朝鮮半島所遭遇的難處。麥帥的信函提出打贏韓戰的種種建議，於 1951 年 4 月 5 日在國會宣讀。五天之後，杜魯門總統斷然下令，撤銷麥克阿瑟的所有指揮權。

麥克阿瑟被李奇威（Matthew B. Ridgeway）將軍取代，並且返回美國。對於自己的軍旅生涯突然被結束，麥帥感到一臉迷惘。當他降落於舊金山，面對同胞第一波歡呼讚美聲，他才了解到美國政體並非全民有病，有病的只是政府裡的其中一部分而已。

大家不會忘記，麥帥被召回後，戰事陷入僵局兩年多。

之後國會舉辦多次的聽證會，讓克拉克（Mark Clark）、史特拉邁耶爾（George E. Stratemeyer）、范佛里特（James A. Van Fleet）、喬伊（Charles Joy）等將領說明他們在韓戰期間的作戰指揮狀況。每位將軍作證都說，軍方從未獲准打贏整場戰爭。外交部門施加壓力，要他們執行的戰略叫「包圍共產黨」，可實際執行起來，結果是困住聯合國軍而非共產黨。事態很快明朗起來，主導韓戰的團隊、依循的政策，跟導致中國淪陷的是同一批人、相同政策。

後來經披露，外交人員雜亂無章的計策，不僅導致韓戰近乎戰敗，而且蘇俄專業的臥底經常在倫敦、華府及紐約市聯合國官員身邊，替莫斯科的路線講話。這段重大時期，相挺蘇俄的高級間諜有兩位英國高階外交官：麥克林（Donald MacLean）和伯吉斯（Guy Burgess）。麥克林官拜倫敦外交部美國司司長，伯吉斯則是英國駐美大使館二等秘書。就在英國情報單位要將兩人逮捕前，他們逃往鐵幕並躲了起來。

韓戰停火

到了 1953 年 1 月，艾森豪總統就職時，對韓戰失望悲觀的感受十分普遍。美國人急著想找個方法結束這場血戰。3 月 5 日消息傳出史達林已死，一瞬間傳遍世界，和平的希望突然升高。

翌日俄國新政府接手，領袖則為史達林的前秘書兼把持俄共秘密檔案的馬林科夫（Georgi Malenkov）。他與貝利亞（Lavrenti P. Beria）聯手奪權。貝利亞是秘密警察頭子，握有為數 200 萬的特工及部隊，另掌管勞改營，監督核能電廠。

然而，馬林科夫及貝利亞接替史達林掌權後，馬上發現自己面臨嚴重的經濟危機。蘇聯內部（及其附庸國）壓力正在升高，一如1922及1932年間。所以馬林科夫提議與民休息，「此時且讓我們把重工業先放在一旁。人民靠重工業吃不飽……我們得照料人民的需求。」這對蘇聯來說是激進化政策的新開頭。在國內提出的口號是「更多糧食」；對外，馬林科夫的宣傳口號是與民主國家「和平共存」。

史達林死後只有23天，中共按他們收到的新訊息行動，與聯合國指揮官們開啟停火磋商，最後在1953年7月27日簽訂停戰協議，12天後生效。

韓戰就此落幕。它消耗美國200億美元，超過13.5萬人死傷。南韓100萬人死亡，另100萬人或傷或殘，900萬人無家可歸，另得負擔來自北韓的400萬難民。

美國斷然揚棄20年的姑息政策

脫離韓戰後的美國人民，要比參戰時更悲傷但更有智慧。權威人士把關於韓戰的兩件事，形容成共產黨戰略有史以來所犯的最大錯誤。首先，韓戰讓美國驚醒，了解只要共產黨的威脅依然存在，就有必要重新大力建軍、維持武備。第二，韓戰向美國人民展示聯合國本質上的弱點。誠如參議員塔夫脫（Robert A. Taft）總結所說，「聯合國充當全世界『鎮民大會』這種目的，算相當有用……但要當成武器，對抗武力侵略，實無計可施。」

時光倒退到1950年，聯合國向會員國呼籲，提供財力兵力以抵抗共產黨，結果只有16國回應並提供最重要的武裝部

隊。總計起來，那 16 國提供的軍隊，有 3.5 萬名戰鬥兵員。小小南韓負擔 40 萬戰士，而美國提供 35 萬人的軍力，來彌補差額。為了維持美國的軍力配額，美國必須在朝鮮半島輪調的戰鬥人員，總數超過 100 萬人。因此在一般美國人心目中，聯合國不再能代表「集體安全」。

最難忘的是，美國人與南韓人肩負作戰責任時，蘇俄及英國雙雙違反聯合國禁令，把戰略物資運送給中國共產黨。蘇聯外長維辛斯基（Andrei Vishinsky）在聯合國會議上撂狠話說，「蘇聯從未掩飾賣軍火給盟邦中國這個事實，將來還要賣！」

韓戰停火代表一個時代的結束。1953 年夏天，美國照會英國、法國，說假如共產黨破壞韓戰停戰協議，三國將立即對中國發動大規模戰爭。英、法都支持這個立場。很多人當時並不了解，但通過這個舉動，美國是判處已經執行達 20 年之久的姑息共產黨政策死刑了。

聯調局與地下共產黨員交手

姑息共產黨政策的結束，最高興又卸下最大負擔的人，莫過於聯調局長兼美國頭號執法官員的胡佛。自 1919 年以來，他一直奮力想把共產主義的陰謀本性揭露讓政府高層及一般大眾知道。1919 年他擔任司法部長助理時，就備妥第一批司法簡報，要反映出國際共產運動涉及顛覆的各個面向。

20 年的姑息期，讓很多美國人受到「共產黨統一戰線宣傳甜言蜜語」哄騙而心生安全感。胡佛雙拳出擊，點明共產黨的惡意，正侵蝕美國命脈的要害：

「美國共產黨⋯⋯必須放在跟三K黨（現已解散的親德美國幫派）等其他極權團體相同的分類。一如尋常罪犯利用黑暗來掩護，共產黨隱藏於各式假陣線背後，遂行他們邪惡、陰險的計畫，存心詐奪美國人的傳統自由。」

胡佛讓共產黨人傷透腦筋。在大多數國家，共產黨領袖能靠著指控貪腐、侵犯人權，完全貶低政府裡行使警察權官署的威信。然而，胡佛這位聯調局長自成年以來，一直致力於發展聯調局，以至於大眾了解，任何共產黨慣用的指控，都是虛偽騙人。

這麼多年來，民眾知道聯調局花時間洗刷無辜者的罪嫌，跟揪出罪犯是一樣用心。事實上，靠著仔細調查，人道對待罪犯，聯調局偵辦的案件，認罪率達八成五。

所以，共產黨處心積慮想把聯調局抹黑成美國蓋世太保，成效卻是令他們大失所望。聯調局訓練其幹員，成為自由國家裡最機敏、聰明、講求科學又勤奮的執法人員，這讓共產黨高幹更是切齒痛恨。更叫共產黨驚恐的是，局裡幹員追捕這些顛覆分子時，默不作聲又有條不紊，凡此種種都預告，共產黨的謀士難逃報應之日。

這一天在 1948 年 7 月 20 日到來，美國共產黨高層全遭起訴。出庭受審的「十一巨頭」（Big Eleven）均遭判處有罪。替他們辯護的律師群中，6 人還因藐視法庭而被判罰鍰或監禁。那 11 名共產黨人中，4 人棄保，丟下 2 萬美金的保釋金潛逃，聯調局還得發布國際通緝抓捕他們歸案。

過沒多久，政府終於相信蘇聯間諜一直在偷竊原子能相關情報，命令聯調局偵辦。幾週之內，聯調局爬梳過成堆紀

錄、訪談幾百位任職於各個原子能電廠的「列管」僱員,慢慢地排除名單,最後司法之指指向一位物理學家富赫斯(Klaus Fuchs)。富赫斯待在洛斯阿拉莫斯(Los Alamos)國家實驗室滿長時間。當時,這位歸化英國的德裔科學家,是英國聲望崇隆的哈韋爾原子能研究所所長。

根據聯調局的消息,富赫斯是自由世界失去原子彈獨家專利的首號嫌犯。英國情治人員上工了。一個月內,英國官員找到一些證據,認為聯調局可能沒錯。再過一個月,他們已確定無疑。1949 年 2 月 3 日,英國宣布富赫斯已經被逮捕且完全認罪。

富赫斯的供詞讓聯調局找到另一個線索。富赫斯說,他把幾小包有關原子彈的情報交給一名他只知道名叫「雷蒙」的男子。該男子必須被指認出來,鎖定行蹤,他顯然是個信差,把原子彈機密送去紐約的蘇聯領事館。聯調局取得的消息,除該男子的外表描述、化名,還有他可能是個化學家以外,別無其他線索,但幹員們最後還是抓對了人,他便是哈利·高德(Harry Gold)。

高德的認罪,讓聯調局終於能抽絲剝繭,回答以下讓全國深感困惑的問題,「原子彈引爆機制那麼精密,蘇聯人應該要花很多年才能研發出來,他們是怎麼取得情報的?」高德說,他們是用偷的。聯調局再次上路追捕,這一次通到兩個美國公民的家門口:羅森堡夫婦(Ethel and Julius Rosenberg)。

調查結果顯示,朱利葉斯·羅森堡向自己小舅子格林格拉斯(David Greenglass)施壓,叫他交出引爆裝置的所有基本資訊給高德及自己。如果沒有引爆裝置,原子彈將無法爆炸。格林格拉斯在洛斯阿拉莫斯原子能實驗室工作,對原子彈的建

造、引爆原子彈的透鏡設備（lens apparatus）知之甚詳。在引誘之下，格林格拉斯最後繪出投落於廣島的原子彈草圖，另提供爆炸透鏡（detonator lens）的詳細圖樣。羅森堡夫婦再把這個情報，傳給蘇俄的情報小組。

共產黨的科學家一收到這些資料，他們馬上就趕上原子彈競賽的差距，引爆蘇聯的原子彈。大家該記得，蘇聯的核爆成功在西方投下了個震撼彈，讓他們措手不及。共產黨頭子們利用這種暫時性的優勢，揮舞著自己的「原子彈馬刀」，叫中國及北韓的共產黨高層開始匆忙地去找某個地方來征服。他們匆匆籌備打韓戰。事實上，到了羅森堡夫婦被判有罪準備服刑時，美國已捲進韓戰。成千上萬美國人犧牲性命，只為了遏止羅森堡夫婦幫忙釋放的破壞狂潮。

法官庫夫曼（Irving Robert Kaufman）在法庭上俯視著羅森堡夫婦說：

「就算赤裸裸、存心蓄意的謀殺，相形爾等所犯之罪，程度上都相形見絀……本席相信，爾等將原子彈交予蘇俄人手中，讓俄國得以提前多年完成原子彈，大出我國最優秀科學家預料之外。依我所見，此一行為致使共產黨侵略韓國，結果死傷已逾 5 萬人，更不知還會有幾百萬人，因爾等叛國而付出代價。的確，因爾等之不忠，無疑已改寫歷史進程……

「本席之判決著實難以言宣。我日夜思量多時……翻閱判例──自問良心──想找寬宥的理由──唯有人類才懂仁慈，自然有好生之德。然而，本席深信，如果我寬大判決被告羅森堡夫婦，那麼我就違反我國人民付託我手中，莊嚴神聖的信任。羅森堡夫婦，我無權原諒你們。唯有天主始能赦免爾等所為……特此判處爾等死刑。」

格林格拉斯被判 15 年有期徒刑。

這是美國史上悲慘的一頁，但它證實胡佛原先的說法，共產黨領袖「遂行他們邪惡、陰險的計畫，存心詐奪美國人的傳統自由」。

但胡佛曉得，只要共產革命分子無法打贏地下戰鬥，他們就不會對美國施展最後致命一擊。他另覺得，審慎挑選並細心教育美國年輕人，就鬥得過共產黨高層的詭計而獲勝。胡佛掌舵時聯調局傑出的歷史，充分證明他的熱情正確無誤，另外他有十足的信心，認為美國地下戰士為自由而戰，最終能取得勝利。

鐵幕出現破洞

到了 1953 年，克里姆林宮不僅在國外出糗，鐵幕也破了大洞，在在顯示共產帝國內部處境危急。共產黨實力及團結的迷思被戳破。東德爆發暴動，人民徒手、扔磚對抗坦克。雪上加霜的是，俄羅斯軍官、士兵因抗命，拒絕向德國群眾開槍而必須被處決。捷克斯洛伐克也爆發多起抗暴，波蘭、保加利亞及烏克蘭也有暴動發生的風險。

由馬林科夫講話時親口承認，以及官方報告中，經濟學家發現，俄國人每週工作 38 小時以購買糧食。而在 1928 年，同樣的糧食只消 26 個工時。此外，俄羅斯人口成長快速。但在國家社會主義下，生產的糧食要比 1928 年實行「新經濟政策」時來得少。附庸國發生暴動，乃是了解俄國可能永遠做不到宣傳戰中的承諾——提供他們糧食、衣物及機器。不僅如此，破產的蘇聯還像隻大寄生蟲，吮食附庸國家。

相較於鐵幕國家，西歐各國正享受 40 年來最強盛繁榮期。美國人民捐贈了 500 億美元供這些國家戰後復甦之用，它們很快可以自立自足。隨著美國來到繁榮的頂點，顯示自己有能耐，不僅生產的財富更勝任何國家，而且分配財富給自己人民更為公平，大家對自由競爭資本主義已經恢復信心。

英國著名的社會學家劉易斯（W. Arthur Lewis）博士公開承認，社會主義讓英國極為失望，「目前做的……不是把財產轉移給工人，而是給政府。勞工依然要有工作，依大事業的指令工作而受盡挫折……那些期望國營化而調高工資的人……都失望了……國營化沒解決勞資糾紛，反而減少個人財富……它挑起控制的問題還沒解決，反而挑起另一個問題：我們想讓政府擁有多少權力。」

共產黨在中南半島的征服行動

韓戰停火之後，中共不容蘇聯內政問題延緩其進一步侵略的欲望，他們持續出手想完成共產黨征服中南半島的行動。一開始中南半島會出現戰火，是當地人想掙脫法國的殖民統治。中共的滲透最終改變了戰爭的型態，從爭取自由演變成法國與中國共產黨的戰爭。法國共產黨（當時法國最大單一政黨）發揮有失體面的影響力，使得戰事出現決定性敗北只是時間早晚而已。1954 年 7 月 21 日，法國人戰敗。日內瓦議和時，中共雀躍地同意停止戰鬥，以換取中南半島 1,200 萬人口、31,000 平方英里的土地。

毛澤東此時因雙重勝利而暈陶陶。即便俄共都覺得此時有必要向毛澤東及他的中共做些退讓，以確保他們繼續忠於共產

祖國。1954 年 10 月，俄國官員長途跋涉到北平，以下述保證來奉承毛澤東。

一、俄國將撤出旅順港，縱使雅爾達密約授權俄國可租借。
二、以寬鬆條件，把二戰後期以來，蘇俄一直在經營的鐵路及其他工業，用「夥伴」名義賣給中國。
三、借給中國 1.3 億美元。
四、協助建設兩條橫跨中國的鐵路。
五、協助中國建設 15 處新重工業項目。
六、發動宣傳戰，準備拿下臺灣。
七、發動宣傳戰，把日本納入共產黨勢力範圍。

　　態勢很清楚，即便在蘇俄高談「和平共存」時，因為中共的開戰計畫，自由世界依然無法放輕鬆。

孤立世界侵略者的重責大任

　　由美國看來，中南半島鬧劇可謂淒涼悲劇。法國國會那 100 名共產黨人（他們甚至拒絕向戰死的法軍起立致敬）策劃了那場已經進行了 7 年的戰爭的失敗結果。日內瓦停戰會議上，美國國務卿杜勒斯致詞，痛批那些顛覆及怯懦的行為，又導致了 1,200 萬人成為共產黨侵略的犧牲品。他說，「和平向來很容易——投降就行；團結也容易辦到——投降就成。艱鉅的任務，擺在我們之前的任務，是把和平、團結，與自由結合起來！」

　　杜勒斯國務卿離開日內瓦，馬上展開狂熱、橫跨全球的攻

勢，要所有自由國家做出「令人痛苦萬分的重新評估」，回想各自曾對共黨帝國主義做過的那些荒唐退讓。20 個月內他跑了 15.2 萬英里，等他走透透時，美國已參與（或強化其地位於）一連串特定用來強化圍堵共產黨的區域組織。讓蘇聯戰略家很沮喪的是，聯合國憲章第 52 條有個漏洞允許他們這麼做。因此，美國開始公開用北大西洋公約組織（NATO）、東南亞條約組織（SEATO）及相似的區域組織，作為彼此的集體安全機構。這麼做很大程度取消掉以往蘇聯透過濫用安理會否決權，加諸西方國家身上並使之癱瘓的鎖喉技法。

美國另外宣布，自己不會袖手旁觀，任由俄羅斯建構其長程轟炸機隊。共產黨的新聞稿指出，蘇聯機隊能投擲氫彈到美國各大城市。美國對此的回應是在鐵幕邊緣，迅速興建一環美軍防禦基地。蘇俄如一頭受傷的熊，馬上咆哮說，「吾人正面臨殲滅之虞。」

杜勒斯嚴正重申，他很清楚而共產黨也知道一件事——那便是除了侵略者，沒別的國家會害怕這些基地。接下來他用清晰、強硬的詞語解釋「大規模報復」這個新政策，假如蘇聯帝國膽敢實踐經常威脅說要突襲自由世界，那麼報復行動將瞬間啟動。

莫斯科為此有一段時間保持令人感到不安的沉默。

蘇俄測試美國新的「硬起來」政策

1954 年來到下半年，態勢轉為明朗，蘇俄內部正進行重要的政治性調整。一個好戰、頑固性格的赫魯雪夫（Nikita S. Khrushchev），還有一個循規蹈矩的黨工布爾加寧（Nikolai

Bulganin），開始更為頻繁地出現在新聞上。前蘇聯官員赫克洛夫（Nikolai E. Khokhlov）宣稱，這點看起來不妙。他表示赫魯雪夫及布爾加寧提倡世界共產主義，相形之下馬林科夫及貝利亞首重改善俄國人的生活條件。

1954 年秋天，赫魯雪夫及布爾加寧率團來到北京。在當地，中共被命令準備進攻臺灣。態勢由此變得明朗，蘇俄已劃出新的權力路線。最後證明，馬林科夫已拋棄自己的夥伴貝利亞，加入新的赫魯雪夫－布爾加寧勢力。12 月中下旬，貝利亞及他的 3 名助手遭到槍決。馬林科夫立即遭降級，但他跳槽夠快而保住了性命。布爾加寧接掌馬林科夫的位子，赫魯雪夫則盤踞幕後，設定政策及宣布兩個新口號「返回重工業－軍備」及「依行政命令種植糧食」。

同一時間，中共也感染到新俄共高層的精神，以挑逗民主國家的方式替莫斯科打前鋒。中共驚人地宣布說，經過深思之後，決定違反韓戰停火時所簽的交換戰俘協議，扣留韓戰美軍軍官及大兵。

板門店停火協議特別規定，所有想回祖國的聯合國軍戰俘，即便有些人被控以罪名都應送還。然而，此時中共蔑然宣稱，他們私下拘留了一些美國戰俘，因為這些人被控間諜罪或其他一些罪名。美國熾熱的怒火直飛天際，很多美國人終於首度了解，根本不可能相信共產黨所提出的保證。

公眾雖然氣憤，但美國人在這個特定時間點上的內心卻有些想妥協。很多美國公民想忘掉所有外國「紛亂」的這個意願飛快高漲，大家想繼續埋首於國內的發展。情況顯示，美國的自由競爭式繁榮可望締造史上最高紀錄。

毛澤東正確地把美國這種全國上下的感受，解讀成是厭戰

情緒，所以他在全亞洲升高宣傳戰，稱美國為「紙老虎」。他以大膽公布非法拘留的美國戰俘人數的方式嘲笑美國，以此來蔑視美國政府對於此事根本無能為力。

毛澤東非常積極於自己發動的宣傳戰，最後竟決定執行赫魯雪夫的開戰命令，以攻打臺灣來證明美國無力影響整個世界。整個星期內，國民黨據守的外島開始挨大陸來的砲擊。這只是熱身，中共準備傾巢而出，打下蔣介石的最後前進基地。

八二三砲戰對美國是極其關鍵時刻，因為它承諾了要防衛臺灣。假如美國猶豫了，那麼自由之光很可能就由東南亞消失。5億「中立」的亞洲民眾也密切觀察著，而美國高層評估風險，並且思索美國自己的道德信念究竟有多深。

1955年2月初，中共及世界其他共產黨人得到了答案。美國國會在兩黨都支持下通過決議，授權美國總統把第七艦隊投入臺灣海峽，下令艦隊如遭攻擊，將全面開戰。這顯然包括動用核子武器。

東南亞的「各個小國」群起歡呼。顯然美國不僅願意談「大規模報復」，還有意願真的做。在印尼萬隆舉行的亞非大會上，幾個小國便大膽表達自己的立場。它們呼喊著「共產殖民主義」、「共黨侵略」，叫中共代表團不勝其擾。這件事堪稱重擊毛澤東及其位於莫斯科的影武者的宣傳戰及聲望。

幾個星期內，美國及其太平洋盟友的「站穩」（stand firm）政策便收穫妙不可言的果實。由莫斯科傳出來的命令說，共存再度成為此刻甜美的主旋律。中共開始釋放非法拘留的美國戰俘。臺灣問題就容它靜悄悄退到幕後。赫魯雪夫擴大邀請美國賓客——媒體從業人員、國會議員、農夫——他甚至說自己過些時候可能訪美。二戰後10年間遍布全球、拔拳相向的

緊張態勢開始消褪。全球對於事態出現的新轉折似乎感到滿意，民主國家再度妥協，回頭處理自己太平時節的內政事務。

但一片太平氛圍中，軍方情報卻傳出不祥警訊。報告指出，蘇俄對外頭的民主國家雖推銷「軟」政策，國內卻向軍隊餵養強硬的帝國主義的政策。蘇聯軍隊被教導以「當代戰爭中，出其不意的重要性已大幅增加」，還有「黨要求我方陸軍、海軍全體將士全神貫注，警戒心拉到最高，隨時維持高戰備，以便有能力把主動權由敵軍手中奪過來，連續祭出猛拳，並完全擊敗他們。」

這一切精神一脈相承。它提醒有警覺心的美國人，回想起1949年，曼奴伊爾斯基（Dimitry Z. Manuilsky）代表蘇聯主持聯合國安理會時的重要聲明。他在莫斯科「列寧政治作戰學院」（Lenin School of Political Warfare）是這樣教導人們的：

「共產主義與資本主義戰到你死我活是免不了的事。當然，今天我們還沒強大到足以攻擊……想贏，我們得出其不意，必須讓資本階級以為高枕無憂。所以，我們開頭先祭出有史以來最華麗的和平舉動。會有令人興奮的提議，會有前所未聞的退讓。愚蠢又腐敗的資本國家，就會歡天喜地來參與他們自己的毀滅。再次有機會當朋友這一件事，會令他們感到雀躍的。只要他們放下戒心，我們就握拳砸碎他們！」

第十章

赫魯雪夫治下的共產主義

赫魯雪夫

Communism Under Khrushchev

到了 1955 年，情況十分明顯，最惡毒的政治內鬥已在莫斯科開打，俄共黨內正在角逐史達林留下的寶座。貝利亞跟他的助手已被槍決。有跡象顯示，幕後正發生大規模的權力轉移。克里姆林宮秘鬥的積恨、怒吼中，在一堆的陰謀中脫穎而出的是赫魯雪夫。

蘇俄內部有志奪權者，西方最為陌生的大概就是赫魯雪夫。因此，美國國會委員會決定要了解赫魯雪夫生平。委員們邀請任何知曉赫某的人前來做證。證人川流而至，但他們講的赫魯雪夫事跡既陰森又醜陋。很多希望改善對俄關係的西方外交官，聽到這位俄共領袖的過往生平，便覺希望破滅了，而自由世界此時必須跟他打交道。他可不是尋常共產黨政客或忠誠黨員。聽證會的專家口中的赫魯雪夫有著歹徒般的狡詐、醉心於權力的特質。

烏克蘭獨裁者時代的赫魯雪夫

很多專家談到赫魯雪夫最早爭取權力及認同的那些日子。他們透露，赫魯雪夫對共產主義忠誠到盲目、不講理的程度。出生到大，赫魯雪夫幾乎沒讀書識字，要到他長大成人後，才受小學教育。他小時當牧童，後來還學當鐵匠、鎖匠。

赫魯雪夫 1894 年 4 月 17 日出生在烏克蘭沒沒無聞的山村卡利諾夫卡（Kalinovka），17 歲時他離開村子。有幾年時間他四處流浪打工，到了 1918 年，他加入共產黨，俄羅斯內戰時替紅軍打仗。1922 年他首度開始正式受教育，為期 3 年。到了 1929 年，他對黨不移的忠貞，讓他取得機會，到史達林工業學校任職。1931 年，他成為莫斯科的地區黨工。

赫魯雪夫很快就贏得史達林的好感，因為他加入把史達林的敵人由當地黨機器裡掃除掉的行動。超過 500 名男女被交給秘密警察處決。史達林後來說，儘管他討厭赫魯雪夫，但對那個烏克蘭人服從黨政策，要處決或交出其老朋友的能耐，實在印象深刻。因此，史達林派任務給赫魯雪夫，叫他回烏克蘭去，強迫赫魯雪夫自己的國人生活在共產黨完全鎮壓的長鞭下。共產黨高層向來用大規模處決來鎮壓反抗。赫魯雪夫說他有更好辦法，就是大規模飢荒。目擊那場人為飢饉的人談到受苦及死亡的人時說：

普利丘多科（Nicholas Prychodoko）：我看到運貨馬車上有布蓋著，沿基輔市我居住的、以及其他的街道走動。它們在運輸要掩埋的屍體……死者都是湧來都市想找麵包屑吃的農民……我有個朋友……任職烏克蘭某醫院外科醫生……他幫我套上連身白袍，他也穿了一件，我們往外走，到醫院區一個很大的車庫。我倆走了進去。他把燈光打開，我瞧見 2,000 到 3,000 具屍體沿牆擺著。

阿倫斯先生（Mr. Arens）問：那些人因何而死？

普利丘多科：餓死的。

阿倫斯先生：飢荒的原因是什麼？

普利丘多科：……我們在科學院閣樓的收藏處找到一些統計數據。文件顯示，在 1932 年，糧食足以餵飽全烏克蘭人達 2 年又 4 個月。但除了大約一成，其他作物幾乎一由打穀機出來，就馬上分撥出口，到烏克蘭以外的地方。飢荒的成因便是如此。

阿倫斯先生：那段期間，共產黨政權為何要取走烏克蘭

作物？

　　普利丘多科：因為烏克蘭無時無刻都有……各種的反共產黨政權行動，還有莫斯科推動集體化……

　　阿倫斯先生：30 年代，有多少人因這種人為飢荒而餓死？

　　普利丘多科：據估 600 到 700 萬，其中大多是小農。

　　目擊者供稱，在赫魯雪夫政權餓死幾百萬人之後，農業集體化終於成立。1934 年，赫魯雪夫獲得獎勵，史達林拔擢他進入莫斯科權力系統裡權大勢大的共黨中央委員會。

　　然而，烏克蘭持續動盪以及反抗共產主義。1938 年，赫魯雪夫被調回去當地實施獨裁統治。烏克蘭人民再度遭遇大整肅。人民對這種新暴政反抗如此激烈，以至於二戰爆發、納粹進軍時，德國人還受到烏克蘭人歡迎，被視為解放者。赫魯雪夫因此絕不寬貸。在逃往莫斯科以前，他大肆報復烏克蘭人。官方報告指出，納粹抵達時發現很多集體墳塚。光是在一個地區，就有超過 90 個巨大的掩埋場，裡頭有大約 10,000 具「農民、工人及教士」的屍體，他們都雙手被反綁，腦袋裡有顆子彈。

　　1944 年，德國人被趕走之後，赫魯雪夫重返烏克蘭，冷酷地決定殲滅「所有共犯」。全民分成好幾個部分，有些全被放逐，開始全面清算主要的基督教會，「人民領袖」被捕處決。內務人民委員出動鎮壓，意圖以凶猛恐怖的手段恐嚇全民，鏟除一切對共產黨重占烏克蘭的抵抗。人民於是給赫魯雪夫取了「烏克蘭劊子手」的綽號。

　　到了 1949 年，赫魯雪夫已完全展現自己對史達林的忠誠，

於是他以強大的中央委員會書記身分，被召回莫斯科。他獲派的任務是提振集體化農田頹靡的糧食生產。赫魯雪夫動用恐怖策略，要農民多幹活、生產更多，但他失敗了。赫魯雪夫勉強辦到的，是糧食僅足以讓人民以餬口的水準活著。這就是史達林死掉時，赫魯雪夫的狀況。

赫魯雪夫如何奪權

史達林於 1953 年 3 月 5 日死的時候，留下一大堆棘手問題給吵個不休的黨內同志們。每個共產黨高層都仔細打量競爭對手，衡量奪權的機率。赫魯雪夫立即開始運作，用計取得一個有戰略力量的位子。相形其他高層，不論在俄國內外，人們都把赫魯雪夫形容是一個「地位低微的人」。

談到實力，史達林秘書馬林科夫無疑是第一人，他掌管一切共產黨的秘密檔案。據說他蒐集了其他同志的許多具備毀滅性質的證據，以至於別人都拍他馬屁、向他示好，拱他出來擔任政府臨時元首。

排行老二的便是貝利亞。雖討人厭，但他是秘密警察頭子，管理核武發展計畫，凡此種種讓他擁有的硬實力，便是為數 200 萬的軍警。

三把手便是史達林最親密的布爾什維克同夥莫洛托夫，他是蘇聯有史以來最精明、最能騙人的外交官。

第四號人物是布爾加寧，他是共產黨派在紅軍裡的正式代表，因此算是軍方內的頭號政治人物。

排行第五的是赫魯雪夫，國家集體化農場的首長。

很多人沒正眼看待赫魯雪夫，他們認為他只是個大腹便

便、頑固、史達林用來清除異己的人。赫魯雪夫卻是認真地看待自己。他固執且貪婪地追求每個可能利己的機會。他的方法是動用共產黨舊日的伎倆，跟「分裂再征服」相反的「團結再征服」。

首先他跟總理馬林科夫站在一起。他說服馬林科夫，說貝利亞是他最大的威脅、敵人。1954 年 12 月，貝利亞及其同夥被捕後槍決。

接下來赫魯雪夫拉攏布爾加寧，而除掉馬林科夫。赫魯雪夫向布爾加寧這個大鬍子政委頭子說，該當總理的是他，而非馬林科夫。布爾加寧倒也衷心同意。幕後權力轉移馬上出現，讓布爾加寧得以在 1955 年春天取代馬林科夫。

下一個倒台的是莫洛托夫。他背後沒有勢力機構的支持，憑的只是史達林同盟的威望。沒多久他就被放逐到蘇俄與蒙古邊界去了。

此時，布爾加寧與赫魯雪夫聯手，開始經營整個共產集團。但赫魯雪夫還不滿意。他下一步是說服布爾加寧，逼二戰名帥朱可夫（Zhukov）元帥急流勇退，另把其他政府關鍵官員給貶職。那些官員裡，有些正是前幾年最早提拔赫魯雪夫的人。突然之間，他們的政治勢力就被閹割了。赫魯雪夫認為，要同時摧毀政敵及朋友，防止他們重新站起來，以其人之道還治其人之身。

最後，赫魯雪夫準備好最強的絕招——罷黜布爾加寧。他逼布爾加寧除掉朱可夫元帥，於是讓布爾加寧與本身最大勢力來源的紅軍之間產生嫌隙。這讓赫魯雪夫得以見縫插針，把自己人馬安插到有權的重要位子上。到了 1956 年，布爾加寧發現已成了赫魯雪夫的傀儡。接下來再過兩年，赫魯雪夫透過布

爾加寧來運作政府。然而，究竟是誰真正繼承了史達林，世人一點也不感到懷疑。

赫魯雪夫就這麼滑頭又驚險地登上了權力的頂峰。

只是，克里姆林宮這些政治鬥爭及權力轉移，並沒解決一直肆虐蘇維埃社會主義糟糕的經濟問題。不管在中國、蘇聯還是其他附庸國，沒半個能證明共產主義是成功的。共產黨控制的各國裡，三年間抗暴此起彼伏。蘇維埃必須部署重兵在全部地區。

1956 年，赫魯雪夫還在鞏固自己權力，有顆主要的衛星脫軌，挺身爭取自由。

匈牙利 1956 年革命

二戰爭取美國租借法案援助時，史達林曾允諾，戰時被紅軍納入管轄的任何國家，戰後都容許自由選舉及民族自決。匈牙利是第一個要求自己主政、推翻共產政權的國家。

大概沒有別的歷史案例能比匈牙利的革命，更可以凸顯赫魯雪夫的狡詐背信可以到多離譜的地步。

1956 年 10 月 23 日，布達佩斯發生大規模但和平的示威，有數千人參加。示威者說，他們要終結蘇聯的殖民統治，以自由選舉設立民主政府。示威群眾拒絕散去，蘇聯秘密警察奉令向他們開槍，因而爆發革命。這次革命第一個主要行動是推倒象徵蘇聯宰制的史達林塑像。自由戰士們接下來在同一位置立起匈牙利國旗。蘇聯占領軍奉令立即粉碎這次革命，但他們卻遭遇由蘇聯所訓練的匈牙利部隊的抵抗，部隊反叛並加入自由戰士。很多蘇聯占領軍也投誠了。結果便是剩下的蘇聯部隊五

天內遭擊敗。吉拉利（Bela Kiraly）將軍描述當時事件說：

「為避免蘇聯殘軍遭殲滅，赫魯雪夫本人執行他有生以來最為邪惡的行動之一。他先派首席助理米高揚（Mikoyan）到布達佩斯，接著由黨高層派來蘇斯洛夫（Suslov），這兩個蘇聯人與革命政府坐下來。他們發現蘇聯已經被擊敗了。透過電話與赫魯雪夫聯繫與允許之後，雙方草擬出停火協議……外交行動進一步發展中……對外正面宣稱，進一步外交磋商的目標（將是）如何從匈牙利撤走蘇聯部隊，允許匈牙利重獲國家的獨立自主。」

兩位蘇聯代表提議，最終細節到布達佩斯以南村莊托克爾（Tokol）蘇維埃總部去完成。所以整個匈牙利代表團受邀前來，討論蘇聯部隊離開匈牙利的確切日期。勝利而趾高氣揚的匈牙利代表應邀請前來蘇聯總部。叫他們大吃一驚的是，自己被包圍、限制行動，最後則被監禁。同一時間，赫魯雪夫下達新的命令，全面進攻匈牙利全國人民。

蘇聯這次進攻採大規模入侵形式，動用了 5,000 輛坦克及 25 萬部隊。他們由捷克斯洛伐克、俄羅斯及羅馬尼亞三方面投入。到了 1956 年 11 月 4 日，星期日，布達佩斯廣播電台提出請求說：

「世界的人們，請聽我們的呼籲！幫忙我們……請別忘了布爾什維克的瘋狂攻擊是不會停手的。你們可能是下一個被害者。救救我們！救命，救命！」

過一會兒，廣播聲又說：

「文明世界的人們，看在自由團結的份上，請你們幫忙我們。我們的船要沉了，光明消失了。黑暗每個小時都在變深。請聽我們的呼喊……願上帝與你也與我們同在。」

一切就此為止。電台沒再出聲。

學習歷史的人思索那些悲慘的日子時，不禁會好奇：自由西方的良心跑到哪兒去了？聯合國在哪裡？北約的部隊去了哪裡？1945年，聯合國在舊金山作出的堅實許諾又怎樣了？

「……拯救未來世代不受戰爭折磨。」

「……重申對基本人權的信仰，信仰人類的尊嚴與價值，信仰男女平權、大國小國平權。」

「確立……締約而衍生的責任，獲得尊重。」

「確保武裝部隊未來不再使用。」

事後證明，屠殺成千上萬的匈牙利人，終於扼止了他們爭取自由的英勇鬥爭。匈牙利總理納吉（Imre Nagy）遭到處決。其他革命領袖大多被押送到俄羅斯，從此下落不明。美國大使拉吉（Lodge）在聯合國安理會提案，建議蘇俄應該為這次攻打匈牙利的暴行受到譴責，蘇俄卻動用否決權把它給否決掉了。

這一連串驚駭又背信棄義的事件，是由赫魯雪夫親自監督。過程中他沒有碰到任何的嚴重挑戰，就獲准執行這些事，直接違反雅爾達約定、華沙公約（Warsaw Pact），以及聯合國憲章前二條款。匈牙利事件本來是西方集團能抓住的最佳機會，可以展現強國是否有這個勇氣把蘇俄趕出去，讓聯合國的堂皇言詞能付諸實行。

聯合國沒那麼做，只派個委員會去蒐集事證、準備一份報告，接下來提呈給聯合國大會。

這種做法讓親蘇聯勢力得到額外機會，可以在聯合國動用

相關的影響力，進一步模糊征服匈牙利的惡行。

一般美國大眾對於共產黨的陰謀運作在聯合國的深度穿透力毫無概念。

丹麥外交官邦–顏森（Povl Bang-Jensen）表示，他擔任聯合國調查委員會副秘書長，調查俄國攻打匈牙利事件之後，很快就感受到共產黨所施展的強大壓力。他宣稱，親蘇聯影響力由聯合國秘書長辦公室全面席捲下來壓在他身上，甚至委員會很多委員也會給他壓力。

邦–顏森不曉得去哪兒尋求協助。最後他開始寫抗議信，既給委員會，也給秘書長。他指出報告錯誤之處，這些錯誤提供蘇聯人貶低報告公信力的空間。他說，委員會主席拒絕修正這些錯誤。他指出，本可確立蘇聯政府應為匈牙利事件負正式責任的重要事實，都遭到了刪除。邦–顏森還指出，委員會對於匈牙利新共產黨傀儡政府元首卡達爾（Janos Kadar），則採取更為寬鬆的態度。

但最叫邦–顏森氣憤的是，秘書長命令他公開匈牙利籍目擊證人的名單。早先他獲得書面授權，那些證人的姓名不會被公布，以免他們在匈牙利的家人遭到殘忍又立即性的報復。邦–顏森堅持自己的承諾。他宣稱，交出名單給聯合國秘書處，可能導致名單外洩到蘇聯人手上。風聲已傳遍聯合國，說蘇聯間諜正透過豐厚的賄賂，給任何把名單弄來給他們的人。

一時間，聯合國秘書處及調查委員會向邦–顏森個人開砲，聯合國高層沒處理匈牙利問題，反而形容邦–顏森「心理有問題」。

美國駐聯合國三名高官也湊進來攻訐邦–顏森。這三人是科迪（Andrew Wellington Cordier），此人是希斯以前的同夥，

當上聯合國第二號人物。葛洛斯（Ernest A. Gross），他曾試著叫美國承認共產中國。還有聯合國助理秘書長班奇（Ralph Bunche）博士，他是最早在官方備忘錄裡，把邦-顏森貼上「心理有問題」標籤的人之一。

邦-顏森慢慢發現，自己在山崩般的阻力下屈居下風。聯合國官員無法逼他揭露匈牙利籍的秘密證人名單，此時他們逼邦-顏森當著聯合國代表之前焚毀名單。他照辦了，接下來高官們開除他。1957年12月4日，邦-顏森遭秘書長哈馬紹（Dag Hammarskjold）解職。只是，聯合國繼續施壓，把邦-顏森抹黑成心理有病。詆毀他的報告從聯合國傳出來，害他好幾次都無法取得一些重要的職務。

有段時期，邦-顏森還擔憂自己的性命可能不保。二戰時他是丹麥地下志士，與納粹及共產黨戰鬥，對於如何把一個被殺的人布置成自殺的技巧非常熟悉。他在1957年11月30日寫了張便條給妻子說：

「不論碰到什麼情況，我都不會自殺。自殺完全違背我的天性及宗教信念。假如有遺書，看似我的筆跡，說我自殺，那必定是偽造的。」

1959年感恩節那天，邦-顏森經人發現陳屍在距離自宅兩英里的僻靜處，腦袋有個彈孔。屍身旁有把手槍及寫得潦草的字條。

73小時前，他離家去搭公車。驗屍官發現他幾個小時前才氣絕。那兩天多的時間，邦-顏森還活著的時候，發生了怎麼樣的悲劇呢？

專業調查人員懷疑他遭到謀殺。即便如此，謀殺也被細心地布置成看似自殺。官方最後認定他是自殺的。迄今很多人依

然無法置信這個結果。

　　但是，早在邦－顏森死前很久，聯合國對匈牙利的革命調查工作已經完成。那份遭到刪改、扭曲且淡化的報告早已呈交給聯合國，並獲得大會的正式接納。

赫魯雪夫治下的蘇俄內部

　　共產黨犯下的反人類罪行、殘忍、暴虐，堪稱無人能及，共產主義只是一個經不起考驗的藉口而已。馬克思、恩格斯及列寧保證，共產主義是個歷史捷徑，帶領人類通往更好的生活。但即便共產黨人也是人，有想替他們賴以生存的信仰找到具體證據的想法。在共產黨的階級體制內，最令人感到痛苦的現實是，經過 40 年的全面性努力，好多個五年計畫、整肅、處決、刑求及清算了數百萬人以後，共產祖國所創造出來的生活，只是既單調又苦悶而已。

　　其中一個蘇聯五年經濟分析指出一項令人丟臉的事實，推行共產主義 40 年之下的經濟進展，還少於在此之前 400 年的沙皇統治。

　　雖說由西方偷竊科技知識，由被征服的敵國綁架科學家，使得共產黨高層得以在科技領域，弄出幾項速成的成就。只是不爭的事實依然存在，俄羅斯就大規模生產而言，比不上資本主義。這一點對共黨高層來說，像胃裡有幾千根芒刺在扎著一樣。

　　1955 年過後，美國人終於獲准走訪蘇聯，看見整個社會主義生產系統鬆散地浪費大量人力。經常在一個人工作時，身旁另有人站著閒看。他們是有導入資本式的工作誘因，來創造

工作意願，但即便如此，群體社會化計畫還是牽扯住生產時程及速度。

　　關心這類問題的美國遊客注意到，赫魯雪夫借助童工來彌補短絀。事實上俄羅斯政府也承認，正由各級學校招募學生到農場、工廠工作。赫魯雪夫宣布，計畫要把大多數俄國年輕人的上學期限定在七或八年，而讀書時間很多是在夜裡進行。只有特選學生才獲准進入大學。

　　至於集體化農場，即使俄國總人口半數已投入社會化農田，蘇聯生產的糧食，一直無法超越全民勉強餬口的水準。美國體制容許僅僅一成二的人民務農，卻產出美國全民吃不完也賣不完的糧食這件事，震驚了共產黨的農業專家如赫魯雪夫。而他從不掩飾自己的憤慨。他經常痛斥蘇俄疲軟不振的農業計畫。在 1955 年的演講當中，赫魯雪夫責備蘇俄農業，以下是他演講內容摘要。

「生產不振。」
「管理不彰讓人無法忍受。」
「國營農場未能實現增產計畫。」
「牧草地依然沒收割。」
「筒倉一座都沒蓋。」
「有關種子方面，不幸的情況已然浮現。」
「曳引機設計工作已進行六年……還沒設計好。」
「很多集體化農場還沒使用機械耕作。」
「我們國營農場相當紊亂。」
「（勞工蓄意）破壞卡車及曳引機案例不少。」
「曠職開小差。」

「上繳國家的牛隻營養不良。」

「豬隻繁殖數量嚴重不足。」

「牛奶減產一成。」

「母牛生小牛合計只有三成四。」

「肥育豬重量及羊毛產量都減少。」

「美國人成功創造高水準的牲畜養殖。」

「在美國，這種穀物（玉米）收穫量最高。」

正因如此，赫魯雪夫揚棄最後一個「5 年計畫，代之以 7 年計畫。最新計畫據說想在 1965 年趕上美國的產量，但是在 1961 年，赫魯雪夫咆哮大罵俄國農人，因為農產量已經連續 5 年下降。

共黨獨裁者受到生命威脅

到了 1958 年，赫魯雪夫正式宣布自己成為共產黨主席兼蘇俄最高獨裁者。只是，他仍有一些冷冰冰的現實必須面對。

這個時間點，共產黨事實上陷入了停滯。鐵幕遭北大西洋公約組織及東南亞條約組織的軍事基地以核武彈頭瞄準及包圍，嚇阻共產黨的侵略行動。

中共領導人毛澤東及周恩來變得愈來愈不聽話、批判俄共且更為獨立自主。

要維持鐵幕後頭的「圍城之國」，以便營造「國內和諧」的外表，得用超過 600 萬以上的士兵及秘密警察來維持。

蘇俄已用壞自己在聯合國占的好位置，開始感受到西方集團團結起來的壓力。

附庸國內持續動盪不安，大批蘇聯紅軍必須駐紮在每個國家裡，因為當地部隊很可能像在匈牙利一樣，加入任何起義行動。

紅軍裡也有嚴重的不穩定，眾人對赫魯雪夫政治方面無情地砍掉朱可夫元帥，仍然憤恨難平。

赫魯雪夫就打開世界市場，以便中蘇集團可以買到集體化經濟造不出來的東西，只做到部分成功。他還要面對令人不愉快的事實，就是共產黨經濟無法就國際貿易支付款項，因為他們總是持續性地處在破產邊緣。

最後也最重要的是，赫魯雪夫不時活在威脅之下。不滿的共產黨高層可能會「重整隊伍」，把他趕出權力中樞，一如當初他趕走馬林科夫及布爾加寧那樣。赫魯雪夫感覺有迫切需要，得提升自己政治地位。他決定強迫美國邀請他前往拜訪，有了這份光彩，才能達成這一點。

赫魯雪夫使計強迫美國邀他出訪

自 1955 年以來，赫魯雪夫一直試著叫美國邀他前往造訪，但都沒能成功。最後他決定在柏林製造一場危機。1958 年，他發布最後通牒，叫美國及其盟邦在一定日期內必須滾出西柏林，不然他就放任東德共產黨去攻打他們。

這項命令公然違反所有既存條約。艾森豪總統宣布，任何想逼迫美方撤出柏林的舉動必遭軍事抵抗，此時赫魯雪夫馬上說，他並非真的要打仗。他認為，假如他能前往美國跟艾森豪說個清楚，整件事就可以圓滿解決。他在其他幾個場合另外提到，也歡迎艾森豪造訪蘇俄。

一開始艾森豪總統有所顧忌。邀請共產黨獨夫來美，正是杜勒斯國務卿到死都反對的事。然而，艾森豪總統認為，邀赫魯雪夫來訪，或許能叫他震驚於美國的國力，嚇阻他別草率開戰。

　　此外，艾森豪覺得，美國總統出訪蘇俄說不定更好，可以推動他自己提倡的「人民對人民」關係。所以，美國向赫魯雪夫發出正式邀請——讓這位共黨獨夫成為史上第一位訪問美國的蘇俄統治者。

邀赫魯雪夫來訪錯了嗎？

　　美國主管共產黨問題的戰略家馬上警告說，邀請赫魯雪夫來訪，在戰術方面犯了大錯。曾任駐俄記者、寫過赫魯雪夫傳記、任職《讀者文摘》資深主編的里昂（Eugene Lyons）便把邀請赫魯雪夫形容為「共產主義的大勝」。他說：

　　「這如同打擊在共產集團當中的反抗者的士氣。它也背叛了那個世界裡，敵視共產主義者的殷殷期望，而那些人數以億計。

　　「宣布邀請赫魯雪夫來訪那天，對每個附庸國家裡的幾乎全體人民，還有對蘇俄境內幾千萬人來說，都是沮喪、絕望的。」

　　赫魯雪夫訪美，是否能導致他放慢甚或拋棄征服世界的計畫，在回答這個問題時，里昂回答說：

　　「這麼想簡直是天真。高階的共產黨人完全了解我國物質方面有多麼富裕，政治有多麼自由。赫魯雪夫想來美國，不是要證實自己知道我國的強大，而是想感知我們的弱點。若以為

他會對我國富強自由而印象深刻到節制他的共產野心的話，那就是把政治無知發揮到極致⋯⋯

「首先，這位蘇聯新頭目雖然外表土裡土氣，卻是現存最血腥的暴君之一。他登基於堆積如山的屍體上。我等鋪紅毯歡迎他的人，很快就會羞慚臉紅。」

即便在赫魯雪夫訪美行程中，美國人都多次由他宣傳式的吹噓、古怪的陳腔濫調，還有提議當著聖經宣誓，感受到他多次咆哮威脅，冰冷刺人。媒體觀察到，提問到以下任何事務，赫魯雪夫都超級敏感及火氣沖天。

- 赫魯雪夫最近大肆鼓吹「自決」，接著卻無情且非法鎮壓匈牙利起義。
- 有關他被稱為「烏克蘭劊子手」的問題。
- 有關蘇聯干擾「美國之音」（Voice of America）廣播的問題。
- 有關附庸國家不斷有數千難民逃走的問題。

赫魯雪夫訪美之後

共產黨侵略全世界的圖謀，因為赫魯雪夫訪美而突然加速。美國共產黨又大膽公開露臉，展開新的招募行動。他們公開攻擊眾議院非美活動調查委員會（Un-American Activities）。假如能夠成功摧毀國會各委員會，接下來則點名及趕快解散聯調局。出身好萊塢小組而被定罪的共產黨人又搬回那個影劇之都，透過幾千萬美元的製片活動，大膽地寫作、製片及展開宣傳戰。美共主席還宣布展開全國性的共產黨青年運動。

相同的動能，在全世界變得很明顯——日本、東南亞、印

度、非洲、古巴、中南美洲。共產黨浪潮在各地流動得更強勁。杜勒斯、里昂等戰略家的可怕預測，可以說一字不差地化為事實。

只是，蘇俄獨夫訪美，也讓赫魯雪夫受到一定的損失，那便是艾森豪總統回訪蘇俄，可能造成破壞極大的影響。副總統尼克森訪問蘇俄及其附庸國時受到的歡迎，讓赫魯雪夫印象極為深刻。赫魯雪夫曉得，假如艾森豪總統獲得跟他在美國時一樣的言論自由，在廣播電台、電視台、公開會議上談話，接受媒體採訪，那麼親共浪潮可能會被扭轉。情急之下，赫魯雪夫四處去找藉口，想取消艾森豪的訪俄行程。彷彿按共產黨的劇本走似的，有個重大藉口從天而降，就落在赫魯雪夫的眼前。

鮑爾斯事件

1960 年 5 月 1 日，飛行員鮑爾斯（Francis G. Powers）駕駛一架 U-2 高空噴射偵察機，在深入蘇俄境內 1,200 英里處被逮到。共黨高層洋洋得意宣布，他們是用神奇的新飛彈，擊落那架 U-2 偵察機。當蘇聯人展示鮑爾斯未受損傷的飛機時，這種說法就丟臉丟大了。美方監視人員報告說，有聽到蘇聯戰機飛行員跟隨在後，強迫鮑爾斯降落時的聲音。美國政府官員透露，那架 U-2 是因為空中熄火才落地的。

在華府，這起事件令人感到錯愕。因為美國人還未適應這樣的間諜活動，所以偵察機被俘虜，他們幾乎不曉得該怎麼做。一開始美方宣稱，U-2 是氣象飛機，而且必定是「偏離」了航線。最後才相當笨拙地承認，那架飛機真是去進行重要的情報蒐集任務，是去拍攝俄國的飛彈基地。

赫魯雪夫裝出義憤填膺的樣子，批評美國高層搞出「不道德」的間諜刺探行為。他同時宣布，取消艾森豪訪俄行程。幾天之後，他利用鮑爾斯事件來破壞巴黎高峰會。

　　同一時間在美國，公民用一大堆問題叮得政府滿頭包。

- 這次是孤立事件，還是多次的偵察飛行任務之一？
- 有違反國際法嗎？
- 這些飛行任務有什麼成果？
- 為什麼先前蘇聯人沒反對這類任務？
- 這些飛行任務應該繼續下去，還是從此終結？
- 既然蘇聯已俘獲一架 U–2 偵察機以及機上所有配備，美國政府是時候合理告知內情，有關美國這種相當精密的國防裝備，已經在蘇俄及共產中國作業 4 年有餘。5 月 1 日這次飛行，只是一直以來在探知蘇聯攻勢戰備的其中 200 多次的任務之一而已。

　　據透露，美國 1956 年首度得悉，共產黨高層已在整體戰略中，正式採納大規模的「偷襲」計畫，於是 U–2 偵察機群奉令升空。這批偵察機一直以離地 12 到 14 英里的高空，飛遍全蘇俄境內——遠超過當時蘇俄任何戰機或防空飛彈能企及的範圍。

　　這麼做合不合法？因為蘇俄向來拒絕磋商領空的國際法，所以這些飛航任務不算非法。林德利（Ernest K. Lindley）總結國務卿赫脫（Christian Herter）的觀點說：

　　「一國領空由地面延伸到多高，國際協議從來沒決定。傳統規則認為，一國領空延伸到它能有效行使控制的高度為止。

依此規則，U-2的飛航，只要飛在蘇聯防空構不到的地方，就不算非法。」

那麼，U-2的效能如何？國防部長向參議院外交委員會報告說：

「根據這些飛航任務，我們取得空軍基地、戰機、飛彈測試及訓練、特殊武器儲藏、潛艦生產、原子彈生產及戰機部署等等情資。」

這是怎麼辦到的？空軍公布是利用機上表現令人感到驚歎的高精準照相設備做到的。照相設備可以從離地9英里高空，拍到一顆高爾夫球。事實上有張公布的相片，就是從那個高度拍攝到高爾夫球道，果嶺、汽車、俱樂部建築及玩家們都一清二楚。照片圖標寫著「即使是高爾夫球，照片判讀人員都能清晰指認出來」。

但蘇俄及中國幅員如此廣闊，精準照相如何能有效涵蓋這麼廣的範圍？空軍回答說，偵察機上用的照相設備不僅高精準，還超廣角。官員們指出，兩架攜帶這種特殊照相機的U-2，能在4小時內拍完三分之一個美國領土。

赫魯雪夫發言抨擊U-2偵察機期間，不小心說溜嘴，講自己知道這些飛機已逾三年。有些人就質疑他何以沒早早提出抗議。專家指出，若是赫魯雪夫抱怨過，那麼他宣傳誇稱蘇聯國防戰力牢不可破，牛皮就吹破了。他一直宣稱，蘇聯雷達、噴射戰機及防空飛彈可以阻止任何國家攻擊蘇俄。

U-2的照片揭露，蘇聯面對大規模報復攻擊時，其國防破網會很大。這就是為什麼要等到蘇俄終於抓到一架U-2偵察機後，才能宣稱擊落了該機。蘇俄甚至成功讓鮑爾斯在莫斯科審判時供稱，他是在離地6.8萬英尺高度遭擊落。只是當鮑

爾斯父親前往探視的時候，鮑爾斯卻說自己不是被擊落的。這件事似乎證實華府軍方的聲明，即蘇俄無戰機也沒防空飛彈可以抵達6.8萬英尺的高空。

至於未來 U-2 出任務的問題，終於在艾森豪總統同意未來不再派遣以後，獲得了解決。總統明白表示，倒不是因為 U-2 飛行任務不合法或師出無名，而是因為美國很快就有其他手段可以一直取得蘇聯基地的資訊。1960年5月23日，美國成功發射第一顆米達斯（MIDAS）人造衛星上去地球軌道。火箭載酬達3,000英磅，所載的衛星技術設備，旨在偵測全球各地的飛彈發射。

幾個月後，美國再發射薩摩斯（SAMOS）衛星。薩摩斯特別設計用來在300英里高空，拍攝蘇俄及中國，每94.5分鐘便繞行地球軌道一次。當然，從300英里高空拍攝，必須有格外驚人的攝影技術輔助。美國空軍透露，薩摩斯衛星上的鏡頭，可以拍攝並辨識任何大於1平方英尺的物品。

RB-47 事件

1960年7月1日，1架美國 RB-47 偵察機在巴倫支海（Barents Sea）上空消失。蘇俄假意幫忙搜尋失蹤偵察機幾天，再坦承是蘇軍擊落了該機。機上人員除兩人以外均告殉職。蘇聯人說，他們把兩名倖存者扣留為戰俘。

美國震驚了。艾森豪總統向蘇俄提出他任期間最義憤填膺的抗議之一。蘇俄宣稱，擊落那架偵察機，是因為它侵犯俄國領空，一如 U-2 事件。美國大使說，這個指控全然不實。他指出飛機一直在英方電子監控下，而且美國已準備好證明那架

RB－47 從沒靠近到離蘇俄邊境範圍外 30 英里的地方。

1960 年 7 月 26 日，美國敦促聯合國進行公正的調查，以確定這次無可饒恕、非法，以致造成 4 名美國人喪生、2 人被綁架的攻擊行動其責任之歸屬。這項要求提交安理會。會中一致同意應由聯合國調查。除非對涉嫌違法行為進行調查，否則如何執行聯合國憲章？只是，聯合國並沒有調查。蘇俄否決了提案。

義大利代表接下來動議，說國際紅十字會應獲准探視 2 名美國倖存者。蘇俄也予以否決。

大多數美國人沒能理解這次在聯合國的完全慘敗有什麼不可告人的含義。蘇俄再度違反聯合國憲章前兩條，而且逍遙法外。媒體與民眾並未特別抗議，也沒有全面呼籲把蘇俄趕出去。眾人並未強烈要求再徹底檢驗聯合國的架構。綜觀美國，學童們仍被教育說，聯合國是人類和平正義的唯一希望。

太空競賽

1957 年 10 月，蘇聯發射第一顆史普尼克（Sputnik）衛星而震驚世界。史普尼克一號是根據戰後竊取自美國的計畫而建造，10 月 4 日成功進入地球軌道。

美國立即進入「恐慌生產」模式，想迎頭趕上。然而，美國飛彈專家堅持要做廣泛的實驗性行動，而非焦點單一的速成計畫──蘇俄似乎在追求後者。長期來看，美國的方法很快就開始奏效。俄國持續增加飛彈酬載，但美國開始取得質量優秀得多的科學數據。美國衛星及飛彈團隊逐漸超前。

到了 1960 年 4 月 1 日，美國把性能優異的「提洛斯一號」

（TIROS I）衛星射上高 450 英里的地球軌道，每 99 分鐘便可環繞地球一圈。這部太空儀器裝有太陽能板，憑以操作由地表控制的電視攝影鏡頭，把氣象圖像傳輸回來。當時它是史上放到太空上最成功的拍攝工具。

1960 年 8 月 11 日，美國成為第一個把人造衛星由軌道全具收回的國家。那顆衛星重 300 磅。8 月 12 日，美國把一個充飽的氣球放上太空。氣球高度有如 10 層樓建築，被形容為是「第一枚廣播鏡」，供龐大的衛星通訊網使用。1960 年同時也是美國從水下浮航的潛艦發射洲際彈道飛彈的頭一年。這一點意味蘇俄再也不能偷襲西方世界，因為美國能在移動的海上飛彈基地發動大規模的報復行動。

官員們指出，未來的衛星會攜帶紅外線感測器，能夠監測到共產黨的原子試爆及彈道飛彈的發射。這些感測器能追蹤飛彈飛行的路徑。美國準備已久的米達斯、薩摩斯人造衛星於 1960 年及 1961 年初便安置在軌道當中。

酬載多寡在美國臨近把人類送上太空時，更顯重要。當時團隊保證大約在 1963 年會出現 16 噸的衛星。專家們甚至承諾，美國會比這更早之前就派人上太空去。

由於無從得知蘇聯人是要做到怎樣的程度，所以美國在這種壓力催促下，把財富及國力都投注到太空競賽去。到了 1961 年，美國的成績似乎相當可觀。

人造衛星	美國	蘇俄
迄今太空發射次數	32	7
仍在軌道	16	1
進入太陽系軌道	2	1

仍在傳輸信號	9	0
成功發射月亮登陸器	0	1
由軌道回收衛星	4	1

共產主義進軍非洲

1960 年局勢清楚顯示，共產主義征服非洲的時間表已經安排好了。1953 年，共產黨高層立下志願，到 1960 年代，「革命浪潮將席捲整個非洲大陸，帝國主義者及殖民主義者，很快就會被趕進海裡」。他們同時明白說出，經由煽動及挑釁的方式激發出「革命浪潮」，是共產黨拿下非洲的主要謀略。

然而到 1960 年，原本殖民非洲的歐洲國家正忙著以和平手段，籌備讓當地人民獨立、自組政府。從共產黨立場看來，那會造成他們的失敗。共產黨高層曉得，任何由當地人組成的組織良好的政府，無疑就會抗拒蘇、中共產黨的支配。因此他們決定，要鼓動當地人在真正準備好自治之前，馬上要求自由。共產黨人推估，這樣做將會引起混亂，他們就有可能接管大權。非洲當地發生的情況正是如此的發展。

剛果悲劇

比利時屬剛果 1960 年發生的一連串事件顯示，過早把自治政府交給本土人民結果會很慘。那起悲劇卻因為當地人早已獲得承諾，將在 1964 年取得獨立而變得更加複雜。結果，剛果人的起義，與獨立的關聯性並不如「現在就獲得自由」來得大。

要綜覽全貌，必須了解在 75 年前，比利時人首度前來剛

果定居時，當地是由大約 120 個人類有史以來生活水準維持在最低的食人部落組成。

到了 1960 年，比利時人已在非洲的中心地帶，創造出大量的天然資源財富，大多集中於卡坦加（Katanga）省，產量是全球 75% 的銅、60% 的鈷、絕大多數的鐳及大量的鈾、鋅等金屬。

比利時人跟法國、英國人一樣，原本希望先讓原住民學懂工藝技巧，逐步承擔責任而成立穩定的政府，再發展自治政府。假如新政府管理完善，商界領袖及投資人也會樂意承受政權轉移的風險。在這種相當和樂的背景中，眾人同意剛果在 1964 年取得獨立。比利時人同意給計畫中的新政府慷慨貸款，另允諾比國文職公務員與當地人共事好幾年，直到剛果人能安全過渡為止。

可接下來盧蒙巴（Patrice Lumumba）從布魯塞爾的剛果獨立圓桌會議衝回國內，高喊當時共產黨的主旋律：「馬上、馬上、馬上獨立！」盧蒙巴以前在史丹利城（Stanleyville）擔任郵局文書，曾到布拉格的共產黨特別學校受訓，其兄弟住在莫斯科。他力圖當上剛果最左派團體的首腦，在當時擁有很高人氣。比利時官員感受到他的要求中帶有威脅的味道，並認為有可能爆發跟阿爾及利亞一樣的內戰。因此，比國政府突然同意進度提前，1960 年 6 月 30 日就讓剛果獨立，而非等到 1964 年。

比利時人認為，這樣或許能滿足盧蒙巴。因此，政府在既定的日期移交給他。但盧蒙巴一當上總理，他馬上發表爆炸性的言詞，全面攻擊「白鬼」，尤其鎖定「比利時人」。整個「和平轉移」的結構一夜之間消失無蹤。

剛果部隊領略到盧蒙巴透露出來的意思，馬上反叛其白

人上司，很快就變成失控的暴徒。他們橫掃主要城市的白人區，打人、搶劫、性侵。隨著暴力傳開，白人驚恐地逃離剛果。有些人暫時擠到各大使館，有些人衝往機場。在雷堡城（Leopoldville），醫生們估計逃抵該機場的女性中，至少四分之一曾遭人性侵，有些人還遭性侵十多次。

白人撤離剛果，讓當地政府、學校、醫院及商業服務幾乎變成真空。剛果本土民眾識字率為非洲最高之一，但全國人民當中，本土工程師或醫生一個也沒有，大學畢業生也不多。

比利時政府為避免剛果全面崩潰，並保護逃走中的白人，於是派出傘兵。然而盧蒙巴看待那些傘兵為敵人，呼籲聯合國派部隊前來。但聯合國部隊一抵達，他態度馬上轉成反對，邀赫魯雪夫派共產黨精兵前來接管全剛果。共產黨的戰機、卡車、裝備、技師及宣傳人員很快絡繹而至。盧蒙巴開始把土地集體化，組成軍隊想把聯合國及比利時部隊趕走。他還大規模屠殺人民，舉止好比受過全套訓練的共產黨獨裁者。在開賽省（Kasai），盧蒙巴的部隊殺光巴盧巴族人（Balubas），而他的國安頭子、外甥歐蒙農貝（Omonombe）則親自指揮屠殺巴克萬加（Bakwanga）族。有人想拯救婦孺傷者，還遭到阻止。

儘管如此，聯合國秘書處還一直支持盧蒙巴，視他為政府合法元首。

但剛果人民受夠了，他們覺得自己被出賣了。9月5日，總統卡薩武布（Joseph Kasavubu）向全世界宣布，他罷黜盧蒙巴的總理職務。同一天，盧蒙巴自己的部隊也強烈地反對他。陸軍總司令蒙博托（Joseph Mobutu）把咆哮大叫的盧蒙巴關進牢裡，再叫他的共產黨徒眾馬上滾離剛果。

凡此種種，大多數人看來都是往好的方向發展，但是讓剛

果人及局外觀察家都吃驚的是，聯合國秘書長哈馬紹繼續使用自己在聯合國的權責來替盧蒙巴說情。敢於負責的剛果人如總理沖伯（Moise Tshombe）就開始質問哈馬紹站在哪一邊。

一開始，哈馬紹派在剛果的個人代表，是擔任聯合國助理秘書長的美國黑人班奇（Ralph Bunche）博士。只是，等到本奇未能辦到叫剛果人接受共產黨宰制的盧蒙巴政權時，他就被撤換了。接替他的聯合國官員是印度人達耶爾（Rajeshwar Dayal）。卡薩武布總統對達耶爾的政策一樣起疑，所以達耶爾的剛果任期很短。到 1961 年 1 月，卡薩武布就寫了兩封信給哈馬紹，要求聯合國換掉達耶爾，原因是他「太偏頗」。

1960 年下半年及 1961 年上半年，盧蒙巴充滿暴力的部隊繼續在剛果的中、北部施虐。媒體報導談及修女被性侵，白人慘遭其他暴行。接下來在 1961 年 2 月初，突然有消息傳出，盧蒙巴已逃離卡坦加，一般認為應該是要前往剛果中部，與他的部隊會合。由於盧蒙巴身兼共產主義及暴力的頭號喉舌，卡坦加省長懸重賞，要取他項上人頭。幾天之後，消息傳出，盧蒙巴已被剛果當地人抓到、處死。

莫斯科立刻傳出暴怒喊叫，聯合國抗議聲也大肆傳來。卡薩武布總統及沖伯總理實在無法理解，在盧蒙巴把剛果化為血海之後，聯合國秘書長哈馬紹怎會那麼固執，在情感上那麼關切盧蒙巴。

當哈馬紹試圖強迫卡薩武布總統成立共產黨聯合政府之際，剛果人又吃驚了。當初東歐國家正是走那條路，才淪落為蘇聯的附庸國。聯合國官員試著強迫沖伯，叫他斬斷與比利時一切關係，開除他的比利時顧問，此時沖伯更憤怒了。沖伯譴責哈馬紹想趕走比利時人，以便遂行聯合國奪權。這種狀況真

的在 1961 年 9 月發生了。哈馬紹下令聯合國部隊攻打卡坦加，一時迫使沖伯離開政府。取代他的人是共產黨頭子的左右手——基贊加（Antoine Gizenga）。

然而，沖伯以「不自由毋寧死」為戰呼，集結人民到他麾下，反聯合國征服的戰爭展開。在聯合國支持的政權被推翻前，哈馬紹飛往非洲想斡旋停火。途經卡坦加時專機墜毀，哈馬紹身亡。杜德參議員在華府對參議院演講說，哈馬紹的行為，一直是想把整個剛果推進共產陣營。他另譴責國務院犯了大錯，使用美國的資金去支援聯合國征服剛果。

整起剛果事件期間，很多美國人還認為聯合國實際上是想保護剛果，不被共產黨奪走。他們會有這種結論，是因為赫魯雪夫曾激烈批評哈馬紹的剛果計畫。今日看來，赫魯雪夫與哈馬紹之間的對抗，顯然與共產黨占領剛果一事無關，因為兩人追求的是同一個目標。他們吵的只是：一旦共產黨掌權，剛果政府要由誰控制。

第十一章

古巴被共產黨赤化

卡斯楚

The Communist Conquest of Cuba

現在，我們把焦點放在古巴身上。

1960 年，世界注意力聚焦於剛果事件，然而更為嚴重的事情正在離美國海岸僅 90 英里發展。震驚的美國人好幾個月來，一直看著卡斯楚（Fidel Castro）完全脫下他佯裝的「古巴的喬治‧華盛頓」形象，洋洋得意地以自己的真正角色、硬派共產黨陰謀家來描繪自己。

盧蒙巴本想在剛果做的一切，卡斯楚真的在古巴辦到了：人民公審、大規模處決、充公產業、國土集體化、中止公民權利、停止民主過程，進而與鐵幕結盟。凡此種種，都變成卡斯楚政權的指標性產物。

數百萬美國人民對此失望透頂。他們在《紐約時報》讀到馬修（Herbert Matthew）寫的親卡斯楚文章，在電視上看到名流把卡斯楚形容成古巴救星。

然而，若以研究的目的來看，忽略卡斯楚與共產黨的關聯，是怎麼也說不過去的。多年來他一直認同共產黨領袖，支持共產黨反叛、他們的意識形態及計畫。即便這類證據付之闕如，哈瓦那及波哥大警察部門裡的官方檔案，也該讓那些最掉以輕心的觀察者了解，卡斯楚絕非古巴的希望。即便在他還沒自法學院畢業前，卡斯楚忽黑忽白的人生，就已前科累累，犯過很多罪，包括持槍射人、縱火、叛亂及謀殺。

卡斯楚是何許人也？

卡斯楚的父親安傑爾‧卡斯楚（Angel Castro）很有錢，擁有蔗糖農場。他跟農場女傭通姦，生下五個私生子女，其中之一便是卡斯楚。傳記作家指出，卡斯楚早年成長背景，不適宜

培養出人格中的最佳特質。

卡斯楚上中學的時候，成績平平，但天性強勢、有野心、很叛逆。他在學校未廣獲喜愛，為了克服人氣不佳，他決定做出驚人之舉引起關注，於是騎上腳踏車，全速衝往一座高大石牆。這件事使他昏迷了好多天，有些專家很好奇卡斯楚是否真有復元。

16 歲時，他得到了一把槍，卻因為成績不佳跟老師吵架，進而想殺老師。卡斯楚 19 歲時，已決心要當律師。他爸便送他去哈瓦那大學升學，以完成心願。然而，在踏入校園的那一瞬間，他就認同校園裡最激進的團體，還加入一群披頭族，以不修邊幅、邋遢為傲。迄今在哈瓦那大學，人家還以卡斯楚的綽號「骯髒球」（Bola de Churre）來稱呼他。

卡斯楚對迪亞茲—巴拉特（Rafael Diaz Balart，此人後來變成卡斯楚的姻親）說，他打算當上學生會主席，然後動用這種地位來慫恿學生們變成革命部隊，而最後讓他當上古巴的政治領袖。雖然他既嫉妒又野心勃勃，終究沒當上學生會主席，反而炮製出他人生第一次的意圖謀殺案，時間點在 1947 年。

被害人高梅茲（Leonel Gomez），是哈瓦那第一中學學生會主席，人氣很旺。卡斯楚出於「政治理由」，開槍打中高梅茲胸膛，存心要他的命。很幸運，高梅茲槍傷痊癒。只是，以為他會死而逃離哈瓦那的卡斯楚，跑去加入共產黨指導的遠征隊，部隊正加緊訓練，打算入侵多明尼加共和國，推翻特魯希略（Trujillo）。遠征還沒發動前，卡斯楚聽聞高梅茲康復了，因此評估自己可以平安地返回大學。

卡斯楚第二次蓄意殺人，就成功了

到了 1948 年，卡斯楚對自己政治前途信心大增，他下定決心之後，其他什麼都休想攔阻了。他已成功當上大學恐怖組織的頭子，1948 年 2 月 22 日，他用機關槍殺死大學學生聯合會前主席兼朋友桑伯（Carlos Pucho Samper），另有兩人受傷。卡斯楚因這起謀殺案被捕，但調查做得不徹底，他獲得釋放。有人懷疑法官受到影響，因為卡斯楚的另一名同夥，是古巴總統的姪子。

事後不久，他前往哥倫比亞首都波哥大。卡斯楚的學生運動已引起蘇聯幹員的注意，他們想找火爆浪子，帶頭顛覆拉丁美洲國家。卡斯楚奉令前往波哥大，還帶了品諾（Rafael del Pino）隨行。有鑒於他最近觸犯法律，現在消失一段日子，似乎是不錯的時間點。

在波哥大暴動中，擔任蘇聯的代理人

1948 年 4 月，全球聚焦哥倫比亞波哥大，第九屆泛美聯盟會議（Inter-American Conference）正要在當地舉行。會議是依美國國務卿馬歇爾指示舉行。蘇聯策略家擇定這個場合，發動由共產黨指揮的暴動，目的是要推翻哥倫比亞保守派政府，破壞泛美聯盟會議。

哥倫比亞國家安全首長尼諾（Alberto Nino）1949 年出書談論這次暴動，書中對卡斯楚著墨甚多。尼諾談及，卡斯楚及品諾一抵達機場，就受到監控。「這兩人前來，是代替兩個駐在古巴的蘇俄間諜，哥倫比亞警方已知道蘇俄人員的計畫，預

料他們會來。結果來的卻是這兩個……4月9日以前，由他倆取得的一張電報說，有個俄國人來了。」

尼諾跟他手下發現，計畫中的暴動，帶頭的不是哥倫比亞共產黨，而是一群步出蘇俄駐波哥大使館的「國際共產黨人」。他們共有9人，是代替蘇聯官方打頭陣的。卡斯楚及品諾是其中兩人。

發動暴亂時，先由共產黨人員殺死哥國最有人氣政治領袖蓋坦（Jorge Gaitan）博士開始。共產黨事先印好傳單，把蓋坦的遇害歸咎於政府，慫惥哥國人民洗劫波哥大市來報仇。一個小時內，波哥大市就被轉變成暴力、縱火破壞的殺戮場。

尼諾發現，蘇聯安排好一群人，搶在暴民之前穿過波哥大市，砸開鎖頭，打開店鋪及倉庫。暴民洗劫建築物之後，另一群人再進來，把汽油噴灑到地板及牆壁。最後由訓練有素的縱火者，有條不紊地燒掉這些房子，完全把市中心給吞噬掉。

等到這一切結束時，「摧毀市中心的工作就完成了。」收藏大部分民事、刑事紀錄的司法大廈（the Palace of Justice）殘破到只剩地基。大學、教堂、商店及其他公共建築物被焚毀。總計136棟主要建築物被毀，換算損失超過2,100萬美元。警方與暴民交戰結束後，逾1,000具屍體棄置在街頭。

有些卡斯楚的傳記作者試圖掩飾他跟波哥大暴動的關聯，但波哥大警方表示，刑警取得一張「通行證，目前由刑警隊保存著，上頭有兩個古巴人的照片，證實他倆是蘇聯第三陣線（Third Front）派來的高級特工。」

證據進一步發現，卡斯楚與品諾顯然奉命安排刺殺蓋坦。他倆的活動經完整披露，以至於裴瑞茲總統進行全國廣播，譴責那兩個古巴人是「暴亂中的共產黨領導人」。

等到情勢明朗，暴動失敗，卡斯楚與品諾很快回到古巴。

卡斯楚第三次殺人

然而，卡斯楚剛返國，就知道哈瓦那警察局警佐卡拉爾（Fernandez Caral），一直在仔細調查那年稍早發生的機關槍謀殺案。此時他握有確切證據，認定是卡斯楚幹的。卡斯楚馬上召集他的同夥，等他們發現有機會時，便在 1948 年 7 月 4 日殺害卡拉爾。

警方在哈瓦那撒下天羅地網，同一日卡斯楚便被逮捕，控以謀殺罪。但此時警方才有機會領教卡斯楚擁有的影響力。他們很快發現，目擊謀殺案的人都害怕卡斯楚恐怖團夥的報復，沒半個人出面指證。警方只好再次被迫釋放卡斯楚，而他很快就溜去躲起來。

從此之後，卡斯楚在古巴的地下革命黨中成為一股不可忽視的力量。

到了 1948 年，錢伯斯、班特萊的自白，以及一堆的美國共產黨人投誠，暴露蘇俄想把全世界人類蘇維埃化的陰謀。結果便是一波強大的反共情緒在各地興起。由北到南，西半球各地共產黨收到指示，先躲藏起來，要透過「陣線」來工作。

在古巴，卡斯楚決定，該與奇巴斯（Eddie Chibas）的改革運動「正統黨」（Orthodox Party）結盟。奇巴斯很快就察覺有點不對勁，警告盟友說，卡斯楚不僅是共產黨，而且有遂行幫派型暴力革命的傾向。這項警告阻擋了卡斯楚，沒讓他進一步由該黨高層取得更多權力，但仍准他留在黨內。

古巴巴蒂斯塔政權

　　1952 年，古巴又該舉行大選了。一如往常，各方都威脅要發動革命。候選人有的遭受肢體上的攻擊，有的人還血濺現場。古巴陸軍裡開始出現耳語，某些政治派系打算動用軍方奪權及恢復秩序。巴蒂斯塔（Fulgencio Batista）將軍突然間決定，就由自己來奪權和恢復秩序吧。

　　要想評價巴蒂斯塔政變，必須了解古巴自獨立以來，在一段很長的歲月裡，那個國家從來沒有真正的民主或穩定的自主政府。古巴的政治史就是個悲劇，由不合法的選舉、暗殺、政府無效率、貪瀆、裙帶關係、威脅恫嚇及獨裁所組成。雖說常辦普選，但選務辦得那麼貪腐、詐欺，以至於從來無法肯定「當選」的官員，是否真是人民所選的那一位。敗選的人經常成為革命黨派的領袖，試圖奪權。如此導致當權黨派的專橫報復，故此，人民起義及軍方鎮壓相繼而起如走馬燈，政治鐘擺來回於「上台」、「下台」之間。

　　就巴蒂斯塔將軍而言，1952 年也不是他第一次利用軍隊奪權，讓國家恢復秩序。早在 1933 到 1934 年間，他穩住民間的動盪時間夠久，以至於到可以選出新總統為止。只是當人民對任何一個總統候選人都不滿意的時候，他終於出來參選且當選。1940 年，古巴施行新憲法，而 1944 年大選時，巴蒂斯塔卻敗選下台。

　　接替巴蒂斯塔的連續兩個政府，都極端貪腐、貪污，再度摧毀人民對民主選舉的信心。到 1952 年，政客快把古巴的經濟穩定也毀掉。巴蒂斯塔自己也是總統候選人，但他覺得那次選舉是個騙局，進而可能引發內戰。這讓他理直氣壯地認為，

情勢已危急到要讓他再次發動軍事政變,再次掌權,再次成立臨時軍政府。

當巴蒂斯塔中止選舉、解散國會之際,美國及古巴兩地都生氣怒吼了。只是,他勇往直前,提出四路並進的政綱:

一、透過農業多元化、加速工業發展,穩定古巴經濟;
二、加強與美國的政、經關係;
三、抵抗共產主義;
四、提升古巴生活水準。

他另向美國大使保證,自由選舉不會晚於 1957 年舉行。

到了 1957 年,根據國際貨幣基金(IMF)的排名,古巴的人均收入是拉丁美洲 20 個國家中的第 4 名。雖說數字只有美國的六分之一,卻相當於義大利人均收入的 90%,遠高於日本,且是印度的 6 倍有餘。美國商務部報告說,「古巴的全國所得,是全拉丁美洲已達到讓人民可以享有最高生活水準的國家之一。」

巴蒂斯塔的傳記作者們都同意,這位將軍不是拉丁美洲常見的那種「軍事強人」。事實上很親近勞工,而且會試著說服人民相信,他打算執行的是親民而非獨裁的政策。態勢很快就明朗,巴蒂斯塔正把古巴打造成觀光勝地,大發觀光財,而且吸引大量美國資金前來開發工業。

另外情勢也很明顯,古巴正逐漸改變,由蔗糖、緊身衣的生產地,轉化成為工業、農業、觀光業更平衡的經濟體。工資上漲 10% 到 30%,而且很多古巴工人首度取得健康、意外及醫療保險。1950 到 1958 年間,全國整體收入扣除通貨膨脹率

的 10% 之後，還跳升 22%。

當巴蒂斯塔遭推翻時，古巴正在進行的，其實是前途光明的開發。

政治方面，巴蒂斯塔政府與古巴的過往沒兩樣，免不了貪污舞弊。武裝反叛不時出現，巴蒂斯塔以暴制暴，少數派叛變了，他便暫停民權，實施全面軍事控制。只是他堅稱，一旦局勢穩定下來，他願意舉辦大選，而且一如 1944 年那樣，交由人民來決定並遵守投票結果。他的敵人，特別是卡斯楚，則揶揄這種承諾，並譴責巴蒂斯塔反對憲政政府。歷史紀錄顯示，有好幾次，巴蒂斯塔試著放鬆管制的韁繩，古巴就馬上爆發暴力事件，所以他再次勒緊。

然而正是在卡斯楚的革命時期，巴蒂斯塔的政治誠信是有確實地展現出來。他按早先承諾，宣布於 1958 年 6 月 1 日舉行大選。他敦促卡斯楚恢復和平，以便判定人民的意志。

卡斯楚回應以嗜血的文告，文中宣布，截至 1958 年 4 月 5 日，任何人還留在政府的行政部門，就會「被視為叛國罪」。他說，大選的參選人必須立刻退選，不然就得面臨「有期徒刑 10 年到死刑」的處罰。他授權手下的革命民兵在大城小鎮，斷然射殺還執意參選的人。

有責任感的古巴人如斯特林（Marquez Sterling）博士去到卡斯楚在山區的據點，向這位革命領袖懇求，請他別再殺人奪命，允許大選進行下去。卡斯楚傲慢地拒絕了。選舉不能舉行了。

古巴革命激情白熱化時期，很多美國人都錯失巴蒂斯塔所做的重大提議。後來證明，巴蒂斯塔的提議本可以令局勢大為改觀，不讓卡斯楚的共產黨征服計畫得逞而拯救古巴。

稍早，美國大使賈德納（Arthur Gardner）因為敦促支持巴蒂斯塔直到古巴的問題能用選票解決為止，卻被解職了。取代他的人是史密斯（Earl Smith）大使。正當史密斯大使想嘗試說明，卡斯楚顯然正引領古巴及美國，走進俄共設好的陷阱之後沒有多久，他就被嚇壞的國務院給盯上了。

國務院那些嚇到的「專家」為顯示他們全然蔑視大使的忠告，故意執行嚴格的反巴蒂斯塔武器禁運。接著他們得寸進尺。為確保巴蒂斯塔必敗，他們提倡中、南美洲那些國家之間締結協議，也不賣武器給巴蒂斯塔。古巴的結局就神仙也難挽回了。

巴蒂斯塔情急之下，試著向美國購買 15 架無武裝的教練機。美方終於同意。巴蒂斯塔先付了錢，但卡斯楚下令他弟弟勞爾（Raul Castro）發動一項專門羞辱及恫嚇美國的專案。勞爾綁架 30 名美國海軍陸戰隊隊員及水兵、17 名美國平民及 3 個加拿大人。故意恐嚇要殺人質，想強迫美國取消交付那批教練機給巴蒂斯塔。國務院的專家們就乖乖地投降了。

有些美國公民夠勇敢，認為若是小羅斯福總統還在世，他會派海軍陸戰隊迅速降落到卡斯楚在山中的據點，搞到地動山搖，要那個古巴暴君「高高興興」地釋放美國人質，而且不敢要一毛錢。

卡斯楚政變

巴蒂斯塔 1952 年一掌權，卡斯楚馬上投身於反對勢力的前線。如同前文提及，卡斯楚一直用正統黨當門面而工作，但巴蒂斯塔政變之後，他堅持叫正統黨吸收共產黨，設立「人民

戰線」來反巴蒂斯塔。正統黨高層拒絕那麼做，卡斯楚就當即退出該黨，表示要組織自己的運動。

脫黨後不久的 1953 年 7 月 26 日，卡斯楚便攻打位在聖地牙哥的陸軍軍營。那些在營區軍醫院的人下場淒慘（他們被卡斯楚派的突擊者剁成碎片）。卡斯楚的人馬結果也沒有好到哪裡去。他們遭逢泰山壓頂的反擊，或擒或俘。倖存者被刑求致死，以報復他們攻擊醫院的行動。「726 運動」（26th of July Movement）由此誕生。

7 月 26 日的進攻行動中，卡斯楚設法讓自己擔任較不危險的工作，看見突擊事敗便逃跑了，並高喊「大家自己顧自己！」他弟弟勞爾也逃之夭夭。接下來卡斯楚兄弟都被逮捕，判刑入獄。哥哥被判刑 15 年，弟弟 13 年。只是，兩人都只坐牢 22 個月，因為在巴蒂斯塔平息這起預謀叛變之後，就替兩人減刑了。

巴蒂斯塔這種政治寬大的姿態，卡斯楚兄弟只回報以輕蔑。1955 年 7 月，他們倆人離開古巴，宣稱要很快組織入侵部隊返國，把巴蒂斯塔拽下台，「解放」古巴。

攻打古巴行動的總部設在墨西哥市附近。各路人馬前往當地，為卡斯楚所謂解放古巴效力。有些人是巴蒂斯塔的政敵，有些是投機分子，而許多人則是真誠的解放派。只是，一如非洲剛果的盧蒙巴，邪惡的強硬派共產黨馬上就進占核心，提供「指導」。

卡斯楚的幕僚長最後是切‧格瓦拉（Ernesto "Che" Guevara），這位阿根廷共產黨員是由蘇聯的組織「技術支援」（Assistencia Tecnica）派來與卡斯楚共事的。勞爾最近往布拉格、莫斯科及共產中國走訪一趟，期間受到很多訓練。因此他獲任為卡斯楚

軍隊的司令官。其他受訓過的共產黨人則熟練地安置在整個行動的不同層面。

雖有這些訓練、詭計與計畫，卡斯楚部隊著名的「入侵古巴」行動最後是以完全失敗收場。他的總兵力只有區區 82 人，1956 年 11 月 19 日他們爬上一艘會滲水的遊艇出海。遊艇船長叫卡斯蒂略（Hipolito Castillo），是蘇聯專責顛覆拉丁美洲組織裡的知名戰略家。那條性能很差的船慢慢地駛抵古巴，他們涉水上岸，進行英勇的入侵行動，卻被敵火給分散了。大多數人不是被擊斃，便是被擒。

卡斯楚設法逃到山區，最後循路到標高 8,000 英尺的馬埃斯特拉（Sierra Maestra）山脈。抵達那裡時，他的部隊人數只剩個位數。切·格瓦拉在這裡接手，開始動用宣傳及戰術策略，支配了毗鄰地區，逐漸召集其他人投入麾下——尤其是「充滿活力、理想及信仰」的古巴年輕人。如此，充滿革命之火的業餘部隊開始建立起來，很快地內戰便擴散到全古巴。

兩大因素導致卡斯楚的革命在最後取得勝利。首先是因為蘇聯，而第二則是美國。

以往待過鐵幕的勞爾·卡斯楚，跑了幾趟俄國及捷克斯洛伐克，籌措軍火及資金。武器由潛艦運來，資金則透過信差。革命最後幾個月，觀察家對卡斯楚軍隊使用大量捷克與俄製裝備吃驚不已。卡斯楚能動用大量金錢，一樣讓他們大感驚訝——發餉、伙食、裝備、烈酒、賄賂及給好處，處處要用錢。

另一頭的巴蒂斯塔則發現，自己面臨的狀況剛好相反。基於他的親美政策，他認為當爭奪古巴到了關鍵時期，他能夠依賴美國賣他武器及補給。使他震驚的是，他發現自己採購美製武器的要求，無人聞問。他不曉得的是，馬修、艾德·蘇利

文（Ed Sullivan）、菲爾普絲（Ruby Phillips）、杜布瓦（Jules Dubois）等一大堆作家及輿論帶風向的人，都在讚賞卡斯楚，詆毀巴蒂斯塔。在國會，參議員摩士（Wayne Morse）、眾議員波特（Charles O. Porter）及眾議員鮑爾（Adam Clayton Powell）聯合起來，支持卡斯楚的革命事業。這些「羅賓漢」式的宣傳戰肯定造成影響。

與此同時，助理國務卿盧巴頓（Roy Rubottom）及加勒比海司長韋蘭德（William Wieland）這兩位照說知道古巴正發生什麼的人，只了無生氣地安撫所有發問的人，說卡斯楚是古巴的希望，完全沒受共產黨的污染。直到 1959 年 6 月（當時已經太晚了），波特眾議員還對同仁保證說，「國務院裡沒人相信卡斯楚是共產黨人或同情共產黨，其他任何相關人等，沒半個想搞清楚卡斯楚的真實背景。」

當然，隨著時間演進，古巴走向無情的厄運，歷史進程使這位眾議員及國務院大感尷尬。古巴革命的最後幾個月，美國的政策撞到死巷，權威人士自此把古巴政策歸咎為「愚蠢、無能，甚至更爛」的同義詞。

共產黨奪下古巴

1959 年元旦，卡斯楚成為陷入茫然而厭戰的國家──古巴在政治上的大當家。巴蒂斯塔已經逃走，所有反對勢力都已被碾碎。許多美國自由派及不明究理的報紙讀者，都高呼萬歲，彷彿自由及行憲政府終於降臨古巴。

只有學習國際問題的讀者們看見不祥的預兆，認為古巴的苦難及流血才剛開始。第一波警訊乃是共產黨媒體狂喜吹噓

「他們」已經贏了。在莫斯科，《真理報》（*Pravda*）指出，自卡斯楚運動伊始，「本黨便認為自己的首要責任，在援助反抗志士，給他們指引正確方向，並支持人民群眾。卡斯楚政黨帶頭為土地而戰，故此在農民之間威信大增。本黨……對古巴大眾及卡斯楚各方面都感興趣……」

古巴共產黨也公開出來吹噓，說他們在這場革命行動中貢獻良多，而「推翻那個充當帝國主義利益的走狗，受帝國主義支持的巴蒂斯塔血腥暴政」。

假如巴蒂斯塔將軍讀到《真理報》這個說法，他一定很好奇文中所說的「帝國主義」支持是打哪兒來的。假如共產黨人指控他享有美國的支持，共產黨才真是搞不清楚狀況。

卡斯楚一掌權，就用暴民司法組成的革命法庭，把 600 人給槍斃了。美國自由派形容這樣的刑罰「嚴酷，但活該」。接著卡斯楚動手執行「改革」運動，體現標準的共產黨特色。

充公土地，把古巴工人安排到其實是大型、蘇維埃式集體農場的地方。

沒收價值逾 10 億美元的美資工業，而卡斯楚既沒有技術人員也沒資金來經營。

分解古巴的家庭生活，把學齡兒童送到特殊農場公社，以便「孩子接受教師的影響，而非家人的」。

重組學校，讓它們充當宣傳的傳送帶，而供應共產信條及「仇恨美國佬」的一系列宣傳。

中止公民自由及其他憲法保障的權利。

廢除自由選舉。

掌控所有報紙、電視、廣播，供政府宣傳之用。

斬斷與美國的一切文化、政治、經濟關係。

與蘇聯結盟。

承認共產中國。

與共產集團進行貿易。

雖說共產機器於 1959 到 1960 年上半年把這一切陸續上線運作，但很多替卡斯楚辯護的美國人依然堅稱，他既不是共產黨也不是獨裁者，一切只是「誤會」。他們抓住每一小塊有希望的古巴新聞指出，卡斯楚「現在可能變得較理性」或者「卡斯楚正在改變中」。

但這些做夢、盼望式的幻象，等卡斯楚 1960 年應赫魯雪夫的召喚，以共產黨集團成員身分前往聯合國「展現力量」時就破滅了。在卡斯楚入住的哈林區總部，兩名獨夫溫暖擁抱。他們是兄弟兼同志。

鑑於鐵幕終於隆隆作響地屹立於小小古巴島，或許有些美國人偶然會回想起，1957 年馬修在《紐約時報》所寫的文章，筆下的卡斯楚是如此光明。他寫道，「卡斯楚有堅強的自由、民主、社會正義的理念，亟思恢復憲法，舉行選舉。」

其他選錯邊的美國人此後則說，「一切是這麼倒楣。或許古巴就是在劫難免的事。」

最後這種說法，聽來滿熟的。艾奇遜想解釋何以美國丟掉中國大陸時，白皮書的主軸正是如此的說法，他的藉口說是「在劫難免」。但魏德邁報告卻揭露，美國之所以會失去中國，是因為愚蠢、無能，甚至更糟透的原因。中國會失去，是在中國為生存而戰時，美國國務院竟對長久盟友實施武器禁運。類似的思維也促使對巴蒂斯塔實施武器禁運。因此兩個盟國都丟了，都死在共產黨的手裡。

凡此種種，導致前古巴大使賈德納悲傷地評論說：

「我們本可以阻止，但沒做。若是我們實現與巴蒂斯塔關係正常化，執行我方的約定，他（巴蒂斯塔）可以按照時間表抽身，搬來佛羅里達居住，而由理想的候選人接手。」

　　有人問賈德納：「由親巴蒂斯塔的人接手？」

　　「不對，會由斯特靈醫生（Marquez Sterling）接手，人人都愛他，而他是巴蒂斯塔的對手。諷刺的是，雖說他反巴蒂斯塔，但他非得離開古巴不可，這都是因為卡斯楚的關係。」

　　1961 年的許多事件顯示，美國對古巴的局勢還是沒有給予足夠的關心。過往犯的悲劇、錯誤，都沒比 1961 年 4 月 17 日發生的致命大錯更加淒慘。當時，美國嘗試在豬玀灣（Bay of Pigs）入侵古巴，但諸般條件注定攻擊還沒展開就夭折失敗。

　　一小群不到 1,400 名的古巴人，組織不良，裝備簡陋，搭著老舊船隻登陸，打著聲勢已在下跌的美國名號想發動「反卡斯楚起義」。卡斯楚已備好蘇聯坦克、噴射戰機、槍砲等著他們。槍擊砲打之後，「入侵者」被一網打盡。全世界共產黨宣傳機器陷入歇斯底里狀態，新聞標題喊著反美帝國主義。而自由世界媒體則悲嘆，事件讓「美國威望淒慘落魄」。

　　在隨後的恐慌氛圍中，卡斯楚開玩笑地說，他准許用曳引機來交換戰俘。美國自由派馬上被誤導，開始籌錢買曳引機，以支付卡斯楚的敲詐要求。卡斯楚見到世上最強國家的公民匍伏在他腳邊而感到十分高興，以至於他樂呵呵地抬高條件，逗弄前來磋商的人。可想而知，談判代表們無功而返。

　　有責任感的美國人開始要求，停止荒唐地姑息蘇聯的傀儡卡斯楚。政治家們開始制定各項長程的戰略計畫，以解放多災多難的古巴人民。

第十二章

未來的任務

The Future Task

這本專書裡，我們不想掩飾自由世界人民過往與共產黨打交道而犯下的錯誤。事實上，這些錯誤，若是我們能從中學到教訓，都算是有益。然而，假如我們允許自己未來重蹈覆轍，並讓共產黨指稱我們為「腐敗愚蠢」的話，那麼我們就難辭其咎了。

本章之中，我們要處理近在眼前的任務。首先要討論共產黨依其「征服時間表」（Communist Timetable of Conquest）已取得什麼進展。再來，我們將探討當前共產黨的戰略路線。最後將說明，我們要為勝利做哪些最重要的事情。

共產黨的征服時間表

為阻擋敵人，首先要曉得敵軍打算往哪去。這一點共產黨人倒是毫不隱瞞的。他們計畫先拿下亞洲，然後非洲，再來歐洲，最後是美洲。雖說這項計畫已在共產黨的文獻裡幾十年了，然而到了 1953 年又重申了一遍，當時共產黨領袖們決定訂下一個征服全世界的時間表，按一洲接一洲地拿下。完全征服擬在 1973 年搞定。很幸運，美國軍方情報單位在韓戰末期時取得這個時間表，參議員諾蘭（William Knowland）把它放進國會紀錄（Congressional Record）第 5708 頁，日期為 1954年 4 月 29 日。

整個時間表篇幅太長，無法完全援引，但本書特別挑選其中一些內容並附上評論，以便讀者能了解共產黨按照他們占領全世界的計畫，已取得什麼進展。

「除非我們必勝，不然我們得採取不引發戰爭的路線。」

共產黨的正式戰略是要競逐全方面優勢，但面臨強大軍事

抵抗時，則會選擇後退。除非他們可以確定，藉著偷襲取得快速勝利，並能除掉美國之後實施報復的全部戰力，否則蘇俄不會改變上述的戰略。1960 年，美國由潛艦成功發射北極星（Polaris）飛彈，使得蘇聯的偷襲計畫化為泡影。共產黨的攻擊行動，將招致現今在各大洋巡弋的核動力潛艦所攜帶的飛彈實施毀滅式的反制。因此，共產黨眼前的政策，必須要採行「不引發戰爭的路線」。

「必得好好安撫英國，讓它相信……共產黨跟資本國家可以和平共存。」

共黨不僅把和平共存概念推銷給英國人，也推銷給美國人。共存意指接受共產主義成為地球上恆久固有的東西，把共產黨征服附庸國的歷史一筆塗銷，對共產黨的要求以懷柔的方式回報，避免危機與國際緊張。

「貿易機會將大大影響英國民心。」

這一招功效甚至比共黨高層料想還來得好。今天不僅英國，連美國及其他 37 個西方集團成員國都屈服在與中—蘇集團貿易的誘惑之下。

「至於法國……必須讓它覺得與我們合作更有安全感。」

二戰之後，法國境內紅色勢力讓共產黨變成國內最大黨。在戴高樂 1958 年奪權之前，紅色勢力做了莫大努力，把法國帶向破產、無政府及內戰邊緣。

「必須讓日本相信，重整武備會危及國安，另外……美國軍力分布到全世界，就沒能力挪出足夠力量來防衛日本。」

正是共產黨的這種煽動，導致 1960 年在日本製造暴動，阻擋艾森豪總統訪日。

「日本搞貿易的欲望，很可能引領日本遠離美國。」

到了 1960 年，日本重回全球第五大貿易國的位置。美國靠著買進日本 23% 的出口產品及出售 34.8% 的進口產品，讓日本遠離中一蘇集團。

　　「到了 1960 年，中國的軍事、經濟與工業實力會變得如此先進，以至於蘇聯及中國秀一下武力，治理日本的黨派就會投降。」

　　這一點倒沒發生。在美國協助下，日本國力變強，而中國共產黨卻以教條治國，導致國政紊亂，遍地飢荒，經濟崩潰。

　　「必須用盡可能手段孤立美國。」

　　到 1960 年，共產黨這項計畫進展驚人。在全世界發動的反美宣傳戰，創造出「醜陋的美國人」這種意象，儘管美國援外 500 億美元依然如此。共產黨在亞洲、非洲、古巴及中南美洲的擴張開始喚醒美國人，了解到真有可能遭到孤立的威脅。

　　「我們是否能阻止美國，不讓它發動（保衛自己權利及自由）戰爭，端賴我方孤立它有多成功、我們的和平攻勢多有效。」

　　這一點清楚顯示，共產黨的宣傳戰有多奸狡，使用「和平」作為麻痺美國抵抗手段的同時，還要蠶食併吞。在此我們看出共產黨對「和平共存」的定義，就是「和平投降」。

　　「至於印度，只能採用和平手段。任何動武都會讓我們與阿拉伯國家及非洲疏離開來，因為印度被視為我方朋友。」

　　透過和平征服而背叛印度的計畫，肯定是在進行之中。尼赫魯宣稱中立，但他是熟讀馬克思的社會主義者，很多重大課題都與共產黨高層站在同一邊。只是等到他要倒下來的時候，無疑會要求西方國家拯救他。

　　「取得印度之後，菲律賓及阿拉伯各國的問題，可以用經

濟合作……及結盟，而輕易解決。這項任務應能在 1965 年完成。」

不論在菲律賓還是在納瑟（Nasser）提出來的「泛阿拉伯共和國」（Pan-Arabic Republic）裡，共產黨顛覆的勢力已顯而易見。

「接下來一波革命浪潮會掃遍整個非洲大陸，帝國主義者及殖民者會很快被趕下海。」

就在 1960 年以前，共產黨已在全非洲點燃暴力革命的火焰。殖民宗主國想叫當地人遵循「和平過渡到獨立」的政策，但很多非洲人走的是「由殖民到天下大亂，再到共產主義」的共產黨方略。

「隨著亞、非洲與歐洲資本主義國家脫鉤，西歐將全面經濟崩潰。它們投降就順理成章了。」

1960 年比利時交出剛果時，造成比利時經濟大災難。因為與非洲貿易關係中斷，每個宗主國都受到影響。最後，共產黨希望把非、亞洲做成絞索，套到歐洲經濟的頭上。項圈是年年都在收緊。

「至於美國，『經濟崩潰，工業衰竭，將隨著歐洲危機而至』。」

讓美國栽進無法動彈的大蕭條，是蘇聯征服美國計畫的最後階段。

「加拿大與南美洲將發現，自己陷入一樣無望、守不住的地步。」

這一點倒是沒錯。假如美國被徹底嚇倒、顛覆、擊敗，整個西半球就會淪陷。

「今後 20 年（1973 年），世界革命這個成就便會落實。」

共黨這個征服計畫，在某些方面遭遇了挫敗，在另外方面進展卻超乎所料。整體看來，共產黨的這個征服時間表按表操課的準確程度接近得令人感到心驚肉跳。

　　共產黨策略研究專家指出，若西方甦醒及採取主動，從各陣線全面地把共產主義推回去，那麼共產黨的整個征服計畫就會崩潰。他們說，西方可悲的大錯，便是經常願意與共產主義共存、接受它，視它為地球上恆久固有的東西，而罔顧一項事實：共產黨高層在時間表裡已承認，他們害怕開戰的理由更甚於西方。此外，西方還容許自由國家被比自己弱的敵人嚇倒、唬倒，予以姑息。

　　這一點是怎麼辦到的？

心理戰之重要

　　西方最大的錯誤，就是容許自己陷入心理呆滯、冷漠及怠惰。某些圈子裡，愛國、忠誠的動機，還有「人生而自由」的傳統美夢，要不是擱置不理，便是因一種奇怪的新思維而麻痺了。權威人士說，眼前刻不容緩，要從不同的思維來改變我們的心態。

　　我們的「心態」出什麼錯了？

　　首先，我們正以共產黨所要的方式在思考。一些基本問題如共存、裁減軍備、自由貿易、聯合國、承認中共，還有一堆相關問題，叫很多美國人變得十分困惑，我國建國諸賢得知這種現象一定很驚訝。我們知性上非但沒能保持警戒狀態，反而把共產黨的口號，當成太多結論的重大前提。以下所列，是共產黨及其同路人當前想達成的戰略目標，且讓我們逐一檢視。

這些目標都屬於共產黨發動的攻勢，想軟化美國人，最終占領我們。我們該謹記於心的是：很多忠誠的美國人致力於這些目標，因為他們不曉得這些東西的用意是想摧毀我們的國家。

共產黨當前的目標

一、美國接受和平共存為核子戰以外唯一替代方案。

二、相較於打核戰，美國寧願投降。

三、塑造出這樣的幻覺：美國全面解除武裝，反而是一種展現道德的力量。

四、不管有些國家聯不聯共，一律准許各國自由貿易，而且不考慮某些品項是否可以用在戰爭。

五、延長給蘇聯及其附庸國的長期貸款。

六、不管是否共產黨國家，一律提供美援。

七、承認共產中國，允准中共進入聯合國。

八、雖然赫魯雪夫 1955 年做出承諾，在聯合國監督下以自由選舉解決德國問題，但仍讓東、西德分別立國。

九、拖長禁止核武測試的談判會議，因為美國已同意，只要談判還在進行，就暫緩核試爆。

十、允許所有蘇聯附庸國分別在聯合國擁有代表權。

十一、推廣聯合國為人類唯一希望。假如能重寫其憲章，要求把它設計成單一世界政府，擁有獨立軍力。（有些共黨高層相信，靠聯合國而拿下全世界，跟靠莫斯科一樣輕鬆。有時候，聯合國及莫斯科兩大中心彼此競爭，一如之前在剛果發生的狀況。）

十二、抗拒任何想把共產黨列為非法組織的做法。

十三、廢除一切宣誓效忠的行為。

十四、持續讓蘇俄有管道可直通美國專利局。

十五、攫取美國兩大政黨的其中一個或通吃。

十六、利用法院的判決，以它們的活動違反民權為由，削弱美國的機構。

十七、控制各級學校。用學校當作社會主義及當前共產黨宣傳戰的中繼站。弱化課程內容，控制教師公會，把共產黨路線寫進教科書。

十八、控制所有學生報。

十九、動用學生暴動來煽動民眾抗議，而讓目前正遭共產黨攻擊的組織或施政更添阻力。

二十、滲透媒體。控制媒體內有關書評、主筆群及政策制定的職位。

二十一、控制廣播電台、電視台及電影公司的重要位子。

二十二、靠著貶低各種形式的藝術表達持續詆毀美國文化。美共有個小單位便接獲通知，去「鏟除公園及建築物所有優良的雕塑，代之以不成模樣、醜拙又沒意思的東西」。

二十三、控制藝術評論，當上藝術館館長。「我們的計畫，在提倡醜陋、噁心、沒意義的藝術。」

二十四、鏟除一切管理猥褻的法律，方法是把它們打成「審查」，違反言論及新聞自由。

二十五、提倡色情書籍、雜誌、電影、廣播及電視節目，打破文化的道德標準。

二十六、把同性戀、墮落及雜交說成「正常、自然及健康」。

二十七、滲透教會，用「社會式」的宗教，取代「天啟式」的。貶抑聖經，強調人類要的是不必「宗教支撐」的知性成熟。

二十八、學校裡消滅祈禱或任何形式的宗教表達，理由是違反「政教分離」的原則。

二十九、貶低美國憲法，說它有不足、過時、跟不上現代需求、在全球基礎上阻礙國與國之間的合作。

三十、貶低美國建國諸賢。說他們是自私的貴族，不關心「老百姓」。

三十一、貶低各種形式的美國文化，不鼓勵教導美國史，理由在它僅占「人類大局」的一小部分。多強調共產黨當權以來的俄國史。

三十二、支持一切社會主義運動，而取得集權式的控制力，管理文化各面向——教育、社會機構、福利施政、心理健康教育等等。

三十三、法律或行政流程，凡是會干涉共產黨組織運作的，都設法消滅。

三十四、消滅眾議院「非美活動調查委員會」。

三十五、先貶低而最終消滅聯調局。

三十六、滲透並控制更多工會。

三十七、滲透並控制大企業。

三十八、把某些逮捕權，由警方轉移給社會機構。把所有行為偏差看待成精神失常，而精神失常唯有精神科醫生才懂、才能醫治。

三十九、支配精神科專業，使用心理衛生法當手段，脅迫並控制反對共產黨目標的人。

四十、詆毀家庭作為制度的地位。鼓勵雜交及隨便離婚。

四十一、強調撫養小孩時，應遠離父母的負面影響。把兒童的偏見、心理障礙及智力發展遲鈍，歸咎給父母的高壓

影響。

四十二、製造出一種印象，即暴力及反抗乃是美國名正言順的傳統面向；學生及特殊利益團體應該奮起，動用「聯合力量」來解決經濟、政治及社會問題。

四十三、在本地人準備就緒，可成立自己政府之前，就先推翻所有的殖民政府。

四十四、巴拿馬運河國際化。

四十五、廢除康納利保留權（Connally Reservation），如此美國就無法阻止國際法庭（World Court）取得國內問題的司法管轄權。讓國際法庭的司法管轄權得以涵蓋國家及個人。

假如讀者可以取得國會聽證的報告，再加上讀到前共產黨員寫的書，就會發現這些共產黨目標寫得很詳細。此外，還會了解到，何以許多存心良好的美國公民，竟攪和進來去推動共產黨的綱領而不自知。他們相信共產黨目標的原因，在於他們接受了共產黨那些膚淺的口號。很快地，他們就以共產黨所希望的方式去思考。且讓我們更進一步地去檢驗這類問題。

裁軍好還是不好？

共產黨人已在自由人民腦中造出幻象，認為「通往和平之路便是裁軍」。我們絕不該忘記這個想法是源自共產黨的口號。目前自由人民竟接納它，認為是自己的想法，甚至創立特殊委員會，探討落實裁武的方式及手段。我們這麼行動，等於故意閉起眼睛，忽視我國在二戰、韓戰結束時對自己的承諾。

專家告訴我們，面臨明顯的危機還裁軍減武，可謂不道德的舉動，會導致自我毀滅。

以下是一些有關裁軍的基本事實，而通曉共產主義的專家懇求我們好好想一想。

裁軍意味著要靠協議，而非實力。

協議除非能夠執行，不然毫無用途。

與蘇俄（一個締結 53 項協議，已違反其中 51 項的國家）協議裁軍，其謬誤在於，假如蘇俄選擇偷偷再武裝，美國卻失去執行協議的能耐。如此的協議，讓不老實的一方取得壓倒性的優勢，原因在它有「偷偷武裝」的能耐。在裁軍的真空期，有犯意的政府只要很少的秘密武器，就可以征服所有反對力量。希特勒及墨索里尼教懂我們的便是如此。

1961 年 2 月 3 日，沃爾弗斯（Arnold Wolfers）博士向參議院外交委員會說，「幾件容易隱藏或偷偷製造的武器，在一個完全裁軍的世界，就可以讓某個國家取得決定性的軍力，壓倒其他國家……在完全解除武裝的世界，可以讓特質之一是偷雞摸狗的共產黨，其社會完全依軍隊路線而組織，從而取得最大優勢。」

只是在整個裁軍討論過程當中，有件該記得的事。赫魯雪夫不敢裁軍。他的 600 萬武裝部隊（包括 200 萬秘密警察），倒不是用來跟西方打仗，而是維持鐵幕背後的「內部平靜」——那些軍隊是用來弭平發生在附庸國家及蘇俄境內起義之用的。此外，有個幽靈不時縈繞在赫魯雪夫腦海，那便是中共，他們最樂見的莫過於蘇聯裁軍。因此，再說一次，赫魯雪夫不敢裁軍。

最後，有人宣稱軍備競賽會導致戰爭，且容我們指出相當

明顯的事實：軍備競賽不會是戰爭的基本成因，而是政治衝突的徵候。面臨政治衝突還裁軍，會招來戰爭。韓戰前，美國正走上裁軍、復員之路。戰爭來襲，讓美國猛然了解，邪惡的征服武力還在世上昂首闊步。因為侵略的力量並未減弱，美國必須維持武備。

有鑒於這些事實，大家應該看得很清楚，任何裁軍的呼聲，並非自由和平的訊息，反而是敵人的放話。

和平共存總可以了吧？

談到和平共存，共黨已造出另一種幻覺。他們營造出西方必須心甘情願與共產主義共同存在，因為另一個選擇，便是發生核子戰爭而悉數毀滅。

共存的真正代替選擇，其實是「共同抵抗」。本領域專家多年來一直說，沒有必要容忍共產主義。共產主義不論就道德、經濟或政治，都沒有存在的理由。此外，共產主義面對很多不必動干戈的壓力都十分脆弱，而自由人類目前還沒動用那些力量。那些手段將在後文探討。目前強調的重點，只在共產主義可以被擊潰──而且不必用到核武就能達成。因此，整個主張共存的基礎就崩潰了。共存這個字彙本就自相矛盾，因為它意味著與征服世界共同存在，而那是不可能的。人們只能抵抗或者被征服。它也意味接受現狀，把三分之一人類遭到奴役視為可行、恆久的安排。它意味儘管共產主義騙人、搞顛覆、破壞盟約，還予以接受，另意味不事抵抗而容忍共產主義。

美國國會 1959 年 7 月宣布其《被俘國家決議案》（Captive Nations Resolution）時，說得才對：

「世上可觀比例的人口遭共產帝國主義奴役，是對和平共存此一想法的絕大嘲諷。」

總統也敲響覺醒抵抗的鐘聲，他說：

「美國政府及人民向被俘國家人民宣示，我們應該、也適切地支持他們應得的自由及國家的獨立。」

聯合國不能解決嗎？

全世界人民要求創設某種國際組織，讓國際紛爭可以得到仲裁或妥協，不必訴諸戰爭。這種國際組織已試過兩次——國際聯盟及聯合國。兩者都因相同原因而碰到困難。兩組織出發點都想成為「熱愛和平」國家的專屬同盟，接下來都轉彎，試著自行轉化為世界議會，讓所有國家都有代表權，包括好戰或侵略成性的國家。不管國聯或聯合國，好戰國家都成功地奪權，把兩個機構的原始宗旨中陳義甚高的詞句，幾乎全都失去原意。

就聯合國相關範圍，國務卿杜勒斯對美國律師協會致詞時，特別強調這個弱點。他說聯合國有諸多失敗，主要在聯合國要「有效運作，端賴要跟一個國家（指俄國）合作，但支配俄國的卻是一個想主宰全世界的政黨」。

拉奇（Henry Cabot Lodge）參議員有相同的看法，「1945及1946年間……美國假定蘇俄是個愛好和平的國家，而整個聯合國是基於以下的假設：美國及蘇俄的結盟會繼續下去。那個假設大錯特錯、錯得可悲。」

聯合國憲章裡有很多條款，容許侵略成性的國家如蘇聯或其附庸國，把聯合國井然有秩序的流程，弄到停滯僵死。聯合

國成立 15 年間，蘇聯利用聯合國躲在幕後搞顛覆，而且在公開會議搞合法破壞。這樣不僅阻撓聯合國保衛和平的力量，還幾乎讓其他會員國的個別行動力完全癱瘓，因為它們讓自己仰賴聯合國來擺平糾紛。

蘇聯入侵匈牙利之後，聯合國本擬譴責蘇聯，但遭蘇聯否決。1960 年 RB-47 偵察機上四名美軍遭殺害，聯合國想調查也遭否決。人們回想起這兩件事，都會猛然想起蘇聯高層殺人如麻，前科累累，既沒受罰，也沒受譴責，甚至每個蘇聯元首都違反了聯合國憲章第二條。請看以下條款：

一、本組織（聯合國）本於會員國主權平等之原則。
二、全體會員國……應本於善意，履行當前憲章要求它們承擔的責任。
三、全體會員國應以和平手段解決其國際糾紛……
四、所有會員國應克制……不威脅、不動武破壞各國的領土完整或政治獨立……
五、所有會員國應克制……不提供協助給任何聯合國正進行防制或制裁行動的國家。

在匈牙利、共產中國、東南亞、古巴、非洲、中南美洲、朝鮮半島——可以說在世界各地區——蘇聯不時違反這些原則。

因為保證與表現之間有這麼重大的矛盾，結果便是聯合國這個綜合體逐漸走入死路或停滯。那麼，碰到共產黨的侵略，其黨綱又主張全球暴動、反抗、內戰及征服，還能做什麼呢？該跟聯合國合作什麼呢？

因為美國是世上最富裕強大的國家，大家期望美國提供答案。事實上其他可想而知的建議，每個都提過了，現在該是我們提出早該採納的直接、簡單答案的時候了。答案便是「回歸憲章的初衷，只有熱愛和平的國家才能加入聯合國」。

　　這正是憲章第四條規定的，而正是因為違反這一條條文，導致最多麻煩。因為我們已等待太久，沒鏟除好戰國家，想改變聯合國就會碰到一些困難。但是這一點，相較於自由人民繼續追求當前道路會碰到的難題，其實算不了什麼。因為否決權的技術細節，還有當前聯合國憲章裡，有太多違反美國憲法之處，故重建整個聯合國架構有其必要。這一點還是可以辦到的。

　　有些人無疑會反對把蘇聯及其附庸國從聯合國趕出去，理由在那麼做，聯合國就不再能充當一個世界議會。

　　有個既成現實可回應這種反對。那便是只要聯合國試圖在其殿堂內遷就某些國家的騷擾、製造麻煩，那它絕無法服務熱愛自由的民族。要那些國家依聯合國憲章或國際法，履行自己的責任根本是妄想。

　　假如當初美國制憲會議上，建國諸賢試著邀請英王喬治參與，那會怎樣？結果可能會受挫、令人氣惱，一如今天熱愛和平的國家，與侵略成性的蘇聯及其附庸國，一起坐在聯合國大會裡所碰到的狀況一樣。建國諸賢若瞧見當今聯合國的運作，無疑會說，「這不合邏輯、不合法、做不下去。」聯合國迄今15年的歷史，痛苦地證明正是如此。

　　只是，把蘇俄及其附庸國趕出聯合國，會不會逼使它們成立共黨國家聯合體，而造成國家集團間的競爭？

　　國家之間的集團競爭已經存在了。唯一差別乃在：共黨

集團不會像今天那樣，待在聯合國內，破壞熱愛和平國家對團結的渴望。

趕走共黨集團會不會引發戰爭？

只要西方維持強大就不會。一點也不會削弱西方的軍事地位。要講的話，趕走共黨集團反而會強大西方。它會創造出必要的聯合體，開始向共產主義施加經濟、政治壓力，故此讓共黨集團裡被壓迫人民從內部出擊，最終擊潰這種人類暴政的幽靈。這種新安排還能讓我們取得理想工具，開始落實美國1959 年 7 月在《被俘國家決議案》裡所做的承諾。難道沒別的法子？顯然沒有。其他別的手法，證實都會遭到牽制，只會推遲我們面對現實而下決心的日子。假如自由人類團結起來，帶動這個必要的改變，那麼熱愛和平國家的新同盟可以展現政治奇蹟——作出新的既能和平，又繁榮的保證。

我們有亟待執行的任務，而且時間愈來愈少。

共產運動是名正言順的政黨行為嗎？

這個問題源自共黨在我們心目中製造的另一個幻象。共產黨要讓我們接受一個想法，那便是共產主義也是政治行動的合理表達。真相卻指出，這乃是陰謀犯罪。把共產黨看待成政黨就犯了錯。

政治團體解決其問題，是靠著一起磋商、開會、誠意妥協而化解歧異，各造按理該這麼做。這一點共產黨人是辦不到的，因為他們動用欺騙、藐視法律、違反條約、恫嚇、顛覆及

公然造反來當作基本的征服工具。凡此種種讓共產黨成為犯罪陰謀者。

一旦我們理解共產主義是犯罪行為,許多行動新途徑就在我們跟前展開。舉個例子,罪犯問題就不是靠磋商跟妥協來處理了,而是循著四個步驟:

一、讓罪犯喪失行動力。
二、讓他喪失殺傷力。
三、重獲自信。
四、讓他回歸正常生活。

我們可以回想正是這四個步驟,我們動用來對付德國及日本。當時他們的領袖奉行作惡之道而引發二戰。西方盟國遵循這些步驟,德、日不僅喪失行動力、殺傷力,而且成功地回到正常軌道來。戰後,日本及西德變成美國兩個最親近的支持者。

這是否意味該發動防範性戰爭,打擊犯法的共產黨人?一點也不。它要說的是:雖然還有時間、在必須大規模戰爭之前,自由人類應使用種種可動用的和平壓力,讓蘇聯帝國喪失行動力,致力於有朝一日,蘇聯人民能由內部推翻共黨領袖的暴虐統治。有哪些和平施壓可做呢?

我們已提過,把蘇聯及其附庸國取得的非法聯合國會員權取走十分重要。另一個可動用的強大武器,就是把共產黨與其外圍組織斬斷開來。這種和平武器就是斷絕外交關係。傑佛遜(Thomas Jefferson)建議,回應那些「殘暴」對待美國的國家,就該採取這種行動。他說:

「我念茲於心的是，我們應給世界另上一門課，向他們顯示懲罰凶暴，除了戰爭外還有別的模式……因此，我想……做出以下提議：治國殘暴的國家，就切斷一切跟它的來往。」

近來，參議員高華德（Barry Goldwater）及其他共產問題學者，都推動這種方案來整治蘇聯帝國。師出有名的理由很多很多。蘇聯犯下的罪行有：

頻頻違反條約及公約。

頻頻觸犯國際法。

惡意顛覆其他國家，或干涉他國內政。

公開向熱愛自由的人類宣戰。

向美國祭出污辱、不實指控等挑釁行為。

非法殺害美國軍人。

非法擊落美國軍機。

非法囚禁美國公民。

有人缺乏政治勇氣斬斷與蘇俄的關係，經常會用以下的託辭來掩飾：以這種態度孤立蘇聯，美國可能會失去某些重大利益。

什麼利益？高華德參議員已指出，根本沒有。自從美國1933年承認蘇聯以來，沒替美國取得半點好處，不承認不也一樣——只怕更為輕鬆。美國的外交承認結果變成工具，供俄共遂行征服。

除了在國際上孤立共產主義，另必須把它在國內列為非法。這一點如此強大，以至於列寧說，共產黨人必得竭盡全力防止這種狀況發生。錢伯斯總結這一點時說，「列寧不厭其煩

教誨說，要是有一國把共產黨列為非法，那麼它就會整個癱瘓，因為共產黨無法再把毒絲伸進周遭社群，不能再散播毒素或汲取生命養分。」

只是，立法規定共產黨為非法組織，難道不會危及其他合法政黨嗎？只要法條是針對任何「提倡用武力及暴力推翻政府」的組織就不會了。刑法只打擊非法行為或任何陰謀不法。因此，陰謀用武力、暴力推翻政府，本質上就屬犯罪。任何提倡那種不法行為的組織更應列為非法。誠如許多權威人士指出，把共產黨看待成合法政黨真是愚蠢，這如同是批准營業許可證給銀行劫匪一樣。

蘇聯帝國耐不耐得住經濟施壓？

中蘇共產集團最大的一個弱點，便是其經濟狀況搖搖欲墜。和平施壓殺傷力最大的軟肋就在於此。不管蘇維埃宣傳戰喊得多響，都無法掩飾中共人民公社明顯崩潰，還有蘇聯式集體化農場效率疲軟。每一個附庸國都受苦於景氣蕭條。甚至《真理報》都公開批評蘇聯製品缺乏基本要素、品質低劣。

緊縮開支與剝削等等因素，在在加深人民的恨意及苦難，不時滋養可能起義的火焰。共黨高層動用恐怖戰術來鎮壓抗暴。雖說實質上「包圍狀態」遍布全蘇聯帝國，暴力抗議已然爆發過很多次。

凡此種種說明何以蘇聯高層不時要求「自由貿易」、「長期貸款」及「增加取得西方財貨的管道」。經濟上，共黨主義正在崩潰，但西方沒能領略，沒能利用。相反地，美國、英國及其他西方 37 個國家還把成堆的貨物，出口給中蘇集團。

有些商界領袖冒失地建議，與共產黨做貿易有助於和平。他們認為，「人絕不會跟貿易夥伴打仗。」顯然他們沒能想起，1930年代末期，正是這種思維，讓美國在二戰之前還把廢鐵及石油賣給日本人。珍珠港事件之後，事態悲慘但清晰。雖說與朋友貿易有助於促進和平，但是跟口出威脅的敵人搞貿易，就是自毀的行動。難道我們這麼快就忘記那個致命教訓了嗎？

和平施壓能讓共黨帝國自爆嗎？

共黨高層始終對自己內部的虛弱極為敏感。他們經常訴諸死刑來鎮壓自己奴役下人民的激烈批評。他們動用宣傳戰，把自己失敗得最慘的領域，吹噓成最為成功。湊近端詳近代史就明白，自由人民當初若是有好好觀察共黨世界內部壓力在冒煙、快要爆炸，並加以利用的話，那麼本就可以挫敗共黨陰謀的。

這些壓力今天很多還在累積。每一個都代表自由西方可以直接採取行動的黃金機會。但自由人民首先必須下定決心，是否真要讓鐵幕後的俘虜取得自由。放棄些許貿易是否值得？在聯合國攤牌而政治壓力暫時大增，值不值得？假如我們取消外交承認，共黨代理人短時間內煽動社會，值不值得？

自由鬥士（尤其在蘇聯附庸國內的）看到垂死的共黨經濟，竟被39個西方國家扶持、餵養起來，真是極為困惑。在聯合國，正義與良知遭到扭曲，也叫他們迷惘。在外交界，不停的投降及妥協，令他們義憤填膺。有位逃離蘇聯勞改營的難民寫信給我，「西方脖子上一定是綁有叫做無知的套索。他們難道不知，西方只要停止餵養、溺愛、嬌縱共產黨高層，我們

最後就會推翻他們嗎？」

　　我們擁有和平施壓的強大影響力卻不施展，在那些自由鬥士心目中，真是近乎助紂為虐。二戰期間，我們允諾要讓附庸國人民得到自由。另外，我們絕不該叫共產黨忘記：史達林也應許他們自由。1942 年 5 月 1 日，史達林發布編號第 130 的命令時說：

　　「奪取外國土地，臣服外國人民，並非我們的目標……把蘇俄意志及政治制度，強加在斯拉夫人及其他被奴役、亟待我們援助的歐洲人身上，這樣的作戰目標，我們不曾有過，也不能有。我們的目標乃是協助這些人民抗爭，由希特勒暴政解放出來，放他們自由，依他們的要求去統治自己土地。」

　　西方也不該放任赫魯雪夫忘記他說過的話。他說，「所有奮力想取得並維繫其獨立的國家，蘇聯都感同身受。而那些國家可以安心，蘇聯在絕不介入其內政事務、不設定任何條件的狀況下，會協助它們強化經由奮戰所取得的獨立。」

　　諸如此類厚臉皮到不可思議的詐騙聲明，應該用來激勵自由國家，在每個戰線上都堅定地反擊共產主義。西方支持和平共存、「不計代價求和平」的人，碰到有人建議動用政、經壓力來壓擠蘇聯帝國讓它內爆，經常就恐慌起來。他們悲嘆說，那種行動將擾亂鐵幕背後的和平──也確實會如此。事實上不讓共產黨高層高枕無憂，應該是標準的戰略目標。當年威爾遜總統所談的正是如此。

　　「我不會參與調停一些不該調停的困局，被奴役人民與專橫統治者間的困局不應該調停。我們美國人自國家誕生的第一天起，便支持世界人民，凡是政府並非出於他們選擇而生活得不甘願，都應該解放……只要類似的錯事還存在，世界是無法

長久和平的。我想做的不止如此。只要那種錯事存在，你就不該讓世界有長久和平，因為這些錯誤應該被糾正過來，被奴役的人民應有自由意志去糾正他們。」

只有西方國家拿出勇氣，完全斷絕跟共產帝國的貿易，同時配合「帶你們的間諜一起滾回去」的外交政策，鐵幕自由鬥士的心，才能再度湧起希望。

非到那時候，美國雄渾的《被俘國家決議案》才算有意義。

一般人能做什麼參與反共？

自由與奴役的戰爭並不只在國會議員、總統、戰士及外交使節間開打。對抗共產主義、社會主義、專制政府，人人有責。而且，致力於擴張自由，也是人人有責。美國有條基本原則：個人若是見多識廣，那麼比起別的人，他就更曉得能幫忙什麼。公民們沒必要遠離自家，去找飄忽不定、要他支援的戰線。共產黨的影響力正蠶食各地，成千上萬不知情的民眾，經常出於全不知情而幫忙、支持共產黨。因此，每個人此時的任務，就在了解情況，然後採取行動。

為刺激一下正面思考，下文所列是一些基本建議，供不同層面的人士參考。

給家長的建議

一、親近子女，確定他們接受教育時，是如華盛頓及林肯的思想，而非馬克思、列寧。

二、提供物質需求給家人的同時，別忘了他們精神上的需求。

我們身處意識形態戰爭。在馬克思信徒看來，一個無神論者，就等同於已經成功四分之三了。

三、別只叫孩子去教堂，要帶他們去。要確定他們領略真正的宗教價值，而非現代主義者的胡亂解說。

四、孩子們成長時要幫忙。當今社會—共產主義路線主張父母對子女有害無益，別聽這種話。父母不盡責，才有害無益。

五、教養孩子的公式為：九成的愛，一成的紀律。

六、別聽信「縱容式」的心理學派——它說紀律將損及人類發展。那種思維只造出人格調適不良的無賴，碰到什麼「主義」都聽從。孩子必須曉得，自己活在有秩序的世界裡。紀律是世界的組成——並非極度嚴格，而是理智、一致地履行規矩。

七、因為「青年問題」湊巧是我專業研究領域之一，我寫了一本書，旨在回應共產黨及社會黨指控現代父母沒有撫養子女能力的問題。

八、要積極參加家長教師聯誼會。你不那麼做，共產黨跟集中式管理人員就會接管。

九、家中設有「民主圖書館」，收納優秀的建國諸賢傳記。

十、每天花點時間，跟上國內外政治問題。

十一、訂閱優良的新聞雜誌。

十二、孩子年紀較長時，記得把時事引為晚餐桌上的談話內容。迅速點出左派對新聞、電視或廣播的扭曲。目前這種扭曲的程度，遠超過大多數人理解。

十三、組織一個家庭、社區或教會讀書會。幫忙你的家人了解，目前世上正在進行大規模的抗爭，而他們可以出力幫忙獲勝。

十四、讓你的子女看到你對公共事務有興趣，你有參與政治事
　　　務，你關心家事國事天下事。他們會由你的態度學到很
　　　多。

給教師的建議

一、要戰勝共產主義，最大的力量在教育領域。所以，教師諸
　　君身處前線戰壕裡。
二、確定你有花時間，好好理解共產主義的背景知識，無論在
　　何地出現，你能很快察覺得出來。
三、為學生們定義清楚：讓美國人成為現代第一批自由人民種
　　種因素間的差異，還有凡是共產黨及社會黨接管的地方，
　　自由便遭摧毀的原理。
四、幫忙學生們了解，自由競爭制度生產及分配的物質財富，
　　要勝過迄今現有的任何體制。另要指出，它還容許美國大
　　多數公民做自己喜愛的事來維持生計。至少，美國公民若
　　是不喜歡，可以改換自己目前工作。讓學生們了解，我們
　　的體制也有弱點，但那些弱點，相較於社會主義、共產主
　　義治下的經濟體只能餬口的重大問題，真是微不足道。這
　　件事至關重大。
五、留心一些佯裝要幫忙教育但實質想奪取教育控制權的人。
　　社會黨跟共產黨的計畫者，有野心想鏟除一切地方控制
　　──這意味教師會喪失控制力。
六、對以下事實提高警覺：35 年前，教育已遭社會黨─共產
　　黨專門團體滲透。這些人其中很多都是頂級名流，他們賣
　　力而進入首屈一指的教育組織。因為他們的努力工作，對

我國好些最受敬重的教育機構取得全面性控制。

七、請閱讀《聯合國紀錄》（*The U. N. Record*）一書第八章〈學懂社會主義的世界〉（Education for One Socialist World），作者是曼利（Chesly Manly）。在第 175 頁，曼利先生列出一些書單，每位教師都應該參閱，以便了解過去 40 年，美國教育領域遭受的攻擊。

八、此外，各位會發現下列書籍益處多多：

《征服美國人心靈》（*Conquest of the American Mind*），魏特默（Felix Wittmer）博士著。

《我們的學校怎麼了？》（*What's Happened to Our Schools?*），高登（Rosalie M. Gordon）所著的小冊子。

《扭轉潮流》（*The Turning of the Tides*），謝佛（Paul W. Shafer）、斯諾（John Howland Snow）合著。

《進步派的教育實為化約》（*Progressive Education Is Reducation*），瓊斯與奧利佛合著。

《中學的洗腦行為》（*Brainwashing In The High Schools*），魯特（E. Merrill Root）博士所著。

《共產黨−社會黨在美國校園的宣傳戰》（*Communist-Socialist Propaganda In American Schools*），卡伯（Verne P. Kaub）所著。

九、假如任何你隸屬的教育組織目前走社會黨路線，試著把組織奪回來。別試著單打獨鬥。集結一群有警覺心的老師在身邊，以組織團體來做事。

十、鼓勵在學校傳授「共產黨的問題」。如此的課程可說是絕佳工具，教導美國學生如何體會到自己的生活方式。課程名稱很重要：「共產黨的問題」可能比起教「共產主義」更能為人接受。

十一、小心教科書裡的扭曲訊息。社會主義作家已經入侵教科
　　　書領域。有些甚至有更激進觀點。魯特寫的《中學的洗腦
　　　行為》分析十一本美國歷史課本，它們反映左派搞破壞的
　　　路線。

十二、別被當前無神論者把上帝請出教室的力量所誤導。「政
　　　教分離」是要把教條排除在課程以外，並非上帝。在教室
　　　裡教無神論，跟偏重某特定宗教一樣不合憲法。身為教
　　　師，我們不擬傳授特定信仰，但家長們的權限裡，可以堅
　　　持課堂不該放任很少數的教師去摧毀信仰。教師相信傳授
　　　無神論是良好教育必備的部分，這種人真的不夠資格在猶
　　　太—基督教文化環境裡教書。他們有權當無神論者，只是
　　　身為公職人員，則沒有權利教無神論。假如他們教，就違
　　　反重要的憲法原則。

十三、鼓勵愛國演說家在學校集會演講。也可以播放優良影
　　　片。目前很多組織都有博學多聞的講者，能對很多主題發
　　　表動人演講，而激發學生正面的反應。

十四、如你的地區舉辦自由論壇時，請盡力參加。

給學生的建議

一、學生的心靈被共產戰略家視為主戰場。共產黨要征服一個
　　國家前，總是先廣泛進行「收服知識分子」活動。然而，
　　最激烈反對共產主義的人，正是同一批對這個主義幻想破
　　滅、回歸自由陣營的知識分子。

二、在學期間研習共產主義的時間最多。試著真正地了解它。
　　學懂它的哲理、歷史及謬誤。

三、碰到很認真的社會主義者的時候，請記住社會主義者與共產黨唯一區別，在奪權的手段不同而已。兩者想奪取整個社會控制權的欲望是一樣的。有些人忘了蘇聯是「蘇維埃社會主義共和國聯邦」（Union of Soviet Socialist Republics）的簡稱。有些人以為社會主義「好」而共產主義「爛」，事實上兩者是孿生兄弟。

四、要敏於察覺教科書及授課裡左派的扭曲。

五、要通曉共產黨最新的「路線」。對他們的指控、提議，要做好應對的準備。

六、確定自己保持公平、率直。絕不要墮落到利用共黨戰術而得分。

七、你對求學有使命感，校園生活會快樂得多。一旦知道共產黨的問題，突然之間經濟學、歷史、哲學、政治學、社會學及心理學都會鮮活起來。凡此種種，都與當今我們跟共產黨你死我活的戰爭有關。

八、要曉得，人們只由兩扇窗戶中的一扇看待世事。學生（有時還有教授）透過第一扇窗戶，只能瞧見藍天。而由第二扇看出去，還能看到暴風雨雲。第二扇窗更值得看。歷史也由這兒造就，不看第二扇窗，暴風雨來襲時，人會猝不及防。珍珠港事變那天，大多數美國人必須把視線由第一扇窗，高速移到第二扇，還差點為時太晚。只有洞燭機先，才能避免世上隱然成災的政治暴風雨造成傷害——保持警戒，預先提防。

九、假如你覺得哲學很難，而心裡又充滿疑惑，那麼請閱讀本書上一章所寫的一位學生的經驗。

十、抗拒校園裡提倡「大眾行動」、暴力示威的激進小單位。

他們通常是共黨煽動家的工具。煽動家叫學生去示威，這樣通常會挑起衝突。而警方試圖恢復秩序時，共產黨人快馬加鞭溜走，任由學生們承擔罪咎。1960 年 5 月，共產黨煽動家慫恿學生去破壞國會在舊金山辦的聽證會，法官決定釋放學生，因為他認為，當時學生們已了解，自己是怎麼被愚弄跑來替職業反美分子打前鋒。

十一、組織學生團體，研究共產主義及美國思想。挑戰校園裡的社會主義者及親共學生。發行報紙、成立演講社、投稿給學生報。學習讓民主和平過程奏效的經驗。

十二、「薪傳者」（The Torchbearers）是成長迅速、以愛國為宗旨的學生組織。有意成立校園分會者，可以寫信到加州霍桑市西 126 街 5354 號，他們會提供意見。

給經商人士的建議

一、請記住：傑佛遜、華盛頓、富蘭克林、麥迪遜、亞當斯等建國諸賢，絕非某些教科書宣稱的「殖民貴族」，而是成功的生意人。因為他們願意坐下來，參透當代的問題，我們才繼承了一個自由國家。

二、經商壓力之餘，抽時間關心時事。訂閱一本優良的新聞雜誌。

三、加入一個會經常捎送時事問題情資報告的組織。這個領域最有實力的民間機構之一，便是「美國安全理事會」（American Security Council），地址在伊利諾州芝加哥市西孟洛街 205 號。

四、積極參與你選擇的政黨。留心社會黨的強大影響，他們正

想奪走共和、民主兩大政黨。為自由而戰時，請捐獻及付出時間，莫猶豫莫懷疑。當年華盛頓拋下自己生意，付出 65,000 美元的代價到革命軍（Revolutionary Army）服務。以今日幣值來算，那相當於 50 萬美元。

五、假如你參加公共福利組織，設法讓組織為自由而戰。大多數民間組織都有特別委員會，旨在發揚愛國心。邀請名嘴來讓商業界保持警惕。

六、資助學校裡演講及作文比賽，以宏揚美國理想，抵抗騙人的共產黨宣傳戰。

七、公開抗拒銷售商品給蘇聯帝國，呼籲完全制裁蘇聯及其附庸國。

八、致力於更公平的稅務結構，既不反覆無常，也不會抄家沒收。經濟自由與政治自由休戚相關。

九、如果你的僱員們進入工會，尋求工會理事的合作，為你的員工辦理共產主義的研習課程。假如沒有工會參與，便詢問員工們要不要上那種課。美國安全委員會基金會可以提供全套課程，有講師、影片、錄音帶及文獻。其他很多組織也可以提供協助。

十、請你所屬地區的商會支持定期辦理自由論壇，而讓整個社區提高警惕。

十一、要小心，除非確定一個組織是真心愛國的團體，不然別捐助它。有些生意人不知情下，一直金援叫得出名號的共產陣線組織。假如你是美國安全委員會基金會成員，就可以從會內檔案，查得出任何組織或個別人等。

十二、要長記於心：美國企業是共產黨宣傳戰的一大目標。任何可能資敵的活動，都要提高警覺。

十三、向你州內及聯邦民意代表提供意見、建議。寫信給國會
　　　議員，這樣做影響力之大超乎很多人想像。

給民意代表的建議

一、自由與奴役對戰，可能在自由人類的民意殿堂敗北。社會
　　主義的浪潮正橫掃很多西方自由國家，往一種壓迫式的封
　　建主義發展並漸漸得勢。在這場戰役中，美國的民代目前
　　位居防守的第一線。

二、美國國家安全的整體架構，近來因最高法院的判決而大為
　　弱化。唯一的方法，在採取立法行動，恢復那些國安法律。

三、不少國會委員會正遭共產黨及其同路人攻擊，聯邦議員們
　　應繼續支持那些委員會。那種攻擊，是當前共產黨首要任
　　務。

四、向親共證人質詢的問題恰當與否，這個權利應回歸給國會
　　的委員會。

五、恢復國會委員會調查共產黨及親共人士時享有的自由度，
　　一如調查企業及勞工問題。

六、恢復各州執行自己反顛覆法律的權利。

七、恢復《史密斯法》（Smith Act）的條款，即教導或推動暴
　　力推翻政府，屬刑事罪行。

八、回歸《史密斯法》規定的「組織」意義，包括 1945 年以
　　後的組織工作，如此共產黨代理人才無法躲在法令的限制
　　背後。

九、恢復政府行政部門決定「合理理由」的權利，以在政府敏
　　感及不敏感的職位上，都能解決對國家安全的威脅。

十、恢復各州權利，對那些拒絕供出自己共產活動及同夥的人，不讓其出任公職或教職。

十一、恢復行政部門有權利詢問等候遞解的外國人，有關其同夥及接頭人的資訊，另有權利把進入美國後，經發現為共產黨的外國人遞解出境。

十二、恢復行政部門有權利不發護照給那些拒絕簽署非共產黨誓言書的人。

十三、恢復各州有權利不讓參與共產黨陰謀，或拒絕供出共產黨活動的人當律師。

十四、對左派力量想解散或削弱聯調局，應提高警戒。

十五、萊特政府安全委員會（Wright Commission on Government Security）1957 年 6 月曾發表非常好的建議，但從未付諸實踐。目前應大力推動。

十六、要熟悉使用強大和平壓力對付蘇聯的好處，尤其在經濟及政治領域。

給媒體的建議

一、要謹記於心，共產黨組織不時努力，要把其代理人安插到所有大眾傳播媒體當中。

二、要熟悉本章稍早所提的共產黨當前路線。留心那些隨路線而左右搖擺的人——經常自我衝突，以便適應黨最新的策略轉變。

三、在執行任務，揭發美國文化犯罪、貪腐及無效率時，要留心別摧毀大家對美國制度的信心。因為我們社會裡的負面力量，比起正面成就，更可能成為「新聞」，所以很容易

過於強調負面，反而提供極具殺傷力的宣傳內容給敵人。

四、要刊登時事專欄而確實反映美國對問題的詮釋。共產黨的文宣滔滔不絕，經常還有左派對新聞的扭曲來助陣，而讓美國的觀點事實上表達不出來。愈來愈多報紙總編輯體認到這個問題，正設法矯正。

五、用美國愛國志士的談話，做成小方格或電視新聞過場時的報導。

六、發展與公職人員聯繫的管道，以便讓他們知曉你有守密的能力而感到安心。對於一些有機敏性質的事件，能對媒體做簡報的話都是件好事。大多數官員一開始都有意與媒體密切合作，但新聞扭曲及過早曝光，會削弱甚至破壞他們妥善辦事的職能，往後他們就只能守口如瓶了。

七、有些媒體工作者，就察覺共產黨對大眾生活的影響力而言能力敏銳，並能加以揭露而貢獻卓著。短期內，這麼做可能不吃香，但隨著事件發展一如他所分析，那麼媒體人便能取得地位。我們需要更多消息靈通、對共產黨組織花招很敏感的分析家。

給神職人員的建議

一、多年以前，各教會就變成共產黨—社會黨滲透的重大標的。在一些重要宗教組織裡，那批人成功取得重要職位。有些宗教高層公開提倡共產原則，並為其辯護。他們還姑息蘇聯，甚至倡議碰到核子戰的威脅，就要投降。

二、研讀猶太教、基督教及共產主義到一定程度，碰到某些宗教高層在其講道壇散布邪說謬論時，很快就能察覺出來。

三、發展聖經讀經會。

四、讓宗教成為人民生活中務實、動力的來源。

五、抗拒現代派（Modernist）人士的腐蝕。他們試圖貶低聖經，
把上帝界定為毫不真實的想像性產物。誠如我們在本書第
一章指出，那些在一百年前便攻擊聖經、想摧毀我們宗教
文化的人，很多都是馬克思的密友。

六、要留神那些用「社會基督教」掩飾自己根本不是基督徒的
人。

七、要留意有些人用和平、友情、包容及基督慈善的原則，來
替共產黨「和平」的陰謀面打鳥賊戰。共產主義的和平，
是由監獄及墳墓組成。提醒那些職業的和平主義者，他
們接受了共產黨麻痺人的和平宣傳攻勢，要知道耶穌雖說
「愛你的敵人」，但從沒倡議向敵人屈膝。耶穌說「把另
一邊臉頰轉過去」，以避免日常生活的口舌糾紛，但他同
樣說要拔劍護生靈。拿撒勒人耶穌清洗廟宇，正是展現理
當捍衛人權。

八、假如你湊巧碰到那些誤以為共產主義及基督教有共同起源
而感到為難的人，請他們閱讀本書附錄〈早期基督教徒奉
行共產主義嗎？〉那一節。

九、因為神職人員能給忠告，所以共產黨煞費苦心想滲透神
職。請留心，有些分析式精神科醫生想叫神職人員接受
其反道德哲學。他們認為，罪惡感及是非感會導致心理疾
病。這整個概念正大受懷疑。猶太─基督教思想抗拒誘
惑、改正過錯帶來的心理健康，遠大於心理診所所能辦到
的。對這個主題，我準備了一篇相當廣泛的論文，標題為
〈執法看待心理衛生〉（Law Enforcement Looks at Mental

Health），刊登在 1961 年 3 月出刊的《法律與秩序》（*Law & Order*）警政專門雜誌上。

十、學生們在學校聽到很多衝突的觀點，想調和卻有困難，你想忠告他們時，不妨請他們閱讀本書最後一章。那一章旨在協助學生察覺目前發生的意識形態衝突。希望這份資料能幫他們找到出路，穿透眾聲喧譁造成的困擾，以便維持道德及知識的健全。

十一、仔細讀書後，再做推薦。近來某些教會團體被勸誘，結果推薦的書籍內容充滿猥褻。這是社會黨—共產黨貶低宗教文化的攻勢裡很重要的一環。還有什麼技巧比起讓教會自己加持性變態文學更符合他們的目的？

十二、在年輕人及成人兩個層級，都設立共產主義的研究小組。聘請夠資格、博學多聞的人，擔任討論的主持人。

西方能獲勝

隨著全體公民都等候機會為自由出擊，那麼共產主義的力量就可以被遏止、悶死，最後連根拔除。這是我們的任務。要不是我們包容及協助，共產帝國是絕無法變成世上第二強的國家。現在我們有責任拆散它。赫魯雪夫曉得，假如美國人民下定決心，那麼我們施加的壓力是足以衝垮他的。

任何缺乏勇氣去正面行動的人，不妨回想我們前文提過的曼努伊爾斯基的談話：

「我們開頭先祭出有史以來最華麗的和平舉動……愚蠢又腐敗的資本主義國家，就會歡天喜地來參與他們自己的毀滅。只要他們放下戒心，我們就握拳砸碎他們！」

今天，共產各陣線都在推進。權威人士說，假如西方再餵養他們，過幾年就為時已晚了。「有種不必打大規模戰爭，就可以阻擋共產主義的方法」，這樣的訊息不是很棒嗎？

假如自由人類願意研究這個問題，而且以大規模的聯合陣線跨過全球，那麼人類完全可能在 20 世紀結束、21 世紀初時，以下面這一句話來讚揚這個偉大的成就。

我們這個時代，全人類享有自由！

赤裸裸的共產黨

第十三章

共產主義的四十五個顛覆目標

The 45 Goals of Communism Today

共產主義的 45 個顛覆目標首次發表，是在 1961 年 3 月《赤裸裸的共產黨》第八版的時候。它們是從不同學者的國會證詞、當今或以前共黨的著述點滴彙整而出。1963 年，這 45 個目標經佛州民主黨眾議員荷隆（Albert S. Herlong, Jr.）宣讀後列入國會紀錄，自此之後向全球傳達這些內容。

四十五個目標意欲何為

共黨推動 45 個目標，一般是想攻擊猶太—基督教的基礎；那些基礎長久以來庇護並壯大了自由。他們要用從上到下鐵板一塊的純社會主義群體加以取代。純社會主義體制有如烏托邦，從來沒實現過，而且事實證明過往社會主義的實驗都摧毀文明，但是共產黨人及其支持者不管怎樣仍提出相同公式。畢竟他們的目標不在推動人類福祉，而是控制人類。

耐心比賽

要征服一個國家，會以兩種方式來進行。第一條路是軍事攻擊，逼使人民投降服從。第二條路是腐化團結人民的制度，另培養矢言消除紊亂失序、建立秩序、找回安全感的領袖。

美國太強大，無法被軍事征服，因此共黨採取第二條路——搞腐化。

拆解美國制度必須偷偷進行，過程中還要有極度的耐心。共產黨致力於敗壞文化、拆散家庭、摧毀法治、政治處理司法、抹滅傳統價值、鏟除私有財產權等。西元前 350 年，中國古代政治領袖商鞅描述這種過程叫「弱民」，如此民眾才更易受精

英控制。

1960 年代，弱化美國人民的攻勢得逞。反叛情緒高漲，傳統制度的支持力道式微，「什麼都可以」的氛圍變成新常態。與此相隨的是犯罪、失序及不滿大增。美國人民不反躬自省，而是向政府要求解方。一整個配套端出來的「最佳解方」，是搞更多法條、更多主子、減少自由。據說是佛蘭克林講的名言，精確概括這種結果：「放棄自由的精華，想換取一時安全的人，無權得到自由及安全。」美國的走向正是如此。

這種花樣一點也不新鮮。歷史證明過這條路最後就是以強化政府權利來取代人民自治。這種演化中的「新美國秩序」會充當「新世界秩序」的基石。

兩個世代

共產主義 45 個目標昭告天下的時候，有些讀者對此表示懷疑，另一些則嗤之以鼻。大致而言，美國人民相信，這麼露骨宣布要攻擊「美國之道」，根本別想得逞。人們認為，美國人民身處名曰「美利堅合眾國」這個榮譽與自由的聖殿，那些目標半個也不會有人接受。

然而在兩個世代內，美國令人稱羨的體制，如自成不朽的自由、榮譽、教育及諒解，竟被削弱、遺忘得很嚴重。此外，被形容成「啟蒙」、「新時代」（New Age）的言論甚囂塵上，還夾帶蓄意騙人的名實不符，存心顛倒是非、對錯及黑白。最後結果則是 50 年間，那 45 個當中的目標，除 1 個以外都「成功」辦到了。

共產主義的四十五目標

　　下文列表，都會舉出幾個事例或理由，足以宣稱一個目標成功辦到或充分達成。這些事例簡略呈現出：其他很多共產或社會主義思想，已入侵美國文化。

一、美國接受和平共存為核子戰以外唯一替代方案。（已達成）

　　共存是個負面詞彙，指的是各造全輸的局面。為了達成共存，必須拋棄增益「善良」這項道德責任，以便與「邪惡」共處。

　　蘇聯核武軍火庫愈來愈大，顯然讓共存成為第三次世界大戰以外唯一可行選項。但那真是大騙局，而西方都上當了。自此而往，西方與共產世界磋商十幾項大規模條約，除了叫自己的優勢喪失以外，別無益處。當時那些舉措被稱為「和解」。

　　雷根揭穿這個天大謊言。他帶領西方，證明共存並非唯一選項。藉著在多條戰線擴大開支、生產及競爭，他迫使蘇聯財政崩潰，1991 年政治解體，而沒發射半顆核子武器。很不幸的是，雷根在 1980 年代動用的秀肌肉達和平這道公式，遭其繼任者拋棄。繼任的美國總統都回到共存及片面裁軍這種較軟弱的立場。

二、相較於打核戰，美國寧願投降（已達成）

　　人只要有理智，都不想打核戰。這一點挑起以下問題：擁有更多核武而預防戰爭。有這一回事嗎？雷根總統倒是這麼認為，於是採取秀肌肉達成和平政策。他橫跨各戰線加強美國軍力，促使蘇聯最後崩潰。蘇聯試圖跟上美國的軍事開支，結果

財政枯竭，其人民反對這樣花錢、犧牲，搞得忍飢挨餓。軍隊及核彈頭成長，基礎建設卻告荒廢。

在核戰前線保持警戒有個構成要件，它是數十年分析世局下來，調整以資適應的產物。很多軍事分析家使用電腦模擬過無數次核戰光景，每次都探索各種選項，確保西方在損傷最小之下贏得勝利。

在這些想定裡面，唯一的因素便是漂流不定的政治意志力，它不斷突變及演化，脫離秀肌肉達成和平。這類型的姑息及屈從導致美國變弱——恰恰好實現共產黨的原始目標。

三、塑造出這樣的幻覺：美國全面解除武裝，反而是一種展現道德的力量。（已達成）

自 1950 年代以來，美國裁軍運動一直在成長。事實上，單邊裁軍便是華克（Paul Warnke）畢生宗旨，他與蘇俄磋商出第二輪戰略武器限制談判（SALT II，1972 到 1979 年）。逐步減少核武器，已減少美蘇這兩個冷戰強國的核彈頭數目，但核武暴發戶如巴基斯坦、北韓、伊朗及以色列，讓已弱化的美國地位及維持和平的雄心，碰到複雜處境。美國是自願繳出自己的王牌、削弱自己，以為這樣就可以釋出強大的道德訊息，而減緩其敵人的核武進展。誠如佛蘭克林警告，「自己變成綿羊了，就會被野狼吃掉。」

同一時間，美國還用其他方法來自行裁軍。自二戰以來，它已關閉全美 50 州逾 325 座軍事基地，減少徵兵員額，除役數千艘軍艦、裝甲車及戰機。雖說這有部分是審慎裁減預算，還有出自科技的因素，但很多裁減，實際上是削弱美國在世界的軍事地位。

四、不管有些國家聯不聯共，一律准許各國自由貿易，而且不
　　考慮某些品項是否可以用在戰爭。（已達成）

　　1951 年的《共同防衛援助統制法》（the Mutual Defense
Assistance Control Act），又因其提案人阿拉巴馬州眾議員巴特
爾（Laurie C. Battle）而稱為《巴特爾法》，禁止美國提供經濟
重建援助給跟蘇聯做生意的國家。本法案屬於美國圍堵共產主
義政策。然而，過去 60 年間，歷任總統的行政團隊都打著人
道救援、經濟支助的名義，頻繁又固定地違反其法條，而幫忙
社會主義政權得勢。

五、延長給蘇聯及其附庸國的長期貸款（已達成）

　　自 1971 年以來，這件事變成美國既定政策，而且，蘇聯
1991 年倒台後，繼續施用於個別蘇維埃國家。美國慷慨協助
有急需的國家，是維持世界穩定的重大力量。只是，這類援助
容許一些資源有餘的國家，得以武裝自己而攻打別國，麻煩便
因此浮現。

六、不管是否共產國家，一律提供美援。（已達成）

　　美國提供援助給 150 多個國家，其中很多是由獨夫、恐怖
分子及共黨治國。數十億美元流向大小不一但聲稱反美、想推
翻美國的國家，包括俄國、共產中國、古巴、巴拿馬、委內瑞
拉等國。美國決策者把人道需求放在比安全考量更高的地位，
裝沒看見自己給敵人的好處。任何矢言與美國為敵的國家而收
到美國人道救援，如此他們就有餘裕，把更多資金及注意力，
用在不利於美國及其盟邦的活動上。

七、承認共產中國。允許共產中國進入聯合國。（已達成）

　　夥伴國貿易往往能繁榮彼此，而外交承認是展開新貿易關係的第一步。共產的 45 個目標於 1961 年首度發表時，很多人說，想到承認公認的敵人如中國，而且准他們進入聯合國，就覺得不可思議。當尼克森總統推動於 1972 年承認共產中國在聯合國的地位時，卡特總統於 1979 年與中國建交時，那時反對力量就被拋棄了。

　　結果，中國繁榮了嗎？ 2014 年 1 月，中國超越美國，成為世界第一大貿易國，年進出口量合計達 4 兆美元。幫忙中國達成這個地位的是美國，買了中國出口產品的 17.2%，供應中國進口貨品 7.1%。

　　與中國貿易，有提升世界和平嗎？資本主義有妙不可言的方法，可以腐化獨裁政權，所以，或許辦得到。但另一方面，中國是美國國債最大持有國，金額達 1 兆 3170 億美元（截至 2013 年 11 月）。每天光是利息給付就超過 1 億 6400 萬美元。很明顯，美國面臨中國的毀滅性力量，除了軍事及核子威脅以外，如何還有別的了。

八、雖然赫魯雪夫 1955 年承諾，在聯合國監督下以自由選舉解決德國問題，但仍讓東、西德分別立國。（已達成）

　　二戰結束時，蘇聯想讓歐洲的疆界一如當時固定下來，美、蘇摩擦於是在東歐升高。當時，德國被分割成兩個國家，而較小的東歐國家，包括波羅的海三國，則成為蘇聯永久成員國（不管它們願不願意）。1975 年簽訂的赫爾辛基協議（Helsinki Accords），讓蘇聯得償所願。蘇聯在二戰的斬獲，正式獲得承認、接受，那些歐洲小國無異議變成由蘇維埃控制

的附庸國，德國依舊東、西分裂。蘇聯人承諾，會尊重他們新獲承認領土裡的基本人權。雖然這樣保證了，但在 1970 年代末期，蘇聯進軍到那些小國，撲滅內部異議，而宣稱那些行動是內部安全事務，不違反赫爾辛基協議——而西方未能以和平為名挑戰蘇聯人。

九、拖長禁止核武測試的談判會議，因為美國已同意，只要談判還在進行，就暫緩核試爆。（已達成）

這麼運作明顯讓蘇聯取得優勢。美國停止核試之後很長一段時間，蘇聯還在進行核彈試爆。磋商艱難進行了 8 年，直到 1963 年，美、蘇同意有限度禁止核試。美國計畫人員希望，美、蘇核武結盟，可以向中方施壓，不讓它發展出自己的核武。但聯盟未能發展得夠快，中國 1964 年試爆自己的核武。法國在 1960 年代中期研發出自己的核彈，印度、巴基斯坦、北韓後來跟進，伊朗也沒落後多久。

十、允許所有蘇聯附庸國分別在聯合國擁有代表權。（已達成）

蘇聯崩潰之後，一度遭蘇聯宰制的附庸國家，大多獲得聯合國承認。那十幾個國家讓聯合國的激進左派勢力大增。結果便是西歐及美國實際上已拋棄聯合國，不把它當成有積極建設能力的機構。

十一、推廣聯合國為人類唯一希望。假如能重寫其憲章，要求把它設計成單一世界政府，擁有獨立軍力。（已達成）

聯合國曾被形容為「第二次嘗試」建立世界新秩序。然而它的一大堆條約、方案及議程，都在推動社會主義，拆解西方

傳統價值，導致自己信譽大損，失去凝聚力。聯合國沒把自由的最大利益放在心目中，而是試圖把世界權力集中於單一機構。

2009 年，建立「全球民主體制」的呼籲在聯合國被提出來。翌年，有個聯合國機構敦促支持一項條約，憑以管制民營的軍事及安全公司。其他數百項聯合國宣言要求實施社會主義／共產主義的施政項目，包括國營健保、各國默認國際法庭權威、順從世界集體意志、把新的道德結構制度化，凌駕人類意志。

聯合國的支持者把這種集權，看成是能讓世界更為平等。只是，這個烏托邦大夢的核心，則是必須削弱美國身為世界強權的想法。美國失去自由旗手的地位，暴政便在世界其他地方竄起。

十二、抗拒任何想把共產黨列為非法組織的做法（已達成）

美國最高法院已反對把共產黨列為非法組織。有一些案例，如 1957 年的「葉慈訴合眾國」（Yates vs. United States），最高法院判決，反美國的顛覆行動，除非演變成立即行動，想動武推翻美國政府，不然受到憲法第一修正案保護，是合法的。換句話說，人們可以自由組織、演講、謀劃推翻美國政府，只要沒真的付諸行動就可以了。

十三、廢除一切宣誓效忠的行為（已達成）

這件事指的並非效忠宣誓（Pledge of Allegiance）——而是指憲法第六條。條文規定政府僱員及民選領袖，個人誓詞有法律約束力，並確保遵守法律及憲法，不從事顛覆活動或與顛覆

團體來往。長達 50 多年，效忠宣誓一直挨批，說它侵犯言論自由。隨時間下來，宣誓一直在減少。

舉個例子，1949 年「進步派青年」（Young Progressives, YP）便推展運動，要求校園廢止學生加入「預備軍官訓練團」（ROTC）的效忠宣誓。進步派青年指責說，要是容許這類宣誓，那便構成主辦（訓練團）大學的官方背書，讓誓詞對全體學生一樣有約束力（即便他們不想加入 ROTC）。

1976 年，美國公務員委員會（U. S. Civil Service Commission）為回應諸多法律訴訟，刪除職務申請表格上一切有關是否加入共產黨或革命團體的問題。

十四、持續讓蘇俄有管道可直通美國專利局（已達成）

最惠國待遇讓蘇俄及中國雙雙取得管道，直通美國專利局。美國情報界承認，有些資料的開誠布公，有可能會傷害了美國。例如《麻省理工學院放射實驗室系列叢書》（MIT Radiation Laboratory Series）在 1947 到 1950 年間出版。此舉把美國二戰期間，就雷達的研究及開發成果，提供給全世界。麻煩得多的是 1946 年《史麥斯報告》（Smythe Report）。它讓外國科學家取得充足資訊，避免在研究原子時徒勞無功。有確定的證據指出，蘇聯利用這份報告成立他們自己的原子研究計畫。國際貿易協定有助於減少竊取美國的創新，只是，談到適用於軍事及電子科技進展的構想時保護依然不足。貿易機密或許可由大家加入世貿組織而得到保護，但是隨著「新世界秩序」的組織出現，那種團體就無法防止敵人獲取珍貴的知識，再用來損害美國的最佳利益。

十五、掌握美國兩大政黨的一個或通吃（已達成）

這一點是間接透過共和黨、民主黨裡的社會民主派人士而辦到。他們使用國會、白宮及國務院，來形塑有利於共產國家的政策，但以美國及其盟邦的安全及經濟利益來作為代價。

十六、利用法院的判決，以它們的活動違反民權為由，削弱美國的機構（已達成）

華倫最高法院（Warren Court）把這一點推到極致，以至於到 1962 年底，已變成國家醜聞。它全面禁止公立學校內進行禱告、研讀聖經及傳授猶太─基督教價值。

強制把學童用巴士載到外區上學，是想破除某些州激進歧視的種族隔離。聯邦政府插手地方學校事務就是越權了，而且絕大多數黑人及白人對此都很討厭。1970 年代初期，蓋洛普進行民調，發現只有 4% 的白人及 9% 黑人支持強迫載學童離開自己住宅區──其他人全都反對。

1972 年，一項對 1964 年《民權法案》（Civil Rights Act）所做的修正案，叫做「教育法修正案第九條」（Title IX），它強迫接受聯邦公款的學校，要按校園男女比例，提供平等機會給兩性──換句話說，就是用配額。這樣又是災難一場。到了 2010 年，這項引發爭議的政策已削弱成為統計當地人口，而判定兩性對特定運動賽事的興趣，而非是否有性別歧視。

長久以來被奉為神聖且受各州保護的婚姻制度，2015 年被最高法院轉變成民權事項。它判定同性婚姻合法，各州都應實施。

十七、控制各級學校。用學校當作社會主義及當前共產黨宣傳

戰的中繼站。弱化課程內容，控制教師公會，把共產黨路線寫進教科書。

「取得控制」的做法，包括用腐蝕性及虛假的觀點來滲透文化，抹黑自由原則以及把自由帶給美國的開國先賢。舉個例子，把西方文化、資本主義及傳統美國價值，描寫成分裂、片面、貪婪、種族歧視、過氣之物，這種做法今天已司空見慣。為人父母可以檢查子女當成「事實」帶回家的東西，以及檢查課程，藉此了解已經發生的變化。

課程被弱化的事實，已經得到驗證。2003 年，美國 15 歲學童在評比數學、閱讀、科學認識力時，名列世上後半段國家。

脫離扎實的教育，剩下來便是舉國陷溺於透過電視、網際網路及電玩，以聲音、顏色、空間及情節打造出貌似很理想的夢想世界。美國人平均 1 個月花 153 小時在看電視。美國男生平均每星期花 13 小時打電動，女生僅有 5 小時。到了 21 歲，美國年輕人平均已花 1 萬小時在打電動——是攻讀四年制大學學位時間的一倍。

長久以來，大家用「學術水準測驗」（SAT）得分，來評量學生上大學的資格。平均分數多年來一直在下降。

與此相關的還有人們主動致力於重寫歷史。美國誕生時期，有些被征服、揚棄或吸收的文化，現在竟被誇成比美國文化更高尚、更講道德。「開國世代」（Founding Generation）的創新思想家遭到詆毀，包括建國諸賢、哥倫布及工業巨擘們。今天在公立學校，很少看到華盛頓、傑佛遜、法蘭克林或麥迪遜的肖像公開掛著。美國成功公式的奠定人，被批駁、遺忘；導致美國自由繁榮的自然律、永恆公理，也如法炮製、被抹滅掉。

那些追求最終控制美國人生命的行為者，首先得創造離心離德、大字不識的公民，他們才能以虛假說事、善忘糊塗，把公民們搓圓搓扁。

十八、控制所有學生報。（已達成）

跟第 17 號目標相似的還有，絕大多數美國學生報開始反映相同的反建制、反權威觀點，這股趨勢始於 1960 年代。這種做法著重在改變學生刊物，把學生報由新聞系學生作品精選專業展示，變化成鼓勵「獨立聲浪」。伴隨「獨立聲浪」而至的是教師們退縮，不再提供有益的指導。學生報不再提供有用的資訊來源，充斥著美化過的言論文章，夸夸其談，反對當代大道理；甚至化約成發洩的論壇，滿足個人見刊的虛榮。不見得各大專院校都走上那條路，但全國趨勢沛然流往那個方向。除開意識形態並不健全，那樣子也無助於發展學生當記者的技能。

十九、動用學生暴動來煽動民眾抗議，而讓目前正遭共產黨攻擊的組織或施政更添阻力。（已達成）

這個目標是想強化公眾對美國制度的憤怒，而那些制度正被共產黨人鎖定，想加以鏟除。這個目標在 1960 年以前，似乎不可思議。但是那一年 4 月起，到整個 60 年代結束，校園暴動者碰到任何自覺不合理的要求，值得當面行動的，就組織抗議。光是 1967 年夏天，學生就在 100 座城市放火。2011 年始於華爾街、稱為「占領」（Occupy）的運動，就是想恢復那段「權力還給人民」的歲月，抗議所謂的社、經不公平。按共產黨教條，那種不公平的唯一解方，便是政府取走「有餘」發給「不足」，強迫事態歸於平等——這就是社會主義的絕

對定義。

二十、滲透媒體。控制媒體內有關書評、主筆群及政策制定的
　　　職位。（已達成）

　　媒體偏見被吵得很凶，在原本就偏頗的媒體更是如此。然
而在 1990 年代末期，自由派歷史學者承認自己曾經是偏見的
一方，且忽略了大部分美國現代的保守主義。好幾位學者開始
處理這件事，但傷害已造成，為時已晚——美國歷史教師們已
不再教導來自民主、共和兩黨的美國人，希望保存美國基本價
值及自由的事實。

　　同一時間，媒體繼續攻擊美國傳統價值。保守派說這是
「自由派的偏見」，自由派則說是「媒體自由」。

　　《經濟學季刊》（*Quarterly Journal of Economics*）刊登一篇
研究，指出全媒體陣線正發生大幅左偏現象。即使新聞學有個
基本原則，說政治上要保持中立，但偏左的文章見刊，數目多
如天上星辰。

　　不實資訊照三餐吃，見聞不廣的公民就更容易被操弄去支
持社會主義。

二十一、控制廣播電台、電視台及電影公司的重要位子。（已
　　　　達成）

　　共產黨滲透到媒體的證據相當主觀，因人而異。有人認為
好萊塢價值的變動是一種保持財源滾滾的戰略變化，其他人則
認為這是對社會整體價值的衝擊。

　　有個重大的災情，便是提倡傳統美國主題、猶太—基督教

主題而躋身崇高地位、影響深遠的賣座大型片商關門大吉。取而代之的作家、製片人及導演所創造的電影、媒體內容及主題，完全跟傳統美國價值唱反調。

數十年來，以言論自由為名而呼籲包容的聲浪響徹整個好萊塢，而今新的「不寬容」則是順勢崛起。任何人表達異議，反對好萊塢「什麼都可以」的現況就會遭排擠。在好萊塢，一切平等——但有些比別的更平等。

最近發生的例子有加州八號提案（California's Proposition 8）（同婚非法），以及卡德（Orson Scott Card）的個人意見。卡德是電影《戰爭遊戲》（Ender's Game）的原著作者。當有風聲傳出卡德反對同性戀後，叫囂反對他的聲音震耳欲聾，迫使拍攝原著電影的明星們把電影的精彩內容與作者個人分開看待時，有如外科手術般精準，走鋼索般仔細。抗議與示威還跟進之後發生。

「電影嚮導」（Movieguide）的創辦人巴德赫（Ted Baehr）於 2014 年一項研究顯示，美國群眾偏愛挺美國、挺聖經主題的電影，比例是 3：1。這項研究進行 23 年期間，該比例曾高達 7：1。主題強烈愛國、挺美的電影，於 2014 年平均票房收入 5,669 萬美元，相較之下主題相反的則為 1,868 萬美元。到 2010 年，這個數字為 6,600 萬比 800 萬美元。2014 年沒有性愛、露骨裸體及污言穢語的電影，比起有黃色、內容叫人不舒服的電影，平均票房要好得多。

二十二、靠著貶低各種形式的藝術表達持續詆毀美國文化。美共有個小單位便接獲通知，去「鏟除公園及建築物所有優良的雕塑，代之以不成模樣、醜拙又沒意思的東

西」。（已達成）

現代抽象畫作及雕塑，尤其放在聯邦政府建築物裡的，很符合上述描述。打著「藝術變通手法」（artistic license）及自由表達的名號，展示一些樣子叫很多人看來不舒服的東西，彷彿它們是成熟的藝術作品。事物形狀的精準消失了，代之而起的是對真相扭曲又憤怒的新視角，描述為「沒意思的形式」實在恰當。它是已經倒台的蘇聯的藝術。

藝術表現的另一種失格，是在音樂及相關表演的影視產品。只消一個世代，就可以讓大眾娛樂的產品，由吸引大多數閱聽人、著重表演內容，轉變為軟性春宮、如瑪丹娜、女神卡卡、蕾哈娜、麥莉希拉（Miley Cyrus）等人（這些女星會過氣，隨著歲月被人取代）的表演。在法律允許範圍內大搞標新立異、大秀「什麼都可以」，今天已成為許多當代藝人專輯的特徵。大眾對這種「墮落到罪惡之城」（slouch toward Gomorrah）」作何感想？他們花數百萬美元來消費它。一個文化不再提升自己最優價值，那時倒退回野蠻就容易多了。

二十三、控制藝術評論，當上藝術館館長。「我們的計畫，在
　　　　提倡醜陋、噁心、沒意義的藝術。」（已達成）

英雄的形象及成就，可以提振、激勵人心。他們令人回想到過去的偉大，期盼未來能再降臨。然而透過無意義、粗鄙的藝術，把美國人與自己最高理想拆分開來，就會倒退回人類花了 6,000 年想逃離的困境。共產黨的第 23 號目標，已跨越社會許多不同階層。這件事辦得到，政府法規及支持，加上私人資金，都幫了大忙。舉個例子，這種事登峰造極於把十字架上的耶穌浸在一罐尿裡。他們說，這樣子很有品味，稱為藝術。

共產黨的 45 個目標中，有些光憑本身無法導致西方文化崩潰、抹滅，但它是整體攻擊行動的另一招，是一根打進十字架的釘子，弄死基督教價值。

二十四、鏟除一切管理猥褻的法律，方法是把它們打成「審查」，違反言論及新聞自由。（已達成）

美國有幾個政黨聲請最高法院釐清猥褻、色情、言論自由及審查制，但最高法院無法明確解決這件事，第 24 號目標大致上就辦到了。當最高法院不再能解釋為什麼猥褻是有害的時候，卻反而開誠布公地把美國內在的精神給揭露出來。1969年，最高法院判決，成人依其隱私權可以擁有猥褻物品，而且還設有限制。1999 年，最高法院維持各州對持有並散布兒童色情品列為非法的權限，此舉至少對兒童色情品有一些控制。

二十五、提倡色情書籍、雜誌、電影、廣播及電視節目，打破文化的道德標準。（已達成）

1959 年的美國尋常人決不會相信，今日文化之淪喪，結果讓美國道德及水準變成這個模樣。網際網路已讓這個問題惡化上一千倍，據說線上春宮影響到全美離婚案件的 56%。另一份報告說，年紀在 15 到 17 歲的青少年，七成會不小心在線上接觸到色情內容。其他研究發現，年輕人接觸到那些色情網站的，一生中更可能有多重性伴侶，更可能在過去三個月有多重性伴侶，更可能在上次做愛過程中喝酒或嗑藥。男人更可能看色情圖片影片，而女性更可能讀春宮小說。

「極限科技」（ExtremeTech）所做研究估計，整個網際網路流量，至少三成是用在逛色情網站。「教育線上資料庫」

（Education Database Online）宣稱，網際網路用戶有四成三去逛成人網站，那些人也占所有網際網路下載量的三成五。

世界最大春宮網站每月點擊量超過 40 億次。其他研究估計，所有色情內容，有八成九是在美國生產。談到點閱群眾，一般中學男生每星期花至少兩小時在成人網站，而年紀介於 18 到 24 歲的男性，七成每個月至少上成人網站一次。

二十六、把同性戀、墮落及雜交說成「正常、自然及健康」。（已達成）

共產黨的 45 個目標發表於 1961 年。到 1973 年，美國精神醫學學會（American Psychiatric Association）已不再把同性戀列為心理失常。其他組織跟進，美國心理學會（American Psychological Association）代表大會（Council of Representatives）1975 年採納相同作法，世界衛生組織 1990 年跟進。

經由對男同性戀者生活作息的研究，並不支持同性戀關係很穩定的看法。1978 年一項研究發現，八成三的男同性戀者一生有 50 個或以上的性伴侶，二成八還超過 1,000 個。研究顯示，大多數女同性戀者的同性伴侶不到 10 個，而且鮮少跟陌生人在一起。

愛滋病泛濫成災以前，約七成九的男性表示，自己性伴侶有半數以上是陌生人。1984 年愛滋病發現之後，舊金山男同性戀者平均性伴侶數目下降，由每月 6 個降到 4 個。男、女同性戀者比起異性戀，罹患精神疾病的比率較高，而一份 1977 年壽限研究指出，男同性戀者或雙性戀男性平均壽命要減少達 20 年。因為新的愛滋病治療法出現，往後的研究把他們的平均壽命調高或維持不變。近些年社會對同性戀接受度加大，一

樣也讓同性取向衍生的心理疾病水準下降。

　　同性結婚權於 2015 年獲最高法院保障，堪稱拆散自然家庭、讓同性戀制度化的最新行動之一。在言論自由的競技場，公開放話挺同婚，被褒揚為「包容」及「多元」。大學、企業及地方政府急著表態，表示自己變得很多元。然而，公開談話挺自然家庭、譴責同性戀，目前挨批為仇恨言論。那樣的表態或立場，叫很多人丟掉飯碗，或者製造其他社會、法律糾紛。挺家庭價值反同性戀的表態，正成為今天褻瀆及猥褻的新標準。

二十七、滲透教會，用「社會式」的宗教，取代「天啟式」的。
　　　　貶抑聖經，強調人類要的是不必「宗教支撐」的知性
　　　　成熟。（已完成）

　　隨著個人舉止目前已變成「只要感覺好，就跟著感覺走」，崇拜神、服從上帝、個人一生盡力以最高道德標準而生活的態度都已被撤到一旁。宗教啟蒙（religious enlightenment）遭社會教化（social indoctrination）取代。新近案例中有個人便是萊特（Jeremiah Wright），他是歐巴馬總統的牧師，非常詳細地用煽動性言辭解釋宗教概念。這類假教會組織充當的角色，更像是社區活躍人士，或是服務中心，而非致力於崇敬上帝的社群。傳統教會組織原本是自我滌新及改善的地方，現正稀釋為社交俱樂部。

　　同一時間，聖經被削弱為可供歷史檢驗的客體，或者當成「上古故事」的粗陋合集，而非上帝的義理。如此詮釋會導致全世界跟著一起遭殃。

二十八、學校裡消滅祈禱或任何形式的宗教表達，理由是違反「政教分離」的原則。（已達成）

1960 年，瑪德琳・穆瑞・歐黑爾（Madalyn Murray O'Hair）向學校提出告訴，說兒子威廉被迫禱告、研讀聖經。1963 年，最高法院支持她的立場，於是全美公立學校禁止祈禱及讀經。自那次判決以來，讀經及祈禱以各種形式被點名和攻擊，包括公開場合展覽十誡、鎮代會祈禱、公家建築物裡擺設聖誕裝飾都被挑戰。

有了 1963 年判例後，潮流發展為慢慢讓美國遠離信教及崇拜上帝的那一邊。全美 30 歲以下成年人，至少 32% 沒有宗教歸屬感。1990 年以來，美國人沒有宗教歸屬感的數目，已成長一倍以上。據皮尤（Pew）研究中心表示，沒有宗教歸屬感的人當中，七成三支持同婚。而且同一群人當中，七成二支持墮胎合法化——等於再添兩塊墊腳石，把西方文化帶向毀滅。

至於歐黑爾女士，她死得很淒慘。她為自己的反宗教運動，斂聚到數百萬美元，但從沒去用那筆錢。1995 年，她遭無神論同夥謀殺，分屍焚屍埋在德州一小塊地裡。在此之前，她兒子威廉早就公開揚棄乃母的運動。1980 年，他當上浸信會牧師，致力保存傳統價值及信仰。聽到威廉皈依基督教之後，歐黑爾說，「就當這是流產吧……我自此徹底、永遠與他斷絕關係。他不值得人類的寬恕。」

二十九、貶低美國憲法，說它有缺陷、過時、跟不上現代需求、在全球基礎上阻礙國與國之間的合作。（已達成）

兩個世代以來，學術圈主流觀點認為憲法應該具有「靈

活」、「易塑造」的特性。幾乎所有進步派政客都宣稱,憲法該是「活文件」,必須與時俱進。他們這麼說的意思是必須讓憲法能演化、維持可塑性,好比一團軟泥,可以雕塑成多數黨要的任何東西,只要還是泥土就行。這些主張從沒回答的,是以下這個問題:憲法保障的權利,哪些現在已過時?財產、言論、自衛、契約、版權、代議制、有權選任及罷免政治人物?與自己喜歡的人結社組黨?自由意志?有嘗試、買賣及失敗的自由?以上種種哪項過時了?憲政結構的政府,保護所有前述權利,不被君主般的統治者奪走,有什麼不對?

致力於重塑憲法,造就出來的一切變化,便是把政權從人民手上取走,塞進雄辯、能說服人的領袖手中。

三十、貶低美國建國諸賢。說他們是自私的貴族,不關心「老百姓」。(已達成)

這種做法始於比爾德(Charles A. Beard),以及他 1913 年的書《以經濟學詮釋美國憲法》(*An Economic Interpretation of the Constitution of the United States*)。比爾德堅稱,美國獨立戰爭真相是「黏在一塊的精英」(建國諸賢)所推動建立的新國家,以便他們用來自肥。歷史學家 1950 年便戳破比爾德的評斷,而到了 1960 年代,比爾德的進步派版本憲法框架說,便遭歷史學界批駁。雖說新近歷史學家同意,建國諸賢更有意於團結一致及經濟開發,但學界裡仍留有一種仇視美國建國諸賢的文化。今天建國諸賢已鮮少在學校被討論,而且在很多情況,諸賢的肖像已被激進派改革人士的照片所取代了。社會主義有個重大信條,便是毀掉過去建國諸賢參與制憲而富有建設的記憶,以便名正言順引地進精英統治階級,說他們「更知道」

如何治理人民。

三十一、貶低各種形式的美國文化，不鼓勵教導美國史，理由
　　　　在它僅占「人類大局」的一小部分。多強調共產黨當
　　　　權以來的俄國史。（已達成）

　　從哥倫布被毀謗、痛斥為殘酷征服美洲的唆使人，再到把
美國建國諸賢及英雄們由教學課程除去，有充足的證據顯示，
共產黨的第 31 個目標已經達成。

　　那些詆毀的工作，很多是在公立學校進行的。

　　例如 2004 年，有本世界史教科書《歷史活躍著！中世
紀 及 接 下 來 的 世 界》（*History Alive! The Medieval World and
Beyond*）經採用給七年級生使用。家長們審核其內容時生氣
了，抱怨說那本書是灌輸伊斯蘭的工具。尤其第八、九章，
還深入詳細教導伊斯蘭祈禱文、宗教及文化。據關心此事的
家長團體說，同一本教科書裡，創造世上最大宗教、信眾超過
20 億人的耶穌，只提到兩次。其他世上主要宗教只以一個段
落，就解釋帶過。

　　關心這件事的家長之一、加州洛戴（Lodi）市民謝爾夫
（Jim Self）反問說，「他們打算把十誡由最高法院臺階上除去，
但老師們打算教我 12 歲兒子怎麼去拜阿拉嗎？」

　　另位家長抱怨說，那本教科書在討論宗教時，以「不值一
提」的理由而把猶太教、基督教擱到一旁。在家長們的壓力
下，某些學區不採用那本教科書，但有些學區繼續使用。教科
書歧視問題在美國方興未艾，學校委員會正與家長們合作解決
問題。

　　其他把美國文化削弱到底的做法，以更微妙的方式在進行

中。一度獲高度敬重的節慶如復活節及聖誕節，或者華盛頓及林肯誕辰、國旗日、憲法日及獨立紀念日，意義都被降到最小。

有些學校、公司行號、封閉式社區甚至在 7 月 4 日都禁止懸掛美國國旗。有些沿南方邊界的學校，把墨西哥國旗與美國國旗升到同一旗桿，承認自己校園裡大多數學生是墨國人。

碰到年底連續假期，有些地方的老闆禁止店員用「聖誕快樂」來歡迎顧客，叫他們要用「假期快樂」，以免冒犯非基督徒。

以往談到「美國例外論」（American exceptionalism）時，會帶有一份自豪感，邀請大家來享受、保護並分享美國獨有的自由開放的方程式。而現在，美國例外論居然被視為丟臉，對別的國家展現做作傲慢，以及過分偏見。

矮化美國文化、歷史的行動及訊息還在進行。他們提供這些因素來弱化美國人民，如此後者可以更為容易控制。

三十二、支持一切社會主義運動，並用集權式的控制力，管理文化各面向——教育、社會機構、福利施政、心理健康教育等等。（已達成）

在華府，意圖集權控制美國的事天天發生。這類的企圖不再受節制、挑戰，反而通常被視為例行性、正常。幾十年來，政府官署不停制定五花八門的有法律地位的施行細則。早期的憲法禁止這麼做。當時憲法明確區分政府的三權，而且措辭明確地說，「本憲法授予的全國立法權，屬於由參議院和眾議院組成的合眾國國會。」

憲法並沒賦予國會把立法權力，委託給行政部門或任何一方行使。誠如洛克（John Lock）所說，「立法當局不能把立法

權轉移到任何人手上，因為它是人民委交的權力，擁有立法權的人不能轉交給他人。」只是目前的事態就是轉交了。

遂行第 32 個目標的行動與算計，今天已包圍住聯邦政府幾乎每一層面、面向及其運作。

三十三、法律或行政流程，凡是會干涉共產黨組織運作的，都設法消滅。（已達成）

不管人民今天如何定義「共產黨組織」，其原始目標依然印象深刻地存活在有志一同的美國人心中，他們追求擴大美國政府、減少人民權利。學術界在全美各大學推動相同的「大政府」概念，媒體也大力支持。結果便是：現在政府把特殊待遇分配給自己喜歡的人，並且變成一個權力中心，想方設法討選民歡心，而非做對國家最好的事，以及維護憲法。這種政權控制的轉移，名稱或標題或許不像 1960 年代所用的「共產黨組織」，但理念一樣，而且一樣致命。

三十四、消滅眾議院「非美活動調查委員會」。（已達成）

眾議院「非美活動調查委員會」創設於 1938 年，追蹤美國境內的顛覆活動。1969 年，委員會更名為「眾議院國內安全委員會」（House Committee on Internal Security）。然後在 1975 年完全廢除。「眾議院司法委員會」（House Judiciary Committee）接掌調查國內安全的角色，但它主要焦點是監督司法系統，傳喚證人進行彈劾聽證。但非美活動調查委員會原本的使命及宗旨已不敵歲月、不具有優先地位，而且就一切含義及目的而言，它已經被消滅了。

三十五、先貶低而最終消滅聯調局。（已達成）

幾十年來，聯調局及長期擔任局長的胡佛一直遭到攻擊，並意圖加以摧毀，但仍存活下來。雖然有些人使盡力量，想把聯調局政治化或弄得它無能為力，聯調局依然是美國司法及偵查系統必不可缺的部分。聯調局的對手把它稱為「警察國家」的基石，是聯邦侵犯公民權的機器。煽起這些怒火的，是聯調局內某些個人一些不經意、但嚴重和公然的失誤所引起的（這些重大挫折，諸如德州韋科（Waco）、紅寶石山脊（Ruby Ridge）及一些間諜案），但那些痛苦教訓有助於使聯邦調查局變得更聰明、更進步、更有效。詆毀的人說，聯調局刺探美國人民，全民都被建檔。聯調局與其他官署勾結，運作不受法律節制。凡此種種都是不實指控，旨在進一步貶抑聯調局。

好些年來，抹黑胡佛局長的攻勢，透過小報、仇恨文章、流行文化等途徑，以大量造謠的方式滲入美國人民意識。扭曲胡佛生平的人存心忽略的，是好多親身與胡佛共事的人的證詞。比起其他人，那些人都要曉得胡佛是怎樣的人，他捍衛的是什麼。抹黑胡佛的烏賊戰，遭那些最親近他的人駁斥，但大眾的感受並沒被糾正過來。以此言之，第 35 個目標算是有達成部分。[1]

1　原註：柯立安・斯考森與胡佛有多年的密切工作夥伴關係，他證實胡佛是個正直、擁有堅定的道德品格，對上帝和自由事業做出奉獻的人物。當斯考森要求休假去辦理婚事時，胡佛向斯考森表示：「一個男人能夠做的最有智慧的事情就是結婚及組織家庭。」胡佛有一次坦承，他會過上更快樂的生活，如果他自己有家庭的話。「我就是無法找到合適的女人，」他說，「我想我是跟聯調局結婚了啦。」（引述自 Skousen, J. Edgar Hoover As I Knew Him, 1972）。與胡佛最近身的朋友是他的副局長克萊德・托爾森（Clyde Tolson），胡佛稱他為「另一個自我」（alter ego）。多年來那些毫無根據，對兩人親密友情的攻擊，一直被與托爾森和胡佛兩人日常、關係密切，同時熟悉且共同工作多年的朋友施予反擊。

三十六、滲透並控制更多工會。（已達成）

馬克思派的「工人團結起來」概念在美國已逐漸失寵。那些大多數工會箝制力出現裂解的「工作權州」（right-to-work state），今天都比那些「工會強大的州」還要繁榮。工會控制、腐敗到破產而被拋棄的產業及城市，為數愈來愈多（例如工會組織強大的底特律於 2013 年破產，負債 185 億美元）。

工會會員數整體上一直在下降。1954 年到達高峰時，加入工會的美國勞工占全體工人幾乎 35％。1983 年，這個比例降到 20％。到 2013 年，降到 11.3％（政府與民間部門工會合計）。

雖說民間部門工會會員比例今天已降到 6.6％，政府部門僱員加入工會比例反而成長。所有政府僱員加入工會者已超過 35％。

誠如在第 32 個目標所指出，政府僱員靠納稅人的血汗錢過活，薪資平均要高於民間勞工。此外，他們的工時也較少。這個差距是因為工會替政府僱員把工資及福利拉高。這個例子足以顯示，想更精準地評量價值及薪酬，市場比起工會要更為合適。

某些工會太激進又不知妥協，迫使一些大型機構破產（例如霍斯蒂斯（Hostess）麵包、各大航空公司、底特律市及汽車業等等）。取走雇主的私人財產控制權，交給工會──馬克思的無產階級──手中，可是共產主義的主要信條啊。

三十七、滲透並控制大企業。（已達成）

這個目標引發的問題是：滲透後要幹嘛？取得控制要做什麼？答案是鞏固權力。

過去 50 年，經濟實力已然躍升成比共產主義更強大的控制動力。對俄羅斯、中國、北韓或其他任何地方的共產黨人來說，共產主義的政治或經濟目標依然不變：贏得政治控制。

隨著企業影響力擴張到生機蓬勃的全球市場，一種新的金融相互依存便創造出來了。軍事對手已變成貿易夥伴，區域的獨裁政權則變成大型出口國，武裝反叛軍透過貿易協議，找到金主挹注他們的政治、軍事事業。以前的敵國如今在經濟聯盟中找到力量，藉著進、出口政策協調一致，而提振其貿易力量。簡言之，這世界愈來愈發現，經濟控制的政治影響力，要比打仗大得多。

雖說這些金融結盟不太可能認同共產黨的意識形態，但兩者想達成的目標卻相同：透過經濟手段控制其他國家。它只是殊途同歸，於是又一個共黨目標快要被達成了。

三十八、把某些逮捕權，由警方轉移給社會機構。把所有行為偏差看待成精神失常，而精神失常唯有精神科醫生才懂、才能醫治。（已達成）

社會機構及兒童保護單位在社會扮演的角色很重要。但是賦予這些機構警察權，卻讓他們經常在社會最深入的層級，扮演的是最兇惡的人員。有些機構的行為違反人類的行為準則、道德法律，甚至曾造成災難，而那些狀況，本應交給大多數裝備及訓練更好的警察局處理才對。另外，有些州准許只要有兩名醫生簽字，就可以逮捕民眾，並送去做藥物治療，沒經過審判就關起來，為期不定。如此的濫權在某些地方已遭到法律挑戰。好些年來，第 38 個目標被視為已達成，但濫權事件發生的時候，它又能適切地遭到挑戰。

三十九、支配精神科專業，使用心理衛生法當手段，脅迫並控
　　　制反對共產黨目標的人。（已達成）

　　人類史上有些極端時代，大家只消一些說法，某些人的心
理健康不穩定，在違反公義的情況下就把他們送去精神病院，
這種事還沒在美國爆發。二戰德國、義大利發生的駭人事件，
其目擊證人有些仍在人世。這類暴行會入侵到美國嗎？

　　1962年，司法部長羅伯特・甘迺迪（Robert F. Kennedy）
下令把功勳卓著的沃克（Edwin Walker）少將關到精神病院隔
離90天，這是因為沃克的政治看法與他南轅北轍。另一位精
神科醫生抗議了，沃克經過五天後便被釋放。羅伯特・甘迺迪
做出如此駭人侵犯人權的事情，最後卻安然無事。

　　影星西恩潘（Sean Penn）呼籲用行政命令，把保守派人
士（茶黨黨員）送進收容所。他說，「國會裡有神經病。他們
是我們美國的兄弟姊妹……我呼籲幫幫他們。」

　　斯克蘭頓大學（University of Scranton）心理學教授庫歐
（Barry Kuhle）說，「病態心理學的症狀可以……被看見……
在保守派政客身上，尤其當你把罹病指標放寬來看，更是如
此。」

　　克利夫蘭州立大學教授邁爾—艾默瑞克（Nancy Meyer-
Emerick）創設「右派威權」（right wing authoritarian，RWA）
測驗，想揭露威權傾向，她說，「共和黨群聚在威權量表的高
端處，反之民主黨則在整個量表都可見。」

　　有四個大學教授在《心理學公報》（Psychological Bulletin）
上頭斷定，「保守主義的核心意識形態，在強調抗拒變化，把
社會中的不公平合理化。並且需要在面對不同情況和情境上作
出變化，以管理不確定性和威嚇……」

只要美國人把自己最大利益，乖乖交給學術界、醫學界及政界那一小撮精英骨幹，那時候政界及學術界就有很多諸如此類的工具，可以用來叫反對的人噤聲。結果便是：憲法及言論自由的敵人正用今日的「紅白藍恐懼」來醞釀新版本的1950年代的「紅色恐懼」。

四十、詆毀家庭作為制度的地位。鼓勵雜交及隨便離婚。（已達成）

　　今天流行文化把家庭重新定義為：任何人在任何條件下結合，目的在照料同一屋簷下的生活。誠如安潔兒（Natalie Angier）在《紐約時報》上簡潔地說，「黑人白人相嫁娶，無神論的嫁娶浸信會的，男男同婚女女同婚，人類正在增加的過程中。民主黨共和黨永結同心，並且開始一起經營事業吧。好朋友們合力加入『自願結親』（voluntary kin）運動，分享醫學指南、意見，甚至合法地彼此領養。單身的人自己過活，自豪地稱之為單人家庭——比起俗稱的『自利結婚人』（greedy married）要慷慨、有公民心胸得多。」

　　隨著由父母親、子女組成的傳統家庭獲得的支持降低，美國社會付出的文化及金錢代價十分巨大。

　　舉個例子，在近幾十年來，女性未婚生子的比率躍升310％。15到19歲的青少女中，此一比率上升337％。與此而起的是性傳染病蔓延。美國人目前大約三分之一（1.1億人）有性傳染病。因性雜交而衍生的醫療開支，每年超過160億美元。

　　美國也名列世上離婚率最高的國家。離婚製造出很多問題。隨著今日婚姻提升給聯邦管轄，如2015年最高法院准許同性婚姻，還有大家對同居只聳聳肩，代替堅定的婚姻關係，

接納為可行的方案，結果是結婚率一直下降。1960 年，美國已婚成年人還有約 72%。今天這個比率低於 51%。

離婚法在 1960 年代放寬，離婚率竄升長達 20 年。自 1990 年代中期以來，大多數年齡層的離婚率持平甚至下降。今天，美國首婚族以離婚告結者為 41%，再婚族離婚收場為 60%，三婚族更高達 73%。

談到雜交增加，有個評量變化的觀察，便是青少女懷孕人數上升，還有自羅伊訴韋德案（Roe v. Wade）之後，墮胎的要求數飆升。自 1980 年以來，全國發動幾波宣導，以克服這種行為，如今已經讓美國人墮胎件數減少。

2011 年，聯合國告誡說，「各國應採取措施，確保合法安全的墮胎⋯⋯刑法及其他法律限制，以削減或拒給家庭計畫產品及服務，或是某些現代避孕方法如緊急避孕，均構成違反健康權。」

2012 年，歐巴馬服從聯合國命令，強迫美國保險公司提供免費的避孕用具的做法給保戶。詆毀家庭價值及個人節制的人，把這樣解散傳統價值當成「進步」。貶低家庭成為共產黨的另一個已達成的目標。

四十一、強調撫養小孩時，應遠離父母的負面影響。把兒童的偏見、心理障礙及智力發展遲鈍，歸咎給父母的高壓影響。（已達成）

讓小孩與家庭價值疏離，是今天很多社會學實驗進行的基本主題。很多政策，支持聯邦補助育幼院、幼稚園，都想把「全社會撫養一個小孩」之流的主題，變成長久存在。對於提倡第 41 號目標的人來說，最重要的一課是教小孩先對社區負責，

家族及家庭的價值放第二。

斬斷小孩與父親或母親的聯繫，其傷害足以毀掉人生。今天美國有大約三成的小孩活在沒有父親的家庭裡。歐尼爾（Rebecca O'Neill）2002 年完成一篇有關父親由家庭結構移除的研究。她的成果包括：

沒有父親的孩子求學時較辛苦，健康問題較多，碰到肢體、情感及性虐待而受害的風險更大，更容易有翹家的傾向。

沒有父親的青少年更傾向逃避結構性環境。更可能在 20 歲以前就生小孩；處理性慾有困難；更可能抽菸、喝酒、嗑藥；在校行為不當；被開除，還有更可能在 16 歲後便不再求學。

人口學裡的這群人較容易無目的瞎逛，虛度準備考大學的那幾年時光，卻未能取得求學或就業的資格。他們更可能要靠領社會福利金過活，或者找不到工作。他們往往收入較低，傾向於把時間花在街頭當無家乞丐，而且更可能從事犯罪活動，坐牢消磨光陰。他們也更可能有情緒難題及健康毛病。更容易在多重性關係及同居生活裡打轉，以及婚外生子。

把孩子、家庭及傳統價值拆解開來，現在目標不僅達成，威力還在擴散。

四十二、製造出一種印象，即暴力及反抗乃是美國名正言順的傳統面向；學生及特殊利益團體應該奮起，「聯合起來」來解決經濟、政治及社會問題。（已達成）

動盪的 1960 年代及接下來的時間，俗稱的「都市革命」在很多大學校園宣傳開來。那段期間組成的各種團體中，有從事極端活動的人如「學生爭取民主社會」（Students for a Democratic Society, SDS）、「氣象員」（Weathermen）、「地

下氣象組織」（Weather Underground）、「黑豹黨」（Black Panthers）、「共生解放軍」（Symbionese Liberation Army）等等。

1971年，阿林斯基（Saul Alinsky）出版新書《激進者守則》（*Rules for Radicals*），給活躍人士提供行動指南，談如何組織社會各個階層，並推動社會主義議程。

在那些動盪的年代，要贏得民眾對社會主義的支持，有一關鍵便是把各種各類的目標換個名稱。一些口號開始流傳，變得普及起來，比如「社會正義」（一切共有）、「進步主義」（取消憲法）、「經濟民主」（向有生產力的人拿東西，交給沒生產力的）、「職場民主」（工會控制雇主的私人財產）、「環境正義」（反人類的政策，以及信奉全球暖化）、「持有攻擊武器」（反槍枝條款）、「生活工資」（工資管制）、「墮胎權」（屠殺胎兒）、「恐同症」（病態地恐懼同性戀）、「無檔案勞工」（非法移民）、「反選擇」（對墮胎抱持傳統或聖經價值的人）、「性別調整」（變性）等等。

今天，在文化層面出現新型態的下流——「只要喜歡什麼都可以」的新態度，取代正常的自我克制。在愈來愈多社群，大家不敬重傳統「賢良」，而一種墮落的「善」反而被接受、敬重。

由暴力示威者，到心懷鬼胎、悶不作聲在體系內工作的人，這股反家庭的毀滅運動已經得勢、產生影響力。它用很多口號、字眼及詞彙，把各色力量團結起來，在社會各階層建立反家庭、反猶太—基督教的灘頭堡——由托育中心到白宮都有。

四十三、在本地人準備就緒，成立自己的政府之前，就先推翻

所有的殖民政府。（已達成）

這個目標由蘇聯人執行，他們靠磋商或強加蘇聯模式，而宰制絕大多數俗稱為「被解放」的殖民地及第三世界國家。

即使蘇聯崩潰之後，俄國人仍在建立霸權，直到他們與受戰火蹂躪的中東國家，成功地站在同一條線。這種舉措真聰明，把美國從當地主要穩定力量的地位趕下來。美國支持以色列的政策時做時輟，前後不一，而伊拉克、阿富汗兩地，政治操控的戰爭打個沒完，叫美國開銷極大。那些國家現在覺得自己遭美國忽視或拋棄，要贏回它們的信任，美國有場硬仗要打了。

四十四、巴拿馬運河國際化。（已達成）

1977 年 9 月 7 日，前總統卡特簽字，結束美國對巴拿馬運河區的占領。美國不再控制該運河。運河航行自由要取決於巴拿馬人，他們保證運河永遠保持中立。1999 年 12 月 31 日，美軍完全撤離當地。為此辦了一個典禮，卡特參加儀式，但時任總統的柯林頓沒有出席。他表示有信心，巴拿馬政府承諾維持運河安全，遵守在磋商時的諾言。話雖如此，但問題沒消失：碰到國家緊急狀況時，運河還能保持開放，滿足國防需求嗎？

四十五、廢除康納利保留權（Connally Reservation），如此美國就無法阻止國際法庭（World Court）取得國內問題的司法管轄權。讓國際法庭的司法管轄權得以涵蓋國家及個人。

康納利保留權（有時稱為康納利修正案）更動美國批准聯合國憲章時的文件措詞，是為了防止國際法庭（International

Court of Justice）對美國國內事務有任何置喙餘地。修正案把字眼添加到下列子句：

「……本宣言不適用於……攸關一些實質上屬美國國內司法管轄的爭端，一如美國所認定……」

換句話說，美國人得認定什麼送歸國際法庭，而什麼不是。

想廢止康納利保留權的舉動很多，但每次都遭到挫敗。推動廢止的人總是規避以下真正的危險：假如聯合國憲章被修訂或更動，而允許其管轄權可到國內及跨州事務，該怎麼保護美國利益？

共產黨的主要目標裡，廢除康納利保留權是唯一未能達成的。假如康納利保留權被廢除，國際法庭就能就許多不同種類的國內事項，直接懲治美國個別人等，從而違反主權、自治政府、人權法案及自由等憲法基本原則。

五個至關重要的問題

Five Vital Questions

問題一

他們如何為共產主義辯解？

Question One
What do Defenders of Communism Say?

浩瀚的共產主義文獻裡，已有顯著而生硬的答案，人們想詢問的任何問題，幾乎都能找到答案。然而，少有人有機會遇見自認為精通共產教義理論的人。況且，有時間及意願去閱讀共產黨資料庫裡那些技術、冗贅文件的人為數也很少。所以，接下來的專文旨在把讀者的一些問題，歸納在廣泛的標題下來回答。

　　看得出來，每當平鋪直述把共產教義說出來會很尷尬，共產黨的宣傳戰有時就會跟文中彙整的答案相牴觸。只是，這裡提出來的答案，大多數取自最早倡導共產主義的人，同時是馬克思主義導師會傳授給追隨者的那些沒有經過修飾、非宣傳性質的答案。

和平共存

　　「你認為民主國家與蘇維埃有沒有可能設法共存？」

　　列寧：「蘇維埃共和國與帝國主義國家長期同時存在，是不可思議的事情。最後不是你死，就是我亡。所以，在結果出現之前，蘇維埃共和國與資產階級國家之間的一系列可怕對撞將必不可免。」

　　官方說法：「蘇聯的無產階級，對長久與帝國主義者和平共存的可能性並不抱存幻想。無產階級曉得，帝國主義者對蘇聯的攻擊是必不可免的。邁向無產階級世界的過程中，無產階級國家與資產階級國家間的戰爭，為解放世界免於資本主義的戰爭，也是必要也必不可免的。所以，無產階級身為社會主義戰士，主要職責，便是為這些戰爭做好一切必要的政治、經濟及軍事準備，強化紅軍——無產階級最強大武器——訓練勞苦

大眾如何作戰。」

「為何你不直接在你自己的國家證明共產主義管用之後，才強加給其他國家？」

列寧：「最終勝利唯有是在多國規模，結合所有國家勞工的努力才辦得到。」

史達林：「這代表來自國際無產階級的積極協助是一股強大力量，沒有它，只靠單一國家社會主義，是無法解決最終勝利這個問題的。」

「我支持國家之間的和睦關係。你會認為我是國際主義者嗎？」

維辛斯基（P. E. Vyshinsky）說：「國際主義當今唯一的判別標準……是：你支持還是反對世界無產階級的祖國──蘇聯。國際主義者不是口頭認同國際團結，或同情這個概念的人而已。真正的國際主義者，是提升同情、認同到實際最大協助蘇聯的人，以各種手段、各種可能形式，來支持、捍衛蘇聯。」

「我以為，二戰期間共產黨領袖說，他們想跟美國交朋友。希望雙方朋友關係維持下去。」

瓦爾加（Varga）：「事實上蘇聯與大受震撼的資本主義國家匯合成單一強大陣營，（二戰期間）大力反抗法西斯侵略者，但結果顯示，兩體制在民主陣營裡的鬥爭雖暫時紓緩、擱置，可是這不意味鬥爭就此結束了。」

蒂托元帥：「最近結束與資本主義的戰時合作了，但不表示我方未來應繼續與他們的聯盟。相反地，儘管資本主義協助我們擊敗來自他們陣營中最凶險的代表──法西斯，但資本主義者的武力儼然是我們的天敵。雖然未來我們有可能再度利用它們的協助，但加速它們最終毀滅這個唯一目標卻是始終不變

的。」

「也就是說，你們佯裝成我方的朋友，純是權宜之計？繼續當朋友，對雙方都有好處，不是嗎？為什麼不要呢？」

曼努伊爾斯基：「共產主義與資本主義間戰到你死我活，是必不可免的事。」

「那你們試著與西方維持和平關係，是為了什麼？」

史達林：「我們不能忘記列寧的名言，大意是：共產大業……端賴我們能否延遲與資本主義國家之間的戰爭……要到歐洲無產階級革命成熟，或者直到殖民地革命來到最後關頭，抑或，直到資本主義國家為了分割殖民地，自己打得不可開交。所以，與資本主義國家維持和平關係，對我們來說是責任，同時也是義務。」

「你認為那場『必不可免』的戰爭，未來會很快還是很久才會發生？」

列寧：「要先按兵不動，敵人目前武備比我們強，公開跟他們講我們是否或何時要跟他們打仗就是愚蠢，且不是搞革命的料。優勢顯然在敵人那邊，不在我方，此時與敵接戰就是一種罪行。革命階級領袖，要是無法『改變方針、動用計謀、妥協按耐』，而避開不利的戰役，就是百無一用。」

「這樣或許可以解釋你們共產黨為何繼續建設龐大戰爭機器，而宣稱你們要和平。你們難道不認為西方真要和平，願意裁軍嗎？」

官方說法：「帝國主義者強大的軍備政策與他們偽善地大談和平之間的衝突，顯得很諷刺。然而，蘇維埃政府準備國防和進行革命戰爭，與其一貫的和平政策兩者之間就沒那樣的衝突。無產階級專政的革命戰爭，只是用其他手段來延續革命式

的和平政策。」

「難道『用其他手段』做所謂革命式和平政策，不是在威脅殲滅之下，勒令無條件投降嗎？為什麼你們公開認為西方是敵人時，還在推和平共存這種迷思？」

曼努伊爾斯基：「當然，今天我們還沒強大到足以發動攻擊……要贏，我們得用奇襲。必須叫資產階級蒙頭大睡。我們開頭先祭出有史以來最為壯麗的和平舉動，做出激勵人心的提案，以及前所未聞的退讓。愚蠢又腐敗的資本主義國家，就會歡天喜地來參與他們自己的毀滅。只要他們放下戒心，我們就握拳砸碎他們！」

要不合法的方式運作下去

「或許這樣有助於解釋，何以共產黨的戰略家從未能以說服的方式，或合法參與大選的方式拿下一個國家。你們共產黨總是訴諸顛覆及非法的政治運作嗎？」

列寧：「首先，絕對有必要把非法與合法活動結合起來，不僅取決於綜覽當今時勢……還因為有必要向資產階級證明——沒有，也不能有一個工作領域或場合，是共產黨人拿不下來的……有必要且立刻讓合法的共產黨去組成非法的組織，以有系統地執行地下工作。還要做好全面準備，因應資產階級訴諸迫害的時刻。非法工作在陸軍、海軍及警界尤其必要。」

「一個被選去做非法活動的人，會遭遇什麼狀況？」

列寧：「一個可以任何方式展現出才華及潛力的勞動階級煽動家，就不該一天花 11 小時的時間在工廠工作。我們將確保他能靠黨提供的資金過活，時機適當的時候，他就有辦法執

行法律不許可的行動，如此才能改變他在運動中的地位。不然他無法增長經驗，無法擴展視野，也無法在與警方鬥爭時撐上幾年的時間。」

暴力革命

「美國人如果改信共產主義、隸屬於黨，但仍堅持和平改革，不動用暴力革命，有可能嗎？」

列寧：「只在政治口號這個問題選邊站，是不夠的，我們在武裝起義這個問題也必須堅定立場。那些反對武裝起義，不為武裝起義做準備的人，必須無情地踢出革命支持者的行列，遣送回敵人陣營，視為叛徒或懦夫。到了那個時候，鬥爭的局勢力量會逼我們依原則劃清敵友。」

「顯然你相信社會要進步，只能靠暴力革命，立法改革是做不到？」

列寧：「馬克思信徒從沒忘記，要讓資本主義全面崩潰，促使社會主義社會誕生，無可避免要用到暴力。這種暴力得涵蓋一段歷史時期：整個時代充滿各種的戰爭——帝國主義者的戰爭、國家內戰，前後交織起來的兩種戰爭、國家之間的戰爭。在龐大的國家資本主義時代，帝國主義國家為鎮壓民族，無可避免要組成各式聯盟、軍事互信及同盟。這會是個大崩壞時代，大量軍事決定都有暴力、危機的本質。我們看得很清楚，這個時代已經來臨——一切只是開頭而已。」

「你的意思是一個美國人不背叛自己國家，無法成為真正的共產黨人？」

列寧：「有階級意識的工人共有的感受，便是憎恨自己的

政府及資產階級……但假如並非真心革自己政府的命，那不過是陳腔濫調。不希望自己政府及資產階級敗北，還要挑起對它們的憎恨，是不可能的事。」

「可以指望美國的共產黨，在美國處於戰爭期間，還要搞顛覆及叛國的活動嗎？」

列寧：「反動戰爭中的革命階級不得不希望自己的政府敗北……戰時反政府的革命行動，不僅希望政府被擊敗，還真的會促成它被擊敗。」

「假如你認真希望個人不忠於政府，那為什麼你堅持美共要維持對蘇聯的忠誠？」

官方說法：「有鑒於蘇聯是國際無產階級唯一祖國，它是無產階級成就的堡壘，同時也是國際解放的最重要因素，國際無產階級必須盡其責任，促進蘇聯社會主義建設成功，同時使盡全力，用各種手段，保衛蘇聯對抗資本國家的攻擊。」

「換句話說——講得更明確點好了——你們反對愛國主義，除非是愛蘇聯？」

維辛斯基：「蘇聯是世上無產階級社會主義的祖國，保衛它是各地正直人類的神聖職責，不光是蘇聯公民。」

「假如美共按指望推翻他們的政府，為蘇聯的利益服務，難道不會變成無政府主義者兼叛亂分子嗎？」

列寧：「唯有叛亂才能保障革命勝利。」

列寧：「革命叫我們直接面對武裝起義的問題。沒有適當的技術準備，奢談革命就只是高談闊論而已。要搞革命的人，必須為廣大群眾做有系統的準備，而在準備過程中，群眾會造出必要的鬥爭機構。」

「凡此種種，都是為了暴力推翻政府？」

列寧：「起義的目的，決不止於完全摧毀或除掉地方官，以及接替他們的新官員……還得驅逐地主，抄沒他們的土地。」

戰爭與和平

「這麼煽動的政策，與你們廣加宣傳的和平攻勢，豈不是完全牴觸嗎？」

官方說法：「完全的共產主義就不會再有戰爭了。唯有在共產之下，才有可能落實真正的人類和平。但這個目標是無法靠和平、『太平反戰』的手段來達成的，只能靠內戰打倒資產階級才行。」

「換句話說，各國共產黨只構成戰爭黨派，而非旨在提倡和平的政黨？」

官方說法：「在今天的資本主義世界，革命的無產階級要支持、捍衛無產階級國度（蘇聯），對抗帝國主義國家。」

「但蘇聯一直在發動或鼓勵侵略戰爭。憑良心講，你們怎能支持這一切？」

官方說法：「蘇聯的每場戰爭都是防衛戰，即便是以進攻的手段來進行。」

「即便承認蘇聯動用的是『攻擊手段』，但你們依然把蘇聯所有的戰爭行為稱之為具『防禦性質』，那麼，對於別的國家維持強大武備，純為防禦共黨侵略，你們持什麼態度？」

官方說法：「（吾人支持）有系統地揭發並指責一切資本主義式的武備、軍事條約及戰爭準備，尤其是蘇聯對抗帝國主義聯盟的防禦更是如此。」

「共產黨高層指望各個國家自行發動起義，還是會指使徒眾起義？」

列寧：「鑒於社會關係已發生革命，假如群眾革命的條件已經成熟，而我們已有準備，吾人會下令組織起義。」

「你們推翻政府時，會用到什麼手段？」

列寧：「暴動——示威——街頭巷戰——派出革命軍——群眾革命的發展，會循如此的階段。」

「根據經驗，叛變成功最理想的條件是什麼？」

列寧：「把群眾政治示威與武裝起義結合起來。」

共產國際

「一開始，你們對於那個據說要推行世界革命的組織是怎麼說的？」

官方說法：「共產國際乃是無產階級世界革命的集中意志。它的任務在組織世界勞工階級，推翻資本體制，建立共產主義。共產國際是個戰鬥體，它承擔的任務，是結合各個國家的革命武力。」

「共產國際的宗旨，是散播分歧及建立紅軍嗎？」

官方說法：「為了推翻國際資產階級，創造充當過渡階段的國際蘇維埃共和國，再邁向共產社會，共產國際將動用手頭上的一切手段，包括軍隊武力。」

史達林：「黨的外交政策任務有：一、利用周遭資本團體、政府的每個衝突矛盾，遂行解散帝國主義的目標；二、不計手段及辛勞，協助西方無產階級革命；三、採行一切必要措施來強化紅軍。」

「共產國際的綱領便是如此嗎？」

官方說法：「共產國際必須特別專注在……日常組織工作……過程中，合法手段必須無誤差地跟非法手段結合；有組織地在陸軍及海軍工作──透過各地共產黨與共產國際連結。共產國際就這點的基本口號，必須如下所列：

『把帝國主義戰爭轉化為內戰。』

『擊潰你們的帝國主義政府。』

『碰到帝國主義開戰攻打時，用各種手段捍衛蘇聯及殖民地。』」

「共產國際仰賴各國共產黨，還是各自獨立運作？」

官方說法：「共產國際為爭取無產階級專政鬥爭成功，注定每個國家都要有團結的共產黨，飽受鬥爭淬煉、有紀律、服從中央、密切與大眾聯繫。」

「一個組織如美國共產黨，與共產國際聯繫時，負有什麼義務？」

官方說法：「想與共產國際聯合的各造都負有責任，盡可能提供每一種協助給蘇維埃共和國，與一切反革命勢力鬥爭。共產黨應執行精準明確的宣傳戰，促使勞工拒絕運輸任何作為攻打蘇維埃共和國的軍事裝備。同時應用盡合法、非法的手段，在被派來攻打『勞工共和國』的部隊間，進行宣傳戰等等。」

「難道打從一開始，就是打算讓蘇共領袖指揮美國共產黨嗎？」

白勞德：「各國共產黨都是共產國際的直接代表，也就是說間接代表蘇俄的目標及政策。」

官方說法：「蘇聯在各國從事政治活動的代表，應該用各

種形式，設法協調個別共產黨的活動、政策。」

特拉希騰博格（Alexander Trachtenberg）：「美國共產黨自蘇聯誕生以來一直支持它，目前既充當國際主義者又兼美國人。」

「1943 年，共產國際突然解體。這件事是設計來平撫二戰期間，日漸高漲的反共情緒浪潮嗎？」

伯格（Hans Berger）：「因為正確的戰略仰賴團結、集中一切力量對付共同敵人。凡是會使團結、集中力量變得困難的一切，都有必要消滅。因此，各地共產黨一致決定解散國產國際，無疑就有利於戰勝法西斯敵人。」

「解散共產國際，不會導致全球各地共產黨的團結為之弱化嗎？」

伯格：「全球共產黨領袖考量過種種理由，會支持解散共產國際，無疑此舉反而可以強化各地的共產黨。」

「它會弱化世界革命的計畫嗎？」

伯格：「各地共產黨從不曾犧牲他們的馬克思—列寧原則，原則是無國界的，而且也無法被他們拋棄，只是由他們的原則導引著，以最大限度的一致性去戰鬥。」

「這一點代表美國共產黨的官方意見嗎？」

葛林（Gil Green）：「自 1940 年 11 月起，本（美國共產）黨就不再與共產國際聯繫，也沒有組織關係了。但誰能否認本黨依然在履行對美國勞動階級的責任，還有以此觀之，對世界勞動階級及人民的責任？」

「另外，共產國際也不需要繼續存在，原因在國際主義的原則，以及國際勞動階級的團結，就是活生生的見證。為國際主義而戰從未止息，它已經被提升到新而更輝煌的高度。」

「因此，共產國際的解散並不代表退步⋯⋯全世界有數百萬人在馬克思主義輝煌大旗下生活、工作及作戰。」

外交陰謀

「二戰期間，針對當時處於納粹統治之下的國家，史達林的政策是什麼？」

史達林：「我們正在打的是為國家、為自由的正義之戰。攘奪外國土地或臣服外國人，並非我們的目標。我們的目標明確高尚，想把蘇維埃土地，從德國法西斯流氓手中解放出來。我們要解救我們的烏克蘭、摩達維亞、白俄羅斯、立陶宛、拉脫維亞、愛沙尼亞、卡累利阿等國兄弟們，不再受苦於德國法西斯流氓施加的暴力、惡行⋯⋯

「我們並沒有，也不能有作戰目標，比如把我們的意志及政制，強加在斯拉夫人等歐洲被奴役、亟待我們救援人民的身上。我們的目標，全為了協助那些人民，抗爭而掙脫希特勒暴政，接下來讓他們自由，依其所想自行治國。」

「史達林及共產黨高層做的，與他們的承諾完全相反，這有什麼解釋？」

列寧：「嚴格遵守共產主義理念，還要再加上有能力做一切必要又實際的妥協，用計謀、訂協議、迂迴、退讓等等的伎倆，以便加速取得權力。」

史達林：「誠摯的外交往來，就好比水是乾的，木頭硬如鐵，根本休想。」

倫理與道德

「這樣處理國際關係的手法,聽來更像罪犯行為,而非真誠的外交,不是嗎?共產黨的道德觀准許這麼做嗎?」

列寧:「吾人說:『道德便是為摧毀舊式剝削社會、團結圍繞無產階級的所有勞苦大眾服務,而無產階級正在創造新式的共產社會』。共產黨的道德觀便是為這種鬥爭服務的道德……」

官方說法:「道德或倫理,乃是蘇聯人民行為準則、規矩的整體。列寧說,安置在共產黨道德觀根部的,是一種抗爭,只為了鞏固、完成共產主義。所以,由共產黨的道德觀點出發,只有那些有助於建設共產新社會的行為,才合乎道德。」

「這樣聽來更像是藉口,讓人得以便宜行事,隨心所欲,而非遵循一套正確的生活準則。假設共產主義是對的,那麼一個共產黨人可以理直氣壯地說,為了讓共產黨得勢而撒謊、偷竊或殺戮嗎?」

佛斯特:「對他而言,結果決定手段。他並不在乎他的戰術是『合法』抑或是『非法』的,只要有效就行。他曉得,法律以及當前的道德準則,都是他的宿敵制訂的……結果便是他只要能力所及、符合目的,就應予以忽視。不理睬諸如『合法』、『公平』、『道義』等等概念,他追求發展的是比他資本主義敵人更大的權力。」

「那麼,你們是否認道德或倫理準則,有可能是永恆、上帝賜予的嗎?」

列寧:「我等不相信永恆的道德,而且我們會揭穿一切有關道德的謊話。」

馬克思：「法律、道德、宗教……充斥那麼多偏見，潛伏在其背後的全部都是資產階級利益。」

恩格斯：「因此，想把任何道德教條之流，強加吾人身上，把它說成永恆、終極、始終不變的道德律，理由是道德世界一樣有其永恆原理，而超越歷史及國家之間的差異，這種企圖，吾人必予揚棄。我們的看法剛好相反，認為依最新分析，以往所有道德理論，實為社會在特定時期到達某個經濟階段的產物。隨著社會已進入階級對立時期，道德始終是階級道德。它如果不是替統治階級的宰制及利益辯護，就是在被壓迫階級變得夠強大時搖身一變，替被壓迫階級的反宰制抗暴，還有未來利益代言。」

基督教《聖經》

「《聖經》裡有很多道德教誨，那麼，共產黨對《聖經》的態度是如何？」

官方說法：「它是上古幻想故事的合集，沒有任何科學佐證。裡頭充滿黑暗、歷史錯誤及衝突。要取得權力、降服無知國家，《聖經》可以幫得上忙。」

恩格斯：「目前對我來說很清楚，所謂猶太人的《聖經》，不過是紀錄了古代阿拉伯人的宗教及部落傳統，再修訂以猶太人與有部落情誼但從事游牧的鄰居古時候分手的故事。」

宗教

「假如你們拒絕《聖經》，那麼也拒絕所有宗教，還有宗

教代表的制度化道德嗎？」

官方說法：「共產理論基礎的馬克思—列寧哲學，與宗教不相容。」

列寧：「宗教是一種精神的琴酒，資本的奴隸在其中溺失其人形，人類本該有的任何合宜生活，都被淹死了。」

「共產黨人難道不能享受宗教活動，當成良心的事、私人權利？」

列寧：「對社會主義無產階級的黨來說……宗教可不是私人的事。」

雅羅斯拉夫斯基（Yaroslavsky）：「每個列寧信徒、共產黨人、有階級意識的工農，一定都有能力解釋為什麼共產黨無法支持宗教，還有何以共產黨要與宗教對抗。」

「可是，假如我是共產黨人，仍要去上教堂，怎麼辦？」

官方說法，「假如有個共產青年信奉上帝、上教堂，那他就無法履行自己的職責。那麼做，意味他還沒除掉宗教迷信，還沒變成意識完全的人（也就是共產黨人）。」

列寧：「除非一個青年或女青年由宗教信念解放出來，不然不能成為共產青年。」

列寧：「我們必須與宗教戰鬥——這是唯物論，也是馬克思主義的最基本常識。」

「你們對個別教會持什麼態度？例如天主教會好了。」

雅羅斯拉夫斯基：「天主教會，以教宗為首，目前是一切反革命組織、勢力的重要堡壘。」

「你們反對整個基督教嗎？」

盧那察爾斯基（俄國教育專員）：「吾人仇視基督徒及基督教。即便他們當中最好的，都必須被視為我等最狠的敵人。」

他們傳教說愛你的鄰居，要懂憐憫，這與我等的原理相悖。基督教的愛是革命發展的障礙。愛你鄰居的說法去死吧！我們要的是恨……只有那樣，我們才能征服宇宙。」

「你們該怎樣替共產黨這種『仇恨』宣傳戰進行辯護？」

官方說法：「仇恨才能面對敵人，培養警覺心及不妥協的態度，最終摧毀不讓蘇維埃人民建設美好生活的一切。這樣教導勞苦大眾要憎恨敵人，增益了社會人道主義的概念，讓它與甜膩而偽善的『慈善』有所區別。」

史達林：「要先學會全心全意憎恨敵人，不然無法征服他。」

「你們對猶太民族及他們的宗教態度為何？」

馬克思：「猶太宗教的基礎是什麼？務實需求及利己。結果，猶太人的一神教，實際上是因應很多需求的多神教……務實需求及利己的上帝，其實就是錢……以色列令人羨慕的上帝就是錢，祂的身畔不容其他神明存在……猶太人的上帝已自行世俗化，變成全球的上主……只要社會成功廢除猶太教的務實精髓，那麼吆喝叫賣猶太教的人、造就這種人的條件，就不可能出現了……猶太人的社會解放，便是把社會從猶太教解放出來。」

「綜觀這一切，那麼共產黨宣傳戰有時佯裝寬容宗教，是為了什麼？」

雅羅斯拉夫斯基：「我們在信教群眾中工作，必須心中謹記列寧的忠告，利用自己可取得的每一種方法，或者誠如列寧說的，我們必須『這樣那樣的接近他們』，以便刺激他們自行批評宗教。」

「假如宗教這麼壞，你們認為它會逐漸死絕嗎？」

雅羅斯拉夫斯基：「相信宗教會自己死掉，那就大錯特錯

了。我們已再三強調列寧的意見，就是共產黨不能仰賴反宗教思想自行發展——這些思想要靠有組織的行動，才能塑造出來。」

「你認為一個人的宗教態度，應該用友善勸說來改變嗎？」

列寧：「反宗教之戰，絕不能受限或化約成抽象、意識形態的傳教。這場鬥爭，必須與具體、實際的階級運動連接起來。它的目標必須是鏟除宗教在社會的根。」

官方說法：「反福音及基督傳說的鬥爭，必須無情地進行，動用一切共產黨可用的法寶。」

「你們已經鎮壓俄國境內的神職人員，是真的嗎？」

史達林：「我們鎮壓反動教士階級了嗎？沒錯，是有做到。不幸的是它還沒被完全清洗。反宗教宣傳戰是種手段，必須藉此達成完全清洗反動教士階級。有些案例是，某些黨員作梗，阻撓反宗教宣傳戰的全面發展。若是把那些黨員趕走，當然是最好，因為黨內沒有空間容得下這些黨員。」

「你們打算用什麼來代替宗教？」

列寧：「一開始我們就說……沒有無神論的馬克思主義，是不可思議的。在此我們補一句：無神論沒有馬克思主義，就不夠完整，無法一致。」

「你們若是打算拿掉上帝概念，那麼你打算提出什麼信仰替代品給人民？」

官方說法：「舉個例子，要影響追隨者，還有什麼手段能比精神領袖史達林的特色更強？他的傳記裡描述說：『大家都曉得，史達林邏輯有莫之能禦、粉碎一切的力量，他的知性澄澈如水晶，意志如鋼鐵，獻身於黨，他謙遜、樸實無華、心繫

百姓，對人民公敵則毫不留情』。」

「我曉得，史達林還在人世的時候，共產黨高層不遺餘力地向孩童灌輸思想，即史達林為精神領袖。印在孩子們玩具上的口號是什麼？」

官方說法：「謝謝您，史達林同志，給我歡樂童年。」

個人自由及公民自由權

「共產主義統治下，自由及民主有任何空間嗎？」

恩格斯：「我們說：『該怎麼辦就怎麼辦』。我們不保證自由及任何民主。」

「那麼你不相信，就享受生命、自由、及追求快樂而言，人生而自由平等嘍？」

恩格斯：「只要階級還存在，一切談自由、平等的論調，都會碰到以下問題：哪個階級的自由？目的為何？哪個階級的平等？哪種關係的平等？」

「但是，你不是要替一切階級爭自由自平等嗎？」

恩格斯：「我們可不想讓資產階級自由。」

「蘇聯附庸國的人民不是想爭取自由平等嗎？」

恩格斯：「任何人在勞苦大眾民主受限的情況下，還談什麼自由平等，例如資本家被推翻了，但財產及自由交易還存在──這根本就是替剝削者辯護。」

「總之，你們信仰自由嗎？」

列寧：「只要國家還在，就沒有自由。自由存在的時候，就沒有國家。」

「但蘇聯保留了國家啊。這意味蘇俄政府不打算提升俄國

人的自由嗎？」

恩格斯：「無產階級還動用國家的時候，它倒不是想增進自由，而是為了壓制敵人。」

「那麼，我由此歸結說，你們在蘇俄，甚至懶得假裝擁有我們在美國享受的公民自由？」

維辛斯基：「在我們國家，現在沒有也不能有言論、新聞等自由給社會主義的敵人使用。他們為了自己，使盡手段來傷害國家，也就是說，傷害全體勞苦大眾──傷害賦予勞苦大眾的自由，這絕對要被列為反革命罪。」

「假設我住在蘇俄，想出版一份報紙批評政府。我能得到新聞自由，一如我在美國所有嗎？」

史達林：「你心裡想的新聞自由是什麼？給哪個階級的新聞自由──資產階級還是無產階級？假如是想把新聞自由給資產階級，只要無產階級專政還有一口氣在，那麼現在、未來都不會在蘇俄發生。」

「你的意思是新聞自由僅歸享有特權的無產階級？不會包括像我這樣的人？」

史達林：「我們不會給資產階級新聞自由，孟什維克及社會主義革命派也休想，他們是代表被擊敗、推翻的資產階級的利益。但那麼做有什麼好驚訝的？我們從沒保證要把新聞自由給各階級、討各階級歡喜。」

「一個政府除非能公平，不然如何能公正執法，適用於全體人民？」

列寧：「無產階級專政的權力，是植基於力量不被任何法律拘束。無產階級革命專政的權力，是用無產階級反資產階級暴力戰勝並維持的──這個權力是不受任何法律限制的。」

「假如法律用來對付階級的力道，要大於違法者，那怎麼可能有任何司法正義呢？」

維辛斯基：「蘇聯司法的任務，在動用蘇聯所有機構、組織、官員及公民，確保蘇聯法律能堅定精準地執行完成。司法達成這一點，是靠著無情摧毀所有的人民敵人，且不管敵人以什麼形式表明他們要對社會主義做出的犯行。」

教育

「且讓我問一些有關蘇聯各級學校及共產教育理論的問題。你要怎麼形容蘇俄的教育目標？」

官方說法：「就在學校、在學生書桌、由第一堂課起，共產黨觀點的基礎就鋪陳給未來的蘇維埃公民。國家把自己最珍貴的財產——孩子們，交付給學校，就培養新世代共產唯物原則這件事不允許有任何的偏差，任何稍微偏離都不行。」

「讓學生們能有廣闊視野，看看所有的政府形態及不同經濟體，以便他們能自己下結論，難道不會更好嗎？」

官方說法：「蘇聯學校不能只滿足於培養出受過教育的人。學校本身以事實及進步派科學推論為基礎，應該灌輸共產意識形態到年輕世代思想當中，形塑馬克思—列寧世界觀，教誨蘇聯愛國主義及布爾什維克思想給孩子。」

官方說法：「重要的是讓學生們清楚了解，資本主義世界必會滅亡，一定倒台。另一方面明瞭我國社會主義體制的偉大前景，主動做好準備，等到他們離開學校時已經就緒，選好人生的位子，為新世界、共產主義去奮鬥。」

勞動

「既然共產主義宣稱代表勞動階級的利益,那麼共產黨對勞工運動的正式態度是什麼?」

列寧:「實在有必要……同意動用每一種犧牲,假如有必要,甚至訴諸所有機關、計謀、非法手段、閃躲、藉口,以便打入工會,留在當中不計代價執行共產黨的任務。」

「我想,一般美國工人會感興趣想知道,當共產黨控制一個工會時,會做什麼事。在蘇俄,共產黨有完全控制權,他們如何對待工會?」

克拉夫臣科(Victor Kravchenko)(前蘇俄官員,目前已投誠):「當地(共產)黨組織會推舉一個它認為合適的黨員,擔任工會理事長。一般來說,蘇維埃的工會必須看到工人們執行黨的綱領。」

「那麼做,豈不是把工會化為隸屬政府的一支,而非工人組織?假如想罷工怎麼辦?」

克拉夫臣科:「工會的任務,在維持嚴格紀律,不出現罷工,工人拿中央政府規定的工資而工作,工人執行黨的決定、決議。」

「假如我在蘇聯做工,想辭職,會怎樣?」

克拉夫臣科:「蘇聯每個公民都有本證件,上面貼有照片。證件上蓋有戳章的特定頁面,會提到就業的地點、日期及職種。假如你沒獲工廠主任准許而離開職位,想去另一家工廠,你就觸犯禁止未獲授權改換就業的法律,會被起訴。這不僅適用於勞工,各行各業皆是如此。」

「有鑒於這些說明,我想用另一個問題總結:蘇聯提供給

世界人類的，就是這種希望？」

官方說法：「蘇聯提供振奮人心的範例，供世上其他地區的無產階級革命效法……它顯示勝利的無產階級取得強大成就，還有社會主義遠優於資本經濟。蘇聯是激勵人心的例子，可供被壓迫的民族在做出民族自決時的參考。」

問題二

一個民族如何成立自由國家？

Question Two
How Does A People Build A Free Nation?

18世紀後半葉,有個驚人的政治發展現象,它創造出新文明的框架,建立現代第一個自由民族。綜觀人類歷史,它實在是一項宛如史詩般的成就。

這麼重大的政治跳躍發生時,人類存在的整個型態,因三種人為體制奴役了人類而停滯不前。首先便是遍及世界由君主獨裁組成的政治體系,人命、自由及財產,都被個別君主或多或少的喜怒不定所左右。第二種壓迫體制乃是經濟型態,以五花八門的封建契約為根本,大多數人在其間窮其一生當農奴,在軍事征服而刻鑿出來的龐大農地上工作。第三種主宰人類生命的體制,是宗教過度擴張的體制化。當人類的精神福祉碰到職業化的神職人員,一切信仰自由表達的管道都被扼殺了,以至於意見及良知經常在壓迫式檢驗之下受到挑剔、控制。

自由派的崛起

18世紀的前幾百年,就有一些自由派反抗者猛烈攻擊那些羈絆人類的怪物體制,很多自由派人士留下重大影響。他們被稱為「自由派」(liberals)的原因,是他們想把人類從那些人為體制解放出來。他們希望由人類控制體制,而非體制奴役人類。今天「自由派」經常是些想恢復舊體制的人,再度把人類變成它們的奴才,只是在此我們談的自由派是以它的原始意義——「由人為體制解放出來的人」。

第一群聚集起來人數足以採取斷然行動的自由派,是一批分散在北美殖民地的有遠見人士。歷史學家對於當時準備好要追求全面性解放的人數之少感到驚訝。他們人數雖少,卻強大到可以勾勒出藍圖,以建設現代史上的第一個自由國家。

當然，從多方看來，那是最大膽的冒險行動。這些美國政治先驅冒著喪失生命、財產及公民權的危險，參與這次解放運動。他們的成功，是別的時代或世代的政治領袖所無法超越的。以下的略述，或許可以解釋何以如此。

美國建國諸賢的政治哲學

美國建國諸賢都是卓越非凡的人士。他們既不是無政府主義者，也不是革命家，而是殖民地十三州內最成功的政治、商業領袖。以此觀之，他們身心兩方面的修養，都足以充當帝國的建造者。在被英王的帝國主義搞到完全無法忍受之前，諸賢在很多方面，都可以說是為國王在殖民地經營商業最積極的臣民。以他們當時的標準，實在很難把他們稱為「無產階級」。他們這群人也愛研讀經濟學及政治學，等到他們著手創建新國家的時候，他們汲盡哲人最佳思想，如洛克（John Locke）、孟德斯鳩（Baron de Montesquieu）及亞當‧史斯密。此外還根據各自才智的靈感，貢獻、添加許多巧妙的構思。

凡此種種，演化出獨一無二值得用心研讀的政治哲學。先賢產出的這些文件，反映出這種哲學的內涵。它們所展現出來的，是服膺於這套哲學的人，都有以下的基本信念。

他們認為，人類某些不可剝奪的權利是得自上帝，並非來自任何人類的管理機構。因此，沒有人類機關有權擾亂人權。

他們也相信，階級區別必須消除。自由人當中，不該有階級或社會等級這樣的空間。公職人員、商人、銀行家、農人、技術工人、教師等都值得尊敬，都值得被平等對待。他們相信，人類的進步，不是源自糾合一個階級去鬥爭另一個階級，

而是團結各群體或階級集中火力，對抗人類共同敵人如貧窮、愚昧、疾病、戰爭等。

他們相信人類追求快樂過程中，必須自由地以任何謀生手段去工作，而以他們的經驗、教育訓練及當地條件，容許他們取得、保有那些生計。

他們相信，人們必須自由享受自己勞動的果實——這意味著保護財產權。

他們相信，人們在家中必得安全，生活保有隱私。他們相信，不同職業、不同宗教及不同種族的人類之間，必然還有善意、仁慈及寬容。

把政治哲學轉化成現實

把這些原則由理論轉化為現實，過程是漫長的。然而，建國諸賢遵循的歷史步驟構成一條狹窄筆直的道路，任何人若是想取得、保有自由，就一定要走過它。這些歷史步驟如下所列：

一、1776 年正式發布《獨立宣言》（Declaration of Independence），人民的自由獲得救贖。

二、1776 年到 1783 年，採取武力推行《獨立宣言》。

三、有史以來，一個政府在成立時，其權力由白紙黑字嚴格界定——《美國憲法》。

四、憲法規定政府採共和形式。這個政府由民選的代表組成，而非帶情緒的群眾以民粹參與治理。

五、有史以來第一次，政府設立時將三權分離，政府權威由三個平等的機構——行政、立法及司法——組成。

政府分權為三個平等機構的概念，出自孟德斯鳩（生於 1689 年，卒於 1755 年）的優秀想法。麥迪遜（James Madison）格外推崇孟德斯鳩，積極把三權分立的原則導入憲法框架。

六、政府的每個機構，都遵守來自其他兩個機構的制約與平衡，以便維持健全的權力平衡。政府被界定為「有組織強制」的社會權力。孟德斯鳩分權原則的天才之處，在碰到政府有一個機構踰越其權力時，其他一個或兩個便會結合起來反對，動用它們的強制權力，把出軌機構的咄咄逼人給鎮壓下去。這樣人民就不必奮起，組成革命部隊去消滅政府的高壓。

七、沒特定委派給聯邦政府的權力，全由各州及人民保有。政府採契約基礎，而政權為人民所有，這個宗旨由洛克寫於 1690 年出版的《政府論》（*Second Treatise of Civil Government*）

八、以下自由權，保障賦予主權公民：

1. 宗教自由（第一修正案）
2. 言論自由（第一修正案）
3. 新聞自由（第一修正案）
4. 集會自由（第一修正案）
5. 遇不平得向政府訴願之自由（第一修正案）
6. 持有武器之自由（第二修正案）
7. 不受非法搜索人身、屋舍、文件或財物之自由（第四修正案）
8. 無正當法律程序不受起訴之自由（第五及第十四修正案）

9. 相同犯行不受重複起訴之自由（第五修正案）

10. 不自證己罪之自由（第五修正案）

11. 無迅速公開審判，得不被拘禁之自由（第六修正案）

12. 不得要求過多的保釋金，不得處以過重的罰金，不得施加殘酷並且非常的懲罰（第六修正案）

13. 免於奴役或強迫勞動的自由（新增於 1865 年的第十三修正案）

14. 不分種族或性別，得有投票之自由（新增於 1870 年的第十五修正案及 1920 年的第十九修正案）

九、社會及政治改革循解放路線進行，在許多州內部都獲鼓勵。在擔任維吉尼亞總督時，傑佛遜便帶頭鼓勵公共教育，推動政教分離、打破中世紀的繼承法，避免土地及財富的壟斷，推動解放奴隸，禁止進口奴隸，修訂刑法，建議依人口推派代議士，投票權應擴展到能服兵役的所有男子，而不僅限於地主，鼓勵各州當地鄉間及小鎮都有自治政府。

十、內戰建立起聯邦政府的最高威信，擁有支配整個合眾國的權力（由此個別州不能退出聯邦，也不能通過與聯邦相左的法律）。這一點讓美國取得團結，各州之間取得一致性（在此之前曾有爭議）。內戰也開啟道路，解放境內全體人民。

十一、經過多年來通過的「促進性」法律，提升所有公民的福祉，鼓勵跨州運輸、跨全國通訊、公有土地、定居、廉價郵政服務、發展水力。

十二、通過「限制性」的立法，保護公民個人，不受各種侵犯其福祉的體制所害。反托辣斯法獲通過，是想限制商業的壟斷活動，保護自由競爭。勞工法之通過，是確定工會高層的責任。犯罪防制法之通過，乃在保護公民不受有組織地下勢力所害。

故此，全新形態的人類政府誕生了。這種政治框架，旨在把政府的終極控制權，交給被政府統治的人民手中。它也是一種政治哲學的表達，讓人類得以保衛自己，抵禦人為體制的擴權。它是民有、民治、民享的政府，也是真正的自由主義長達六百年逐漸開展的成果。

美國自由主義 175 年的成果

鼓勵私人進取及自決，保護公民個人免於人為制度的侵犯，這些理念目前已有 175 年的歷史來自我證明。把公民由過往體制解放出來，證實有益嗎？

美國跟所有的新興國家一樣，開頭資本匱乏，深陷債務。雖然其他國家經常也有相同的管道，可以取得天然資源，但美國是在慢慢地穩定超前。1952 年，美國僅占世界人口的 7%、土地的 6%，但透過和平產業，已取得世上已開發財富將近五成。每一年，美國公民增多、建造、買賣、使用的貨物及勞務，超過有史以來任何國家。

1962 年，美國已成功接近達成經濟學家夢想的完全就業，提供 6,300 萬人工作機會。而年輕人裡，近 3,7000 萬人求學讀書。每一年，美國人民花費在個人商品及勞務上的金額逾

2,000 億美元。這一點意味著人均所得為 1,453 美元，是英國人的兩倍，俄羅斯人的五倍，義大利人的七倍。

據美國汽車協會（American Automobile Association）表示，美國人一年花 90 億美元在度假。國民年度儲蓄合計達 170 億美元，四分之三的家庭有壽險。全國 5,000 萬居住單位裡，六成是住戶的自用宅。數百萬畝已開發農地的產出，全國人民吃不完。美國生產量為全球最大。國家鐵道里數占世界的三成，汽車占七成六，卡車五成一，收音機四成七，發電量四成二，而鋼鐵為四成七。

每一年，美國生產的汽油占全球總量的五成一，煤則約三成。美國商船總數超越英國，成為大海的統治者，外貿數量全球最大。

生活闊綽的典範

全球旅客或住在美國以外的人民，對美國生活之闊綽，感受要比一般美國人民來得深。後面的表格顯示，美國公民要掙得生活必需品，只需要一些時間，還有為什麼美國人能把自己很多的收入，花用在旅遊及購買一些外國人稱為奢侈品的商品。表格也顯示，先進國家一般公民 2014 年要買一磅各式商品，得工作多少分鐘的時間。

表列上，馬鈴薯的統計數字或可用來凸顯現今世界狀況。例如中國，它生產的馬鈴薯全球最多，但中國人要買一磅馬鈴薯得工作的時間，要比美國人多一倍。另可見到的是，中國人要買一磅鮮奶，工時是美國人的九倍，一磅起司是六倍。而在 1951 年底，美國已有 1.05 億台收音機。

在 1951 年，一般美國公民只要花 1 天又 2 小時，就能賺到足夠的錢，買一部一般收音機。在法國，那得辛勤上 7.5 天才買得到，在義大利則為 15 天，蘇俄則是 27 天。

1952 年，美國有 201,277 名醫師、87,000 名牙醫，1,439,030 張病床。美國平均壽命男性為 65.9 歲，女性 71.5 歲。在蘇俄，男性平均壽命 41.9 歲，女性 46.8 歲。

某些外國宣傳戰代理人試圖把美國的富有，形容成是大自然的幸運餽贈。經濟學家已指出，很多國家也有相同的資源管道，假如它們願意接受相同的政府及經濟原則，就有可能開發出如同美國那樣的財富，也能複製美國的富裕。宣傳戰代理人堅稱，因為美國變得格外富裕，那麼應該把財富分給其他貧困的世界。經濟學家回答這種說法時指出，美國該跟世界分享的，重要的不是財富，反而是它久經時間考驗的政府及經濟體制。

假如美國的財富分散給世界，那也很快就花光了。但是，假如美國的自由政府及自由競爭的做法能傳播到世界，各國很快就會發現，自己能一直創造出財富來。各國羨慕美國的地方，應該是自由主義實踐 175 年後的成果。

各國賺取一磅食物的工作時間（分鐘）								
地名 / 每磅	美國紐約	法國巴黎	德國柏林	澳洲雪梨	埃及開羅	中國北京	日本東京	俄國莫斯科
稻米	3	2	3	2	1	5	6	5
白吐司	5	4	5	5	2	15	5	6
雞胸肉	8	17	12	9	8	18	11	21
起司	10	21	13	9	5	62	26	30
鮮奶	1	1	1	1	2	9	2	4
雞蛋	4	6	5	5	4	13	4	9
新鮮蘋果	4	4	4	3	3	10	7	7
柳橙	4	3	4	3	1	10	7	7
番茄	4	4	4	4	1	6	9	9
馬鈴薯	2	3	3	3	1	4	5	3
萵苣	5	4	4	4	1	7	6	11

什麼是自由競爭的資本主義？

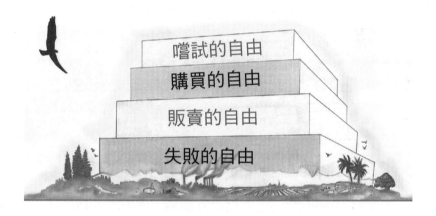

嚐試的自由

購買的自由

販賣的自由

失敗的自由

Question Three
What Is Free Enterprise Capitalism?

馬克思勾勒共產主義的社會藍圖時，犯了最要命的錯誤，就是設計出一個不曾存在的生物。他誤解了人性。自此而後，共產黨耗費大量的智謀及力氣，想改變人的本能欲望，但事實證明這是不可能的。

　　馬克思試圖分析自由競爭的資本主義時，每一樣都算錯了。他預言資本主義無可避免地會崩潰，卻沒實現。事實上發生的狀況卻是相反。試用社會主義、共產主義的各國不是進步緩慢，就是原地不動甚或倒退，資本主義倒是穩穩前進。

　　有兩件事讓現代資本主義格外成功。首先，它有能耐滿足人類與生俱來的需求及欲望。其次，它有能耐在幾近於無的導引或監督下順利運作。資本主義有時被稱為經濟學的天然系統，它往往能自動依人類要求而調適。只是，資本主義既是自然之子，從它野生、沒耕耘的狀態來看，含有一定的叢林精神，人們會利用它作為遂行個人、自私的生存之道。然而，在馴化和鍛煉的良好意志的基礎上，資本主義被證明是人類發展物質財富和一般社會進步的最有效手段。也就是說，社會能活下去。

　　資本主義的自然特質經證實是有益於人類的，為了能夠了解它，我們首先應自問：「人類的本質是什麼？人的欲望及需求是什麼？」

人類的本質

　　仔細研究後會發現，人類有身心兩面。忽視任何一面，就會使我們犯了跟馬克思一樣要命的錯誤。

　　在肉體方面，我們看到人類是精細又複雜的有機體，有能

耐表達並反應從極度痛苦到狂歡快樂的感受。史密斯（Bradford B. Smith）把這一點稱為「人的快樂痛苦量尺」（Man's Pain-Pleasure Scale）。人類生命避苦難、趨喜樂的需求，衍生出一大串生活需求。其中一些如下：

解餓

解渴

滿足於味覺

寒時穿衣，熱時消暑

袪病

解痛

衣著光鮮舒適

住家及環境舒適

享受芬芳清香

聽悅耳聲音

享受放鬆休閒

婚姻生活

享受旅遊及活動的感覺

看五顏六色的風景及物件

　　現在我們轉去看看人類本質的另一半——精神層面。有時它被稱為「人的恐懼希望量尺」（Man's Fear-Hope Scale）。人類身為有智力、能自知、自覺的生物，能出現從高尚的願望，到深深恐懼及失望這種跨度很大的強烈感受。有時候，這些感受與肉體的需求及挫折有密切相關，但有時候又純粹只是知性上的需求。但不管它們的起源為何，它們真實地導致各種各樣

的知性或精神需求：

想彰顯個人的重要性，以便被視為有價值的個人。

不想被視為無關緊要，而要與體制結合在一起。

享受擁有「物品」。

因付出獨特且重要的貢獻而受到感謝。

擁有一定程度的經濟安全而滿足。

為犧牲或冒著某種危險而取得進展感到滿意。（這一點有時被誤稱為「賭徒本能」。）

有機會發揮創造力。

感受家庭的和樂。

享有隱私權。

有就事情表達看法的自由。

不因宗教及善惡信念而面對危險。

因涉入決定重大政治事務而覺得有參與感。

人類行為的主要動機

研究人類本質的過程中，你很快就會了解，人類的「行動主要動機」驅動著他去滿足身心的需求。很多人類過往發明的經濟體制，往往壓制或無視這些需求。那些體制必定會以相同的力道，扼殺人類行動力的最大泉源——熱切想滿足這些深層、悸動的人類欲望。

共產主義在蘇聯的四十年，非常清楚地證明以上狀況。共產黨高層壓制其人民的自然欲望，想經由恐懼驅使他們去行動。但這並不管用，恐懼的功能主要是叫人束手縮腳，而非振

奮激勵。長期而言，恐懼變成令人遲鈍、麻痺的毒品，影響到大腦及肌肉，留下來的是悶燒的灰燼、易燃的敵意。「因恐懼而工作」絕無法與資本主義提供的誘人機會相提並論，並一直滿足人類的自然需求。滿足那些需求，幾乎是資本主義生產動能所有的力量來源。

當然，假如人類急於快速地想滿足所有人的需求到頂點，那麼可能早早就夭折了。所以上天賦予每個人內建的「抗快反應器」，以避免或阻絕超速，這個反應器叫做「惰性」。每個人都感覺到有內在欲望，想滿足某種身體需求，同時卻也感受到懶惰或惰性的強大引力。經濟學的重大原則「人始終傾向用最小的力氣，來滿足自己的願望」，道理正是如此。

或許我們該附帶一提，資本主義讓這條原則得以完全發洩，方法是鼓勵人們不停尋找更便宜的動力來源，研製更有效率的機器來做各種工作，而非動用人力獸力。即使晚近到1900年，美國逾五成的動力還由人力、獸力提供，只是經資本主義開發半世紀，人力獸力目前只提供動力的 2%，其它全來自機器。其他政經體制也有利於機械化，但推動科技開發的速度，未能跟資本主義一樣快速。在資本社會，競爭而生存變得如此重要，以至於機械以及動力來源一過時就得拋棄更新。美國農田機械化是經濟上的需要，而社會主義化的農田，其機械化雖被視為有好處，但並非格外需要。

變異律

資本主義卓越之處，不僅在它整體而言能滿足人類的欲望及需求，還有它能回應人際之間的變異因素。它允許每個人做

自己高興的任何事情，只要它能維持生計就好。因此，人人不停地探索經濟機會，試著逐漸推動自己進入最能滿足他的工作階段。

這是自由競爭的資本主義最大的福音之一。就很大程度而言，它容許人們隨心所欲地去做。勞工並非強徵而來，也沒人說他們不能罷工，也沒人命令他們留在一定的工作崗位，不像社會主義或共產化國家經常做的那樣。

資本主義下人人都可受益

有份有關人類天性的研究指出，「價值」屬於心理層面，而非真實物質。事物是否真「值」那個數，完全仰賴附加到它上頭的心理值。經證實，資本主義是動態的經濟體，在其間參與交易的任何人都可以增加他擁有的價值，換句話說便是獲利。對買賣雙方都是如此。舉一個想買二手車的人為例。他有一定金額的錢或信用。他把錢交給二手車商，意味著他寧可擁有那台車，勝過那筆錢——車的「價值」對他來說，大於錢的「價值」。如果二手車商同意，意味著他寧可擁有那筆錢而非車子。事實上，除非二手車商取得的車價之「價值」，對他而言要大於車的「價值」，不然他是不會賣的。成交後車開走，兩人都獲利。兩人都覺得，交易的結果可以改善自己的處境。

這對自由競爭的資本主義是強大的加分因素。它讓大家都贏，不是獲利就是改善自己的處境。真誠的交易就可以有這種結果。

自由經濟的意義

　　資本主義在自由經濟體中最興盛，但自由這個主題飽受誤解。舉個例子，天下沒有完全、無限制自由這回事。自由只意味有選擇機會。因此，自由只能說自己與特定選擇有關，比如有自由說或不說、信或不信、買或不買等等。此外，自由一次只能往一個方向移動。假如某人擁有十元，選擇把錢花在一整晚的慶祝活動，那麼他就失去把相同那十元花在買新衣服的自由。一旦做出選擇，人就沒有自由避開選擇的結果。這便是我們在此說沒有無限制自由、普遍自由這回事的原因。自由總是受限於某一特定選擇、一次只能選擇一個方向。

　　正因如此，自由經濟體必須不時教育其人民，以便人民能以如此方式行使其「自由選擇」：保持可靠的道德原則，建設有活力的經濟而有強大的社會結構來保護它。做這樣的選擇時，人民必須意識到，什麼對個人及社會最好。他們必須見多識廣，必須對每個問題知之甚詳，如此他們做選擇時，就能預測會有怎麼樣的結果。

　　古今歷史上有很多好的例子，可以凸顯人們對自己行使選擇權及自由權時漫不經心將會有什麼下場。人民要有警覺心高、勇於進取的領導階層，全體公民對社會及政治也要保有意識才能保有自由。這一點要維持住並不輕鬆，但它是自由的代價。有時，人民天生的惰性會叫他們期盼有個委員會、獨裁者或君王做一切決定，強迫人民做對他們好的事。但這卻讓自由經濟體通往毀滅之路。人民必須保有至高的選擇權利，因為它便是自由的一切。

　　現在，我們來談真正自由經濟體裡，始終存在的四大自由。

壹──嚐試的自由

　　健康的經濟體裡，最不可缺的成分之一便是嚐試的自由。這其實是追求成就的自由，而它是本於「一個人或一些人的才智加起來，別想與所有人民的才智相比」這個定律。

　　所以，在一個自由國家，人可以研發出新的速記法、不同的螺絲起子、新品種的牛隻，或改良捕鼠器。他做完了，卻沒人想買新產品或服務，但至少他有自由發明，並且盡他的能力來販售。這是資本主義不可剝奪的特色──自由去嚐試。

　　將原子能與人民分享，供和平發展的原因之一，乃是美國人受過教育，相信這是利用原子能供多個國內機構所用的最好方法。聘請數千名──而非只有幾百──科學家致力於利用原子能的方法與手段，成果理當相對更好。當每個科學家都可以自由地嚐試他的創造性天才可能支配的任何東西時，情況就更是如此。

　　正是以這種方式，美國研發出收音機、電視、小兒麻痺症防治法、現代汽車以及超音速噴射機等奇蹟。相形之下，有一點很有趣該指出的是，完善的道路系統這件事，卻保留給各州及聯邦政府去做。請注意，這項壟斷的施政，在美國史上從來沒完全滿足大眾的需求。想想也有趣，假如公路留給公開市場去做，生意人可以藉著公路網，競逐參與服務大眾的機會，那不知會是怎麼樣的情況。事實上，近年來由州議會允許、私人資本興建的付費公路已在好幾個地方興建，這都是因為人民對政府負責的道路興建效率不彰感到不滿。

貳——販售的自由

　　若是人們獲准自由地試煉自己的技術及發明才華，他們出售自己產品牟利的自由，也必須得到保護。當然，某種新產品可能叫整個產業都被淘汰，一時之間叫數千人失業，經濟、社會及政治都要做很多調整。但這是自由競爭經濟體成功的關鍵之一。除非碰到產品或製程涉及不道德或犯罪，如毒品、春宮文學、假藥、假貨等的時候，不然絕不能遏止。

　　有販售的自由，同時也代表有獲利的自由，即便產品的價格訂在會讓競爭對手無利可圖的地步。乍看之下，它似乎是冷血無情的經濟體制。假如美國人出國，遊歷過共產或社會主義國家，他馬上會了解到「販售的自由」實在是活下去的機會。這代表競爭者必須竭盡全力，生產得更有效率，降低售價或改善產品品質，如此大眾才願付出價差來買。在這兩種情況下，公共利益和新改良的物質財富形式都是為了公眾的利益而創造的，而這都是因為兩家或兩家以上的公司為了生存而做的激烈競爭。

參——購買的自由

　　當然，假如某種新產品的發明者得享有販賣的自由，那麼大眾當然必須享有購買的自由。活躍的資本主義經濟體最要命限制之一，便是配給制，或者政府管控商業，而指定人民能買什麼、多少量、到哪裡買、用什麼價格買。這些人為機制破壞資本主義如此徹底，以至於價格失調，黑市跑出來，很多人類的需求遭到忽視。這就是為什麼美國二戰之後，如此快速解

除價格管制及配給制的原因。兩者都有害於資本主義經濟的體質。法國及英國未能跟隨美國腳步,而西德倒跟進了。結果便是戰後西德經濟復甦叫人吃驚,而英、法的復甦極其緩慢又痛苦。

肆——失敗的自由

最後,我們談到一種自由,它私下蘊含所有成功資本經濟體的珍貴機密。它便是有失敗的自由。在自由競爭的進取資本主義下,生意人想活下來,每個都得進行長期研究,不時探討自己的營運。服務必須不斷改善,浪費則得杜絕,營運效率必須隨時改進。凡此種種只是讓個人及公司免於失敗。偶爾我們會碰到初出茅廬的商人,拒絕大展拳腳後要去面對其他更有戒心、更進取、熱衷於服務、更能適應者的競爭。這位商場新手還欠琢磨。或許,他還懵懂時,就是在「行使失敗的自由」。

有些計畫經濟體裡,一家行之有年的企業被視為對經濟「太重要」,不容它倒。因此,若是公司的產品出售時沒能獲利,而由稅收補貼其差額,那家公司反而因沒有效率,不必嚐到教訓而得到獲利。自擇失敗卻不容它以破產收場。其他公司很快跟進。惰性幾乎是立刻取代衝勁。進步便放緩成蝸牛爬,人類的需求便不再能被充分滿足。

一個有活力的資本經濟體當中,容許個人或公司失敗,正是鞭策個人或公司成功的動力。當然,失敗的一方跌倒時得所緩衝,以至於不會挨餓,也不會全無機會東山再起。只是,緩衝不會是讓人舒服到放鬆、躺著收取賑濟或補助金。資本主義的緩衝墊很薄——是故意要那麼做的。

資本主義如何讓東西充裕又便宜

馬克思的夢想,是所有產品都充裕到泛濫,貨物配流得如此自由,以至於沒人有需要用買的,也沒人想去賣。很不幸的是,他的經濟夢打一開始就錯的,社會主義及共產主義非但不能生產貨物到充裕泛濫,反而癱瘓了生產,悶死了發明。因此,推動人類走向物質生活充分富裕的經濟幸福時光這項任務,還是留給自由競爭的資本主義去做吧。

根據哈汀大學(Harding College)學者本森(George S. Benson)的個人觀察,可以取得絕佳例子來了解何以如此。他說,「在中國,我點煤油燈,油是一名苦力從一百英里外用肩挑來的。他自有的運輸工具,便是一根扁擔,擔子兩頭各綁了一小截繩子,而他在扁擔的兩頭各綁了五加侖的煤油罐,挑著走回內陸。他走經一條沒人維修的羊腸小道,小道蜿蜒於河谷的稻田之間,接下來翻過小山。扛著那擔貨,一天可走約十英里路。

「他能賺多少?假設他一天工資五美元好了。十天內他賺到五十美元。但他成就了什麼?他運輸了十加侖煤油到一百英里外,為煤油價格每加侖增值五美元。在中國當然沒人負擔得起那個價格,所以他只能取得那次挑煤油能承受的工資,也就是一天十美分,於是他為每加侖煤油扛一百英里,增值十美分──替煤油價加值一倍。

「工資真賤,對吧?只是他別無選擇。」

「現在,看看我們在美國怎樣運輸煤油。我們創造每個就業機會時,投資 25,000 美元 ── 鋪路基、鋼軌、火車頭、油槽車、車站、卸貨裝備等等。我們搬每加侖煤油每一百英里

的成本，低於一美分，不到中國的十分之一。我們付給工人什麼？七十倍於中國苦力的所得——還有，加在買方的運費負擔，不到苦力的十分之一。差別在哪？純粹就是投資及管理，再無其他——這就是美國生活之道的產物。」

在此本森博士指出另一個資本主義成功的偉大秘密：把昂貴的工具及大量的動力交由工人處置。只是，因為工人負擔不起自行供應那些工具，由誰提供？答案很簡單，節儉的公民同胞。

這些公民同胞稱為「資本家」。他們常常是一般人，只是願意把貨品及金錢節省攢聚起來，而非消耗或花用掉。所以，任何擁有儲蓄、股票、債券、投資、保險或不動產的人，都是資本家。在美國，他們在全民裡所占比例很高。這一點無疑會讓馬克思大吃一驚。他本預期美國會發展出資本家階級，但沒想到美國變成全民資本家的國度。

每個資本家的錢要投往哪個事業，由他自己決定。他經常會把錢，冒險投在政府官署絕不會投一分錢的地方。結果呢，新油礦找到了，新發明得到推廣，新產業得以開頭，「不可能的事」變得可能，經常得到妙不可言的好處。

當然，人們省吃儉用存了一輩子的錢去做投資，必須方案很成功，如此人們才會繼續以存款加以支持。這樣讓管理階層面臨龐大壓力，要削減開銷。售出產品時，價格要能吸引到「大量」訂單。因此管理階層不時需要更有效率的機器，而機器又容許工人們花更少工時在工作上。有本小小的書，名叫《美國奇蹟》（*The Miracle of America*），書中指出自由競爭的資本體制已經達到：

一、增加美國工人的實質工資（工資經通膨調整），是 1850
　年的 3.5 倍。
二、減少工時，由 1850 年的大約每週 70 小時，到今日的大
　約 40 小時。
三、增加勞工以工資、薪資為形式，在全國收入的占比，由
　1850 年的三成八，到今天的大約七成。
四、增加職缺數目，比人口成長來得快，如此讓美國逼近「充
　分就業」的程度，超過世上任何國家。

　凡此種種成為可能，是因為美國勞工有昂貴的機器幫忙，
工作起來更快更省錢，而買設備的錢，是來自勞工的事業夥伴
的儲蓄。這些事業夥伴，便是稱為「資本家」的節儉公民同胞。

供需率決定價格

　資本主義在一個自由市場，其貨物的「價值」，定在「供
應」圖表摺線與「需求」圖表摺線的交叉點，這時運作得最好。
舉個例子，假如馬鈴薯供應充沛，人們對取得馬鈴薯便不會焦
慮，而「需求」便會降到低水準。然而，即便如此，還是有個
需求會扎根的水準，而那個水準「制定」了價格。
　幾年前，始料未及的情況導致馬鈴薯隱然有大歉收之虞。
政府錯估形勢，以為它不干預，馬鈴薯價格就會飆上天去，而
生計窘迫的人民會買不起，於是出手干預了。把馬鈴薯訂在低
價，被視為「對社會有益」。但接下來怎麼樣？隨著供應不足，
價格低到不正常，幾個星期內馬鈴薯存貨全部賣光，不管出什
麼價錢，沒人買得到。社會主義或人為管制經濟會扼殺資本主

義，摧毀成功造福人類的「自然」律，原因正是如此。

假如政府放任市場自行運作，馬鈴薯的價格會上升到需求要它漲的地步。較高的價格會「自動」控制消費，讓馬鈴薯的供應延長許多，因為大家會出自經濟考量，認為有必要少吃點馬鈴薯。他們會逐漸購買還充裕因此也較便宜的替代品。這麼做意味著價格因素會幫人們限制食用稀缺的糧食，改而多吃充裕的食材。

政府認為訂定馬鈴薯價格「對社會有益」，反而把一切搞得亂七八糟。最後只變得不自然又不切實際。

這一點導出我們對自由競爭的最後一個說明。

美國失敗的社會主義實驗

談論美國實踐自由競爭精神，令人最為印象深刻的現代著作之一，是美國前農業部長本森（Ezra Taft Benson）寫的一本小書，內容生氣盎然，書名叫《十字路口的農民》（*Farmers at the Cross Roads*）。它以事實及數據，檢驗我們這世代由一項政府控制農業的社會主義實驗而取得的教訓。

政府試圖以直接控制農產價格的方式來控制農業行為。那些稱之為「基本作物」而列入控制的是，小麥、棉花、玉米、稻米、菸草及花生。這個想法是藉著保證某一最低價格而保護農民。要做到這一點，必須控制產量，因此限制農民按英畝數能種植的數量。

結果很不可思議。以小麥為例。為了減少小麥的供應，藉此維持麥子好價錢，結果超過 3,000 萬英畝農田實施休耕。每個小麥農收到政府支付給他的支票，因為他在自己的土地上按

比例停種小麥。然後事情就這樣發生了。

　　農人用這筆錢買了更好的農機、更多肥料，聘請額外幫手，以至於在收縮的農地收穫的麥子，比起以往用整片地來種的一樣多，甚至更多。換句話說，節制了田畝數，並沒節制產量。

　　還有，停種小麥的土地可以用來種植其他作物，結果導致飼料穀物超量供應。飼料穀物價格降得如此之低，讓農莊主及牧場主得以大量增加他們養的牛豬。這樣便抽走肉價的支撐點。政府試圖挽救局勢，把每樣超產的農產品都大量收購。這樣伴隨著保證價格，鼓勵更多人投資務農，結果則是廣大的次級土地被開墾來種田養牲口。這些投資人很多根本沒種過田，因沒效率而賠本，他們叫得震天價響，支持調高保證收購價。

　　政府支撐灌了水的高價，還產生另一個殺傷力很大的影響。本土農作價錢高，鼓勵消費者去找替代的農產品或外國進口貨。結果美國農民發現，不僅失去部分國內市場，還無法與外國產品競爭。

　　小麥遭逢的狀況，一樣發生在棉花等其他「基本作物」上。他們丟失了在各地的市場。以棉花為例，政府把種植畝數由 4,300 萬英畝，砍到剩 1,740 萬英畝，但是過剩量持續攀高。在控制之前，美國棉農每年外銷 700 萬捆棉花。1955 年外銷量只剩 200 萬捆。外國棉農瞧出端倪，把他們的銷量增加一倍，因為美國的棉花仲介的競爭力不夠。任何美國實施控制的農業領域全都一敗塗地。

　　我們發現，與此呈對比的是：抗拒僵固保證價格將使那些農產品表現得更好。以大豆為例。生產者請農業部提供建言及輔導，但不接受控管。農業部進行很多實驗，顯示大豆有很多

新用途，同時鼓勵生產者使用聯合合作社開拓新市場。今天，大豆農供應半數的高蛋白飼料──是棉籽粕的兩倍。大豆在農人務農收入來源裡，也躍升到第五名。

本森部長在書末寫下意義深遠的評論，「棉花及大豆的一大差別，在於棉花決定把戰役搬去議事廳打，而大豆決定在市場決戰。」過去 25 年，美國實驗農業社會化而學到教訓，前述只是一些明顯的案例。政府可以做很多事來提升整個農業的「整體福祉」，例如大豆。但是，試圖以華府的行政命令來管制價格，而非市場的供需，證實是死亡之吻。這會讓農業這隻替美國自由競爭的繁榮下金蛋的漂亮白鵝為之喪命。

現在該是美國人決定自己經濟綱領的時候了，如此我們要與全球其他地方分享經驗時會更有力量。我們有個偉大的體制，運作起來效率卓著。以下彙總它的功效。

一、資本主義是迄今已知，最能滿足人類物質需求的體制。

二、資本主義容許人類滿足精神需求。

三、資本主義容許個人的差異性。

四、資本主義採自然地自我擴張，往往能在社群、州級單位及國家之間，創造出強大的經濟連結。

五、資本主義容許人人參與進來賺錢，故此鏟除其他很多型態經濟體內，固有的階級與社會等級。

六、資本主義提倡「嘗試的自由」。

七、資本主義容許「販賣的自由」。

八、資本主義容許「購買的自由」。

九、資本主義保存人類最大的單一動力─冒失敗的風險。

十、資本主義加計通膨後，往往能增加勞工的工資。

十一、資本主義傾向於減少生活所必須的工作時數。

十二、資本主義增加勞工在全國收入的占比。

十三、資本主義增加職缺的數目快於人口成長。

十四、資本主義促使科技快速前進。

十五、資本主義經證實為人類迄今「分享財富」效率最好的手段。

　赤裸裸的共產黨

問題四

早期基督徒實行共產主義嗎？

Question Four
Did The Early Christians Practice
Communism?

有些人私下公開為共產主義辯護，他們認為共產主義是早期基督徒奉行的一套基本原則。這些人經常說，自己肯定不支持目前在蘇俄實行的那種無情共產主義，但他們真的認為共產主義與基督教義同源，而且以「手足情誼為本」的方式來實踐的時候，在道德上是站得住腳。

　　正因抱持這種態度，「朝聖先輩」抵達新大陸後，馬上著手實行共產制度。但誠如前文所述，那項計畫不僅失敗得很慘，同時也足以代表其他不下數百次嘗試想讓共產制度以「手足情誼為本」運作的下場。那些行動無一例外，都失敗了。大家不禁好奇為何會如此。

　　某些學者認為，他們已查明布拉德福德總督談到「手足情誼共產主義」時的意思，也就是說，共產主義與基督教無關，也不道德，因為它根本牴觸人類自由的根苗。即使以手足情誼來實踐共產主義，也只能設定在獨裁體制下，以強迫或恐懼為框架來執行。布拉德福德總督發現這一點都沒錯。數百次類似的實驗也完全一致。所以，學生回頭閱讀古代經文，都想問：「早期基督徒真的實行過共產社會嗎？」

　　有人相信早期基督徒實行過共產主義，是基於兩段經文。首先是這段：

　　「信的人都在一處，凡物公用，並且賣了田產、家業，照各人所需用的分給各人。」

　　在此要指出兩件事。首先，人們聚在一起，努力組成社區；第二，他們賣掉田產、家業，顯然是需要現金來幫忙同胞。乍看之下或許會如此推想，但這一段並沒說他們把田產、家業全都賣掉，只要讀經的人都同意是如此。這段經文也沒說，他們把資源都匯聚在單一共同基金，只因大家會由「凡物公用」這

個說法而如此假設。

早期基督徒真正做的，從《使徒行傳》（*Acts of the Apostles*）經常引用的第二段說得更清楚。

「那許多信的人都是一心一意的，沒有一人說他的東西有一樣是自己的，都是大家公用。」

在此我們讀到的經文指出，大家共同的付出並不是根據法律把資源匯聚到公社基金裡，而是眾志成城地處理共同問題，以至於沒人「說」東西是屬於個人的。然而當財物有所增加、能夠被加以使用時，也讓財物能滿足團體以及當事人所需。

這才是本段落的正確解讀。這一點可以由《使徒行傳》下一章描述的事件來檢驗。我們接下來讀到亞拿尼亞（Ananias）和他妻子撒非喇（Sapphira）。他們有塊地，決定出售。兩人打算把收益給使徒彼得。但《使徒行傳》的作者說，他倆賣掉土地時，決定保留部分收益。在把錢獻給彼得時，假裝是地產買賣結果的全部所得。因為這種欺騙，彼得嚴厲批評他們，接下來在過程中，他解釋介於兩人及其田地之間的關係。他說，「田地還沒有賣，不是你自己的嗎？既賣了，價銀不是你作主嗎？」

換句話說，那塊田地從沒要求要奉獻給共同基金。它屬亞拿尼亞及撒非喇所有，完全由他們處置。地賣掉後，他倆由賣地收到的錢也歸他們處置。他們可以花掉或捐獻出來。假如捐獻，錢也是自願、自由意志的供奉。我們馬上就可以了解，它跟共產黨財產觀完全不同。共產黨是充公或沒收公社成員的財物，而收益則由單一人或幾個委員來分配。因此成員喪失自己的獨立身分，得屈從於統治者的善變任性。

所以，早期基督徒顯然可以合法擁有自己財物，只是把它

「說」成為了整個社區的利益。

這正是鄧梅羅（Dummelow）在《聖經評注》（*Bible Commentary*）中做出的結論。書中討論我們剛引述的兩個段落，然後說，「耶路撒冷教會承認私有財產制。信徒的財產事實上歸他自有，只是他不說成是自己的，而是處置時，看待成有如公共財產。」

克拉克博士（Adam Clarke）談到使徒為窮人募款時，也說出意味深長的評論，「假如教會裡設有財物公社，那麼就沒理由進行這樣的（募款）……原因在於，假如人人進入教會時，便捐出財物歸為共有，那麼就沒有貧富之分了。」

於是，這一點引領我們來到這個主題的最後一個說明，也就是說，馬太在他的寓言之一便已講明，財產不是共有，數量也無法相等。

那個寓言中，他講上帝之國（Kingdom of God）的成員「按各人的才幹」，有如各司其職的僕人。一人獲得職務，管理五兩銀子，當他「拿同一筆錢做生意，讓錢再多出五兩」，他的主人說，「做得好！」然而，另一個僕人得到一兩銀子，而害怕他可能在不知情的情況下失去這筆錢，於是他把銀子埋在土裡。主人對他的僕人說，「你這又懶又惡的僕人！」主人接下來把那人的一兩銀子奪走，交給第一個僕人，而讓錢能用來獲利。

在銀兩的寓言中，兩件事非常清楚：第一，人人得享有私產，好比上帝付託的差事。第二，他對造物主負有責任，要用自己的財產來獲利。

我們看到的一切證據，似乎都明白顯示，早期基督徒並不奉行共產社會。財產並非共有。他們反而是把問題看待成共同

的問題。為解決大家的問題，人人要自願地依其能力，「按自己的收入」而做出貢獻。

　　只要仔細分析，這根本就是有良心、自由競爭的資本主義。

　　人們可能也體會到，無論何時，現代資本主義帶著「良心」來實行，就能在它接觸到的每個社會，帶來財富、慷慨、善意、生活快樂等恩賜。古代基督教會的想法真的很棒。

赤裸裸的共產黨

問題五

什麼是共產主義的秘密武器？

Question Five
What Is The Secret Weapon Of
Communism?

本章節內容，是作者於 1953 年 5 月 6 日，在華盛頓州家長教師聯誼會年度宴會上，對著 1,150 名來賓發表演講的講稿。作者當時任職於楊百翰大學。

一百年前，歐洲有一小派哲學家，自稱「唯物論者」。他們的總部設在普魯士。那群唯物論者，有兩人名留歷史。他倆透過演說及著述而點燃火焰，在一個世紀間創造的猜忌、不安全、流血、鼓吹戰爭、破壞繁榮，要勝過世上一切罪犯、黑幫之總和。

這些人當中有一個叫尼采（Frederick Wilhelm Nietzche）。自唯物論學派崛起，而提倡「超人」觀念的人正是尼采。尼采的思想可以綜合如下，「因為上帝已死，人類不過是進階版的動物，沒有靈魂及情操，故此人類不該遵循倫理道德系統。力的自然律應瀰漫於宇宙。弱者理當服從，強者理當統治。地球上必然會出現一個天生優越的國家，理當要征服其他人類。該國當中應有一個人崛起，成為渾然天成的領袖、獨裁者來統治人類，原因在於他乃超人。」造出超人的並非漫畫，而是尼采。

誰鼓舞了希特勒？

正是尼采的思維鼓舞了希特勒，以及他那發動全面戰爭的末日夢魘。希特勒自視為命定之人——超人——有朝一日要統治全世界。希特勒寫的《我的奮鬥》（*Mein Kampf*），彷彿是尼采從幽冥間發出的聲音。希特勒說，「瞧瞧現在的年輕人跟孩子們！什麼東西！我將消滅人類這數千年的馴化。野性的年輕人——那才是我追求的——我想再度讓他們見到……猛獸

捕捉獵物時，眼中的寒光。有了這些人，我可以創造出新世界……創出新的世界秩序！」

二戰期間，希特勒強迫數百萬人加入他帝國征服軍的行列，旨在讓他成為世界的獨裁者，人類感受到希特勒龐大戰爭機器野蠻、強大的衝擊。我們在美國驚異地看著希特勒崛起掌權。我們看見納粹主義的鐵蹄所到之處，踩熄文明之光之後，才終於義憤填膺，起而與其他國家結合，粉碎因尼采而啟發的納粹主義。

然而，唯物論孵化的全面戰爭精神，並不侷限在德國的納粹主義，還投射在其他幾個國家領袖的野心及哲理當中。唯物論編寫成日本及義大利軍方領袖的政治目標；在吾人強力出擊打垮納粹主義的同時，那兩個國家也崩潰了。

然而，隨著二戰結束，很多人覺得與唯物論的戰爭已告結束。犧牲奉獻的精神幾乎馬上在美國人之間凋萎。我方的軍隊在一夜間復員，世界兵力最大的空軍被拆成廢鐵，而全球規模最大的海軍則投閒置散，任其腐蝕。這麼做都基於跟唯物論的戰爭已經結束這個假設。當然，時間證明這個假設錯了。

撲滅納粹及軸心國，我們只征服其中一種唯物論。但一個強勁的唯物論立刻崛起並取而代之。這種新型唯物論源自尼采的戰友馬克思。此人與尼采系出同源，動機也一樣。馬克思自認是唯物辯證法之父，那種哲學較為人知的名稱是共產主義。今天，馬克思預見的共產帝國征服大軍排好陣勢，在鐮刀與鐵鎚的大旗下，正想進攻自由世界的人民。

馬克思的使命是什麼？

有些人誤以為馬克思及其信徒的使命純粹是停留在經濟領域，只是跟其他唯物論者一樣，他們的任務是透過意識形態戰爭而掌權。請注意，他們譴責任何相互競爭的意識形態，甚至宗教，「我們必須與宗教戰鬥——這是唯物論，也是馬克思主義的基本常識。」另一個馬氏信徒宣稱，當他們接管時，「會把上帝由實驗室以及學校趕出去。」

現在，因為我們處理的是意識形態戰的問題，有人或許會問，這些好戰無神論者的目標是什麼？他們想替人類之間的關係，設定怎樣的新典範？請聽列寧怎麼說：

「我們必須仇恨——仇恨是共產主義的基礎。父母若不是共產黨員，必須教導他們的子女恨他們。」聽聽前蘇俄教育專員盧那察爾斯基驚人的評論吧，「吾人仇視基督徒及基督教。即便他們當中最好的，都必須被視為我等最恨的敵人。愛你鄰居的說法去死吧！我們要的是恨……只有那樣，我們才能征服宇宙。」

我可以確定你們都會同意，那樣的人在世上崛起掌權時，自由世界的年輕人就要面對挑戰了。有人問馬克思，他活著的目標是什麼，那時他說，「推翻上帝，摧毀資本主義！」

馬克思及其同夥向人間倫理、道德、宗教價值宣戰，決心完全鏟除人間的上帝崇拜。海涅（Heinrich Heine）宣稱，「我們心中為此充滿悲憫，耶和華本身準備要死了，」而在無神論攻勢如此成功的尼采說，「讓『上帝已死』的消息大肆宣揚。」費爾巴哈宣稱，「歷史的轉折點，就是讓人類意識到你們的唯一上帝，就是人類自己。」

剽竊科學及宗教

唯物論者的策略，是挪用「科學」的外袍替自己壯膽，而且搶占一切科學成就的功勞。接下來他們決定，把他們反對的一切事物，用揶揄、算計打發掉，並宣稱為「不科學」。故此，他們攻擊聖經，自稱為更高階的批判者，想用這種方式消弭掉聖經。他們聲稱，崇拜上帝不過是人類花費心機，想把自己本性更好的素質，投射到某個虛構的、更高的存在。他們稱耶穌基督為流浪的傳教士，生命及著述都柔弱且沒男子氣慨。他們嘲笑耶穌不可能復活。他們否認人類生命的永生觀念，也否認精神或靈魂的存在。

他們說，人類不過是進階版的動物，人類的生命——尤其是別人的生命——並不比蜈蚣、毛蟲或豬隻來得神聖。換句話說，唯物論者蔑視人類 6,000 年歷史及成就。誠如馬克思及恩格斯在他們《共產黨宣言》裡誇耀的，「我們的綱領取消永恆真理；廢除一切宗教及道德……所以跟所有人類過往經驗相牴觸。」

崇拜自己的人

既已棄絕上帝、聖經、道德、永生、最後審判、聖靈的存在、個人生命的神聖，唯物論者轉而崇拜自己。總體而言，他們認定人類具有大自然成就的完美，因此是宇宙的中心。這一點讓尼采取得絕佳機會，傳授他的「超人」觀念。

尼采讚譽自己及一切他人，是現存萬有的至高存在，此時他衝出口說了像這樣的話，「鑒於（聖經的）這個上帝已死！

高等人類的各位，這個上帝就是你們最大的危險……你們能體會『哦，我的手足們呀』這句話嗎？害怕嗎？心裡不敢置信嗎？地獄在你們腳邊裂開嗎？那又怎樣？勇往直前，高等人類們！終於在此刻，人類未來的山嶺正要隆起。上帝已死；現在，根據我們的意志，超人正要降生！」

這些人試著推翻上帝，從他們自戀的井蛙之見看來，幽靈般的願望燃燒著，他們認為能設法發現自古以來的大事。尼采深入研究，試著承擔起高尚的謙遜，而他覺得它正降臨到天才如他的人身上。他說，「偉大的上天啊！有誰能了解壓在我身上的重擔，而我自己要花多大力氣來承受它？人海茫茫，我不曉得為何它落在我頭上——或許是因為我乃第一個點亮這個思想的人，而把人類史切分為二……想面對這個念頭，真要有些勇氣。」

唯物論的果實

只是，要耗費的勇氣，是遠大於尼采所能理解的。他的著作為這種負擔而呻吟著，「因為不再有上帝，寂寞感變得難以忍受。」接下來他克服自己的膽怯，方法是提醒自己，他畢竟是超人，故此下定決心，自己「既是人上人，就得著手幹活」。

但假如沒有上帝、沒有造物設計、沒有未來虛無，只剩誤打誤撞的命運，那還幹活做什麼？尼采在他反神論述的低潮時刻，也就他發瘋前不久，不禁自問說，「我們為何要到此地步？我們該怎麼才能抽乾大海？誰能給我們一塊擦掉整個地平線的海綿？我們把地球與太陽間的連結拆掉時，準備做什麼？我們難道不是流浪於無垠虛空？我們沒感受到虛無之氣息噴到我們

臉上？難道不是變得更冷？豈不是黑夜一直來，長夜復長夜，黑夜永不止？」

那批人開啟唯物論的連鎖反應，最後的恐懼悲嘆便是如此。

現在，我們來到美國史上有趣的時間點。此時，「共產主義」這個詞已變得全面性的惹人討厭。假如共產主義這標籤貼上某個人或某個機構，對方可能一夜之間就毀了。共產黨高層的可恥行為，讓他們的名字在美國染上漆黑的烙印。

沒被貼標籤的共產黨人

但是，有多少美國人能察覺出一個沒被貼標籤的共產黨人？一個共產黨人真正相信的是什麼？大多數人把共產主義認定為「財產國有」或社會主義。然而有趣的是共產主義的經濟理論，主要是作為宣傳戰來使用。想到財富分享，大眾會心動。然而，當共產黨在俄國掌權時，大家都記得他們加諸俄國人民頭上的第一件事，便是一種倒退回封建時代、我們已揚棄的經濟理論。那套體制，便是有特權的少數人分配生活必需品給農奴，而農奴替他們工作、仰仗他們保護及領導。

假如共產經濟學主要供宣傳戰之用，那麼共產黨真正信仰的是什麼？

為了節省時間，我很努力地把這些人的基本信仰，同時也是他們的哲學基礎分成四個基本概念來說明。這些信仰便是唯物辯證法的心臟及靈魂。它們佯裝提供一個完整的解釋，一個放諸四海皆準的說法。它們的論證，也讓共產黨人為自己的革命暴力及反道德行為取得藉口。正因這些東西，美國有些知識

分子才會改信這種來自外國的意識形態。正因這些東西，叫一些富人認為，共產主義才是現代世界最後的希望。了解這些概念，有助於我們與共產黨人坐下來討論世界問題時，作為評估他們行動的基準。

共產主義的第一主要假定——沒有神

他們第一個重要假定是這樣，「存在的一切會發生，都是自然力不停運動的結果。」萬事萬物都是因緣和合的產物。世上並沒造物設計，沒有定律，沒有神，只有力，自然的力。力便是真與善，力便是大自然。

按共產知識分子所講，「辯證法」這個理念指的是：「自然內的衝突」是萬物的子宮。我們今天取得的一切，都源自自然元素猛烈、翻騰的力量——恆星、太陽系、植物、動物以及人類的智力。

這些唯物辯證論者第一次試著跟我講說，宇宙一切都是力量與機緣的產物，我不禁回想到我中學化學老師講的，科學的主要假定在體認這個事實：宇宙的秩序，係源自有智慧的設計。他指出科學家的任務，在探索及發現造物主遵循的工程原則，以便可以用來造福人類。換句話說，科學的真正根基，在察覺睿智的設計者的確實存在，而祂使用的原則，我們可以自行發掘、運用。

馬克思的追隨者如此急著推翻上帝認同，以至於他們已否認宇宙中有任何造物者。他們拒絕承認自然現象背後有秩序、法則，或有智慧的造物主。他們說，凡此種種都是因緣和合的產物。我很好奇，我的化學老師對此會怎麼講？這些唯物論

者宣稱想榮耀科學之名，在科學大旗下進軍，但他們焦急想貶抑、批駁上帝之際，反而公開否認科學展示出來的真相。

第二個主要假定——進階版動物

現在談到第二個主要假定，「人類只是進階的動物」，因此人命並不比蜈蚣、毛蟲或者豬來得神聖。這樣完全鹵莽地藐視人類生命，是「唯物論作用中」一個最驚人的特色。對很多美國人來說，韓戰時經歷的很多事，讓人猛然驚醒。它意味著我們與那些把全人類看待成只是「進階動物」的人打交道之際，兩者有著很大的差異。

第三個主要假定——沒有固定對錯

共產主義的第三個主要假定是：「天下沒有什麼固有的對或錯的事。」誠如一位共產黨高層尖銳指稱，「說謊，錯很大嗎？有好的原因就不會。偷東西，錯很大嗎？有好的原因就不會。殺戮，錯很大嗎？有好的原因就不會。」我們把那種態度稱之為務實——只看結果，不計手段。唯物辯證者把倫理道德，看待成膚淺騙人。列寧宣稱，「教養共產黨青年，絕不能混雜以各式娘娘腔的講詞、訓誡。」他以同等分貝說，「有助於摧毀剝削舊社會的就是道德……共產黨的道德，就是為這項鬥爭服務的道德。」

共產黨紀律裡，叫大家盲目服從是極其重要的事。盲目服從被視為好事，因此合乎道德。然而，以對錯來管理行為的道德體制，會叫每個人都變成道德的自由原動力。這是共產主義

擋不住的。

第四個主要假定——沒有宗教

　　共產主義第四個主要假定是：「所有宗教必得推翻，因為宗教抑制世界革命精神。」馬克思、恩格斯及他倆的同夥都覺得，人類厚實的宗教信念，會妨礙他們接受共產哲學及共黨統治。宗教會讓人們無法領會革命精神，而共產黨領袖命令大家去撒謊、殺戮及偷竊時，信教的人不會照做。誠如一位共產作家所說，「宗教無法嵌入唯物辯證思想系統，而且是它的敵人。人們還殘留宗教信仰，就無法成為完全的唯物論者，也就是不信唯物辯證法。」馬克思說，「宗教是人民的鴉片」，誠如我們前文指出，《共產黨宣言》的主要目標在推翻「所有宗教」。

　　共產主義的發起人並不滿足於指使信徒無視宗教。他們覺得，用好戰無神論有條不紊地取代宗教，是極其重要的。

　　有位他們的作家寫道，「無神論是馬克思主義自然且無法分割的部分⋯⋯結果便是，有階級意識的馬派政黨必須進行宣傳戰，支持無神論。」有份共產青年雜誌寫了以下的訓示，「假如一名共產黨青年信神、去教會，他就無法履行職責。這代表他沒能把自己從宗教迷信抽離出來，沒能變成意識完整的人。」

　　共產黨寫的反宗教書籍汗牛充棟，這適足以顯示無神論及拒絕所有宗教，乃是共黨綱領極重要的部分。

共產信仰傷得了我們嗎？

如此，大家已了解共產主義的四大假定了。有些人會說，「哦，假如那樣就可以造就一個共產黨人——那又怎樣？他們信什麼又傷不了我。」如此的態度事實上會讓我們放下心防。共產黨哪些信念會傷到我們。容我舉個例子，簡要向各位報告一下一個重大事件，這件事發生在二戰快要結束的時候。

這件事始於 1943 年 6 月，當時有位蘇俄青年叫古琴科搭機抵達加拿大渥太華。他立即被分派到蘇俄大使館的武官團，擔任電譯員。那是古琴科第一次離開蘇俄國境。他後來寫道，「一開始活在加拿大的日子裡，個人完全自由的情形叫我驚訝，那在俄國是不存在的。」

根據他的觀察，即便在戰時，人民仍享有相對自由，加拿大民眾很快樂，而政府為人民服務，而非顛倒過來。他看著加拿大人間接享受著他們的自由：「我目睹一個自由人民能做什麼。加拿大人在完全自由條件下，已經完成、正要完成的一切，換作俄國人民在蘇維埃暴力壓制所有自由的條件下，即使付出龐大犧牲、鮮血及眼淚，都成就不了。」

他對商店裡銷售數量眾多的商品印象深刻，而且驚訝地發現任何人都可以購買。令他難忘的還有加拿大沒什麼恐懼，秩序井然，跟蘇俄宣傳機器講的全然不同。他印象最深刻的是民主政體運作的方式。他說，「最近在加拿大舉行的選舉，叫我格外驚訝。相形之下，蘇俄的選舉體制，簡直像在揶揄自由選舉這個概念。」

最令古琴科迷惘的是什麼？

古琴科替蘇聯大使館武官團工作的同時，他注意到別的事情。他觀察到蘇聯與某些加拿大頂級科學家，有時還包括加拿大重要官員聯絡。他們經常合作，提供高度機密的官方情報給共產黨的軍事情報人員。更令古琴科迷惘的是：他曉得這些重要官員及科學家也心知肚明，共產黨的終極目標是發動世界革命，這包含摧毀加拿大及其他各國政府。

經過兩年時間的觀察，古琴科決定該警告一下加拿大人民事實的真相。他已下定決心，不再回去蘇俄，並不再以過去那種方式撫養自己的孩子。他跟妻子講，打算離開蘇俄使館向加拿大政府警告，說它內部有間諜網。

為證明自己所言為真，古琴科把很多機密文件塞進衣服裡，再去找加拿大官員。他想，自己當然會受到大家張臂歡迎——加拿大人會很高興得悉內部實情。但隨著他看見自己接洽的第一個人木然的臉孔，古琴科曉得自己碰到重大危險了。那人並不相信他！直到最後一刻，古琴科甚至有被蘇俄內務人民委員部（NKVD）抓回去的危險。[1] 至此，加拿大官員才恍然大悟，認為這位蘇聯電譯員講的可能是真的。所以他立即被保護安置，如此他才能向全世界講述他的故事。

上位者的叛國行為

加拿大人很好奇，古琴科提出的那些人，真的有在跟潛

1　編註：蘇聯的政治警察機構。

在的敵人勾結嗎？他們分別是：波伊爾（Raymond Boyer），富裕的麥基爾大學（McGill University）教職員工，加拿大國家研究委員會高階管理人，二戰期間與其他人共同研發出環三亞甲基三硝胺（RDX）炸藥。亞當斯（Eric Adams），畢業自麥基爾及哈佛大學，任職於工業開發銀行高層。霍爾珀森（Israel Halperin），安大略皇后大學（Queen's University）數學教授，為砲兵署（Directorate of Artillery）進行提高砲兵技術的研究。盧寧（David Gordon Lunin），《加拿大事務》（*Canadian Affairs*）總編輯。舒格博士（David Shugar），受聘於研究企業有限公司（Research Enterprises Limited），研究先進雷達。葛森（Harold Gerson），在聯合戰爭供應公司（Allied War Supplies）擔任高階行政職。波蘭德（F. W. Poland），加拿大皇家空軍情報處軍官。還有威爾謝爾（Kathleen Mary Willsher），在英國駐加拿大最高專員署擔任職務屬於機密等級的工作。

這些人，還有名單上其他人很快就遭「皇家加拿大委員會」（Royal Canadian Commission）逮捕、偵訊。委員會後來報告說，「整個第五縱隊網絡中最令人吃驚的部分，就是蘇聯特工能夠找到願意背叛自己國家的加拿大人，並向這些特工提供他們能夠取得的機密情報——儘管他們已經做了宣誓效忠、就職宣誓，並且承諾會信守誓言。」

皇家委員會最想知道的是：為什麼這些加拿大高級官員會蓄意損害祖國的利益。他們詢問這些人是否有收受賄賂，而其中一人回答，「假如俄國人給我錢，我倒覺得被羞辱了。」

當皇家委員會調查這些人的背景時發現，這些人都可以說是唯物論者與自由世界打意識形態戰爭下的被害人。這些人在

自由環境中成長，就讀加拿大及美國學校。當被問道為什麼要跟蘇聯特工合作時，其中一人說了具有代表性的答案，「我認為我在幫助人類。」

這些成長於自由世界的人們，怎麼會被共黨特工策反，相信他們的合作，就是在幫助人類？假設你是科學家，而有個共產黨特工來找你，你會有何反應？假如他說，「朋友，你曉得世上並沒有神明用智能來引導人類；你知道並沒有上帝給人類的歸宿；你曉得若是智力較高如你的人，不幫忙我們控制人類，人類將會自毀。」你能想像你會這麼回答嗎？「我必須出自衷心承認，我真的相信沒有上帝，沒有神的智能在引導人類。所以，我覺得身為我們這世代智能較高的一員，為了全人類，我有責任跟你們的運動合作，而共產運動注定要接管並拯救人類免於自毀。」

這不僅是很多被蘇聯策反的加拿大人承認自己說過的標準說詞，他們還證實自己透過蓄意從事顛覆自己國家的活動，以完全奉獻於那種思想。

共產主義的秘密武器

藉由這件事我們可以知道些什麼？就是這些人乃是土生土長的唯物論者。誠如古琴科指出，那些在國內環境成長，但從沒領略過自由與奴役、唯心論與無神論、信仰與懷疑、秩序與混亂等等之間差異的國人，碰到這種時候是會背叛自己的文化的。

不知怎地，我們未能提供這些人足夠的武器，供他們在關鍵時刻——外國意識形態特工接洽他們的時候可以自保。我們

應該很快體認到：假如我們的文化及教育系統是在創造唯物論者，那麼這些知識將會是被共產黨利用的最強大的秘密武器。

這意味著我們可以花 20 億美元開發出原子彈，而共產黨就可以坐享其成。他們有辦法從我們某些最高層級的安全人員那裡，汲取研發原子彈的相關情報。事實上他們做的正是如此。

自由世界今天犯的最大錯誤，就是想讓水與火交融。我們為自由而戰，卻容許我們的小孩成長時相信一些其實源自共產主義的基本觀念。唯物論不屬於美國價值，而是共產主義。每一次，我們容許一個學生在受教過程中相信，宇宙是因緣和合，人類只是進階動物，天下沒有本質對錯的事情，深厚的宗教信念是老氣、不必要的話，那麼在意識形態戰場上，我們的隊伍就多折損了一名士兵。

一名美國青年求學時可能在不知情下，變成共產黨的可能盟友。這正是共產主義最大的秘密武器。

本土自產的唯物論者

那麼，美國青少年是哪兒接觸到唯物論的教誨？我可以由個人在一家美國教育機構的經驗，稍事答覆這個問題。

當時我就讀大二，正修習我的第一門哲學課。一天早上，教授說，「現在你們年輕人應該夠成熟了，以至於你們的心靈應該可以清洗掉可能從小就累積的迷信積習。當你們還是孩子的時候，人家跟你們講聖誕老人的故事。現在你們知道有關聖誕老人的事實了。你們還是孩子的時候，聽說過送子鳥的事。現在你們都知道事實是怎麼回事了。」然後，教授準備在另一

個切入點淨化我們的思維，就是那些被兒時童話故事灌輸的思維。他說，「今天，我要跟你們講，上帝的思想源自何處，同時還有有關宗教的事情。」我們都坐下來，準備吸收即將聽到的知識。

教授說，「一開始，人類崇拜他們用自己雙手創造出來的東西。那叫偶像崇拜。後來，人們想像有很多肉眼看不到的神——有戰神、愛神、雨神等等，而這些神都要獻祭以便討祂們歡喜。不然祂們就降殃。所以，祂們經常被稱為報復的神明。」

教授接著宣稱，聖經是傑出的宗教演化史。他說，由聖經研究看得很清楚，上古民族普遍奉行偶像崇拜，而最後希伯來人跳脫出來，崇拜耶和華為復仇之神。他說，以色列人向耶和華獻祭，討祂歡喜。

「接下來，耶穌出現，宣稱上帝是愛的上帝，擁有一切柏拉圖式的無上優點。耶穌教誨說，上帝仁慈、公正、寬恕。他教導更高的理念如「天國八福」（Beatitudes）、「山上寶訓」（Sermon on the Mount）、「金科玉律」（Golden Rule）。

他繼續說，「這就是人類今天崇拜的上帝，如耶穌所教的，愛世人的上帝。而且，上教堂、崇拜這種概念的上帝是好事，以提升心智，促進更高一層的領悟。」

他用強調的口吻繼續說，「我希望你們年輕人記住：這種上帝的理念，講起來跟其他人類創造品一樣——比如某人寫的偉大交響曲或偉大詩歌。你們不必畏懼上帝，因為祂是我們創造出來的。」

教授的結論說，「天上並沒有神明在眷顧你——回應你的祈禱或引領人類走向神聖的歸宿。你們要靠自己。」

講課結束，我環顧四周同學們。有些人臉上似乎流露出極

其釋然的表情。他們彷彿在說，「嗯，原來如此啊！根本沒人在監視我。上帝是我們創造的，好比偉大交響曲，就是如此……」

學生與教授間的談話

下課後我去找教授，說，「老師，你有可能讀過舊約聖經嗎？」

教授咯咯笑說，「只讀了部分。一直沒時間全讀完。只是，我在知名專家的指導下，讀了聖經史及聖經哲學。」

接下來，學生與教授之間展開以下談話。學生對教授講，他讀聖經時並沒有讀到教授所說的那些故事。教授看來很困惑。「你是什麼意思？什麼故事沒有讀到？」

學生說，「哦，就是宗教始於偶像崇拜，演化到崇拜復仇之神，再演進到崇拜愛世人的上帝——一如耶穌所傳授。」

教授說，「那麼講講你在聖經發現什麼？」

學生說，就他至今所知，從一開始有關上帝的本質及本體，就已經傳授予人們。學生認為，聖經教導說自太古以來，上帝教養了先知及特別見證人，他們都被賦予實質的親身體驗，以此讓他們知道上帝的本質，並且能夠傳授給其他民眾。」

接著學生繼續說，「聖經所授而我了解的第二件事便是：上帝啟示一種快樂的生活形態，而我們稱之為宗教。他教導我們不偷、不撒謊、不欺騙、要服務同胞，並保持純潔。」

他結論，「最後，我認為聖經所講的偶像崇拜及未開化宗教，是設來跟啟示性宗教相競爭的，因為有很大比例的人們拒絕接受上帝的啟示。我認為，人為宗教是上帝向人類啟示其意

志後很久才出現的，而偶像崇拜是一種代替品兼墮落的崇拜，由執意違反上帝訓誡的人們所推動。」

教授眼光往下看書桌片刻，然後說，「很抱歉，我想你有點天真。宗教並非啟示而來的，而是演化而成。你必須承認，耶和華是『復仇之神』的其中一種，要人類獻祭來取悅祂。」

學生回答說，「那是另一回事。聖經並沒講舊約裡的獻祭是想討好上帝。它說，獻祭為的是有益人類──一種教誨的機制。或者，誠如保羅所說，獻祭是『塾師』。上帝古今未來始終不變，舊約裡神愛世人跟新約裡是一樣的。」

教授說，「不好意思，我必須挑戰這一點。我想每個專家必得同意，舊約的獻祭純為討好耶和華。」

學生問說，「您願意聽聽耶和華自己怎麼談獻祭，還有獻祭在舊約裡代表什麼嗎？」老師同意從圖書館借了本聖經。翻開到以賽亞書第一章，兩人一起讀以下經文。

聖經裡自有反駁

「你們所獻的許多祭物與我何益呢？公綿羊的燔祭和肥畜的脂油，我已經夠了；公牛的血、羊羔的血、公山羊的血，我都不喜悅。」上帝說：「你們不要再獻虛浮的供物！……（學生評論說，「假如這些獻祭無法讓人類變得更好，顯然就徒勞無用。」）你們舉手禱告，我必遮眼不看，就是你們多多地祈禱我也不聽，你們的手都滿了殺人的血。」

接下來學生問教授，他認為接下來兩、三段所反映出來的，究竟上帝是復仇之神，還是愛人的神；「你們要洗濯，自潔，從我眼前除掉你們的惡行。要止住作惡，學習行善，尋求

公平，解救受欺壓的，給孤兒申冤，為寡婦辨屈。耶和華說，你們來，我們彼此辯論。你們的罪雖像朱紅，必變成雪白；雖紅如丹顏，必白如羊毛。你們若甘心聽從，必吃地上的美物。」（以賽亞書第一章十一至十九節）

教授靜默片刻，大二生因此鼓起勇氣問最後一個關鍵問題，「教授，我斷定這些章節都反應與天國八福、山上寶訓及金科玉律相同的精神，有說錯嗎？我認定上帝一直是愛世人的神，有說錯嗎？」

教授拿起聖經，放張紙卡在以賽亞書第一章，並說：「請圖書館員把這本書轉借給我。」

學生感謝教授願意重新評估所傳授的課程內容。他還感謝別的事情——父母、主日學校老師及其他鼓勵他通曉聖經的人。他們沒叫他盡信聖經，只要他通曉。他很高興自己讀得夠多，以至於碰到有人詮釋聖經內容錯誤的時候，他才有辦法做出推論。

有時候學生會讓父母感到困惑

今天學生可能上過一堂如我剛描述的課程回家後，父母反而經常覺得看不透孩子。孩子上完哲學課回家，晚餐時一家坐下來，他問說，「爸，我們信一神教還是二元對立教？」他父親可能會困惑地看著兒子說，「兒子啊，吃飯吧。」

父母經常不了解，自己子女可能是想了解重大哲學問題。當然，某些父母連自己都對生命基本價值感到極其困惑，因此發現子女首度碰到唯物論的挑戰時，自己想幫忙卻覺得很棘手。

我想我的教授真誠無欺。他傳授自己所習，會教唯物論是因為最後相信它是真理。我敢打包票，若是有人跟他講，他傳授唯物論過程中為共產主義最重要的其中概念打下基礎，他一定會很吃驚。若是國父華盛頓來聽那堂課，他會說，「教授，我想你搞錯了。」傑佛遜則會說，「你錯啦。」林肯也會說，「你錯了。」

　　諸賢建立美國的前提是：神明的智慧指引著人類的歸宿，上帝具在，我們可以信仰祂。他們相信聖經以及見證人的誓言；見證人說，假如我們遵循先知所授原則，我們必可從中找到快樂。建國諸賢對聖經所述的生活方式如此有信心，以至於他們以聖經箴言及教誨為本，建造美國政府的框架，確立美國政府保障的生活快樂原則。

原子彈安全又怎麼說

　　古琴科披露的加拿大間諜案讓我們學習到，自由不光會因為擁有原子彈就能得到保障。只要我們還教孩子們唯物論，我們就依然在危險當中。他們長大後，會變成東西方意識形態戰爭的脆弱靶子。

　　我已引述前蘇聯教育高級專員的說法給各位聽，他提到憎恨基督教，是因為「基督教的愛會阻礙革命的開展」。事實上共產黨高層一再提及，他們煞費心思，想用唯物辯證法征服我們的心靈，我們最大的抵禦力，就是我們的信仰，還有了解猶太—基督教律法。

　　大約三年前，我受邀到西岸某大會演講。會中有人指出，馬克思信徒最恨美國文化的東西之一，便是猶太—基督教律

法。於是我問與會成員，「我們擁有可以嚇倒共產黨的東西，有人能告訴我猶太一基督教律法包含什麼嗎？」大家靜默好長一段時間。沒人願意對美國強項的這個部分提出定義。最後，禮堂後方有位年長紳士舉起手。他說，「嗯，我不敢保證我真懂猶太一基督教律法指的是什麼，但我曉得一點——假如共產黨怕它，那我就支持它。」

十誡令共黨害怕嗎？

在這麼簡短的討論裡，沒有足夠的時間可以處理整個猶太一基督教律法的大命題，但我們或許可以稍微提及。舉個例子，猶太律法主要是環繞十誡而建立。我們先分別簡短討論一下它們，再看看我們是否能發現它們有什麼地方會嚇壞共產黨。

第一誡裡，上帝只要求人類承認祂為造物主、宇宙總建築師。祂要我們了解，我們居住的奇妙星球不是因緣和合的產物。我們享受的怡人環境，不是幸運偶然的成品。此外，它也不是自然力之間不斷運動的結果。祂要我們了解，凡此種種，都是設計與精心建造的成果，建造在定律及秩序的系統上，上帝統治諸天，萬事萬物都往有意義的目標移動。

第二誡裡，上帝叫我們不得創造或崇拜假神。祂向人類揭示其身分，其目的是要讓這些教誨不得誤用、扭曲或改變。誠如我們說過，唯物辯證法不僅想摧毀上帝崇拜，還想用假神來取代真神。有個唯物辯證者說，「當人類自我察覺，唯一的上帝就是人類本身的時候，歷史的轉折點也將在這時候出現」。唯物辯證者的歷史可以顯示，他們奉行的是古代異教徒的做法，那就是彼此之間的相互崇拜。

誰見過上帝？

共產黨說，「假如有上帝，請指給我看！你見過上帝？你的兄弟姊妹見過？」有件事指出來真有趣，某些早期共產黨高層還四處尋找上帝，但他們的傳記透露，他們這麼做時，一手拿噴槍，另一手拿大鎚。這些人抗拒上帝，而他們的搜尋過程中見不著上帝。等到他們搜尋失敗的時候，暴怒地回家，深信因為他們沒發現上帝，所以可以證明世上根本沒上帝可找。

凡此種種，聖經有給答案。可以在《出埃及記》第十九章找到。上帝向摩西指出，要祂現身在人類之前並不難，但是人類要有能力面對上帝則很難。祂指出只有某些準備充足的人，而祂可以讓他們到祂跟前。他對摩西說，假如沒準備充分，見到上帝的衝擊經驗，會把他們毀掉。摩西想讓以色列人做足準備，以便他們可以享受到如同摩西已經領略到的不尋常的體驗，但以色列人準備不足。上帝說，「你下去囑咐百姓，不可闖過來到我面前觀看，恐怕他們有多人死亡。」

然而，有些人後來真獲准登上西奈山見到上帝。事實上是上帝授權摩西帶亞倫、拿答、亞比戶，和以色列長老中的 70 人去瞻仰上帝現身的榮耀。那 73 人不僅獲准享有此一非凡經驗，還紀錄下他們所見。

一個世代又一個世代，類似的見證上帝事件增多了。事實上使徒約翰預言，最後每個世上活過的人，都將見到造物主，站在祂跟前接受審判。

現在你可以見到，十誡的前二誡直接與共產主義的第一主要假定相互矛盾。共產黨說，宇宙是渾沌與機緣的產物。在猶太律法裡，上帝教誨說，宇宙是精心設計的產物，而祂就是設

計者，要如此承認祂，吾人不得把這些成就，歸給錯誤的力量或假神。

宣誓有多重要？

第三誡說，「不可妄稱耶和華——你們神的名。」很多人以為第三誡只意味上帝之名不可褻用——但這樣不會嚇倒唯物論者。本誡有更深層的含意。舉個例子，美國法律上所做的宣誓的神聖性，就由猶太律法的這個第三誡所規範。

當一個人站在法庭，或者出現在國會聽證會上說，「我發誓說實話，完整的實話，除真相無其他，請上帝助我」。此時他就置身於上帝的訓諭之下，因上帝之名不可妄稱。美國建國諸賢相信，我們應把這些誓詞及承諾，視為神聖，且是出自良心而履行，而上帝的審判會叫我們負責。履行每個以上帝之名作出的宣誓，正是美國自由政府強大力量的來源，而且共產黨人也學懂，假如他們看待誓言虛與委蛇，那麼將因此受到「偽證」的重罰。然而，我擔心即使在忠誠的美國人當中，上帝之名被妄稱的頻率也太高。我相信——而我敢肯定，各位也同意——假如每個人都遵守以上帝之名所發的神聖保證，我們法院裁定的正義會多上一百倍，我們的商業生活會更為真誠，而且我們的行政官署也會更有效率。

第四誡

第四誡說，我們應在一星期六天進行必要的勞動，但第七天應撥出來上教堂，服務匱乏的同胞，研讀上帝的義理。正因

這些事，才叫安息日（Sabbath Day）為神聖的日子。我們或許無法領略，但馬克思信徒曉得，正是因安息日崇拜這種制度，叫希伯來及基督教文化健壯安康。所以，馬克思唯物論派掌權首先要做的事之一，便是廢止、不再執行安息日。

但安息日的力量，當經過把它由神聖的日子改成單純的假日以後，就宣告消失了。

採納古代異教徒的習性，只把安息日用在打獵、捕魚、宴飲及娛樂，我們就完全廢棄安息日的宗旨及目的。

天主可能會說，「我要爾等記得這件事：今天世上有老病孤窮的人。我的整套體制，要看你們幫忙彼此，因為你們為最弱勢的人做事，就是為我做事。這才是我的方法，我要的形態，我的計畫。我本可以派天使，但我沒有。我派爾等。」

這本該永遠是美國生活之道的一部份，但我們經常太忙碌。我們忘了病弱的人，沒去拜訪鄰居。我們只在老闆娘生病時，才去醫院探病。就此而言，美國生活之道已經毀了，因為我們忽略了美國社會秩序最早奠基其上的快樂生活形態。

年輕人的教育出現真空

如果因為我們未能保留任何安息日時間來研讀上帝的義理，我們將很快變成愚昧的基督徒國度。那些世世代代所累積的見證，我們卻知之甚少，以至於很多人的信仰並沒有真實的基礎。這些就會出現 A 拎起聖經，舉得高高，然後說，「童話故事集！」接下來我們訝異地看到，對聖經沒什麼了解的美國年輕人說，「哦，那樣啊！三隻小熊之流的故事嗎？」接下來 A 說，「對啊，是人類捏造的東西。」

又或者，一個來自基督教家庭的男孩，卻是對聖經裡可見的證據全不知悉，並在某個晚上放學回家時顯得一臉困惑。一家人吃晚餐前，爸爸要他說餐前禱告，他則說，「爸，不要，我不想說。」後來父親跟他講，「孩子，怎麼啦？發生什麼事了？」男孩回答，「爸，我不喜歡向我們創造出來的東西——譬如說一首曲子或詩詞——祈禱。今天我才知道，原來上帝是我們編造出來的。」

若是小孩子沒有聖經見證的知識來支撐，而那些見證又是證明基督教信念的效力，那麼要摧毀孩子們的信仰，真是易如反掌。

長者重不重要？

上帝指定的第五誡，是想維繫家庭的完整。天主在第五誡中說，「當尊敬父母。」

生活是種種情況的奇妙組合。孩子還小、無助又依賴的時候，父母身處的地位，可以給孩子關愛或虐待、教養或漠不關心，端賴他們的傾向。在日後的歲月裡，同樣那些父母也可能會受到時間的摧殘，而使得自己變得跟小孩似的。此時輪到他們的後代處於要關愛還是漠不關心的地位，端賴他們的傾向。

所以，上帝很睿智。祂要孩子們尊敬自己的父母，父母也尊敬自己的小孩。任一方的人生都要仰仗對方。

家庭極為和睦，與美國宗教實力及國家力量都不可分割，但唯物論者憎恨它。馬克思及恩格斯在《共產黨宣言》裡便寫道，他們支持「廢除家庭」。列寧在俄國革命之後，馬上想掃除家庭這種生活形態，但出現的社會弊病及社會失序強迫該政

權退縮了。

共產黨的整肅是怎樣的？

第六誡說，「不可謀殺。」這則摩西律使得人類生命的神聖性變得極為重要。這也是為什麼信仰、奉行猶太—基督律法的人，無法成為好共產黨人的原因。他不會聽令殺人。他不會相信，仰仗血腥整肅、集中營、為生存等理由而殘忍剝奪人命是公正的。

這足以解釋，何以我們會聽到一些說明，好比來自史達林講的這段話，「我們鎮壓反動教士階級了嗎？沒錯，是有做到。不幸的是它還沒被完全清洗。反宗教宣傳戰是種手段，必須藉此達成完全清洗反動教士階級。在有些案例，某些黨員作梗，阻撓反宗教宣傳戰的全面發展。若是把那些黨員趕走，當然是最好，因為黨內沒有空間容得下這些黨員。」

婚姻完整的重要性

第七誡說，「不可姦淫。」基本上，美國家庭的力量植根於父親和母親、父母與子女相互信賴。上帝會說，「我給你們的，不外乎是無窮無盡的快樂。我的訓誡不在取走快樂，而在保護快樂。我要你們在婚姻誓約裡彼此誠實。假如你要快樂的家庭，假如你想與配偶分享完全的信任，那麼你不可姦淫。」

而且，道德的完整並非自結婚才開始。道德完整在多年來的謹慎自律便已找到力量。兩個年輕人走上禮堂結婚時，出自衷心說，「在我認識你以前，便為你潔身自愛了。」我個人

不曉得還有什麼能比這樣更能保障一輩子的快樂及信賴。我身為執法人員，曉得當年輕人帶著這種奉獻、自律的精神走進婚姻，結果通常便是純潔、和平及快樂的家庭。

偷竊與人格謀殺

第八誡說，「不可偷盜。」共產黨的誡律則說，「偷盜不可被抓到。」

第九誡說，「不可做假見證。」古琴科則說，他故國的全國性休閒活動，就是把自己頂頭上司拉下來，然後鬥臭鬥倒之後取而代之。美國有些人也好這一味，但它並非美國之道。共產黨招術最受喜愛之一，便是人格謀殺。美國青少年應該被教導，當他們替人工作時，應該試著效忠對方。當然，僱主也是人類，也有自己的毛病，但他想做好事，每一樣都該獲得支持。人類社群是靠這樣建立起來的，產業、學校、國家，莫不如此。

工作的神聖性

最後，我們來到第十誡，規定我們應透過自己的勤勞來取得財物。假如我們看到一棟房子、一輛車或其他人擁有的東西，照理我們不該坐下來，琢磨怎樣才能欺騙他而取走財物。上帝說，「不可貪戀別人的財產」，正是這個意思。我們該做的是外出工作，取得我們想要的東西。

喜歡好東西，為得到東西而工作絕非罪過。但靠著偷竊或勒索鄰居而取得它們，就是罪過。上帝教導要尊重他人的財產，而唯物論者百多年來則教導說，人類存在的目標，便是取

得戰利品及權力。強人絕不應滿足、滿意，別人擁有的好東西，強人應想占為己有，設法取得它。取得掠奪品、斂聚他人財富、集中權力，向來是共產黨的目標。

基督教的律法

到最後，容我談一下基督教的律法。在此有些額外的原則——如果了解及實踐——就可以預防一個人變成共產黨人。我逐一講述以下表列，諸君看看是否能判定為什麼前蘇聯教育高級專員會說，「我們恨基督徒跟基督教。」

以下為一些概念，具現耶穌的教誨：

你們願意以相同的方式來回敬以同等方式善待你的人。

使人和睦的人有福了。

施比受的人更有福。

別恨敵人，而要對他們好。

要謙虛可教，一如小孩。

倡善維和時，要睿智、進取且提高警覺。

克服個人弱點，完善自己。

奉行主的誡律，以增加生命的價值，消掉過往錯誤的傷疤。

最大的幸福，來自全心的服務。

行善不張揚，在暗中觀看的主必公開獎賞你。

基督教另教導，我們要為自己每日的行為甚至思想，向上帝負責。它還教導人類永生及復活的真締。我們得到保羅、彼

得、抹大拉的馬利亞、十一使徒及教會500人目睹基督復活的科學說法。得知我們離開今生今世以後，最後會得到完美有形的化身，真是好事。

耶穌在其教誨中證實先知已教導的事——今生今世之後，我們將前往另一種形態的存在。祂教導說，我們下一個人生階段已精心安排好了，容許我們往上走過未來無盡的長廊時，得到種類繁多的新經驗。

這些基督教原則跟猶太律法一樣，讓任何自由人取得強大的力量。不難理解為何共產黨要貶低這些理念。另一方面，假如我們教導孩子，說天下沒有上帝，人類只是進化的動物，而結果將決定了手段，宗教信念不合乎科學規律，那麼我們就能從大海對岸，聽到響亮如雷的陣陣「阿們」呼聲的迴盪。

嶄新而強大的教育趨勢

結束前，請容我談一個令我產生不曾有過的觸動經歷。那是我過去一年半，在楊百翰大學任教時碰到的。我獲准參與新興的教育模式，當中數千名年輕學生既攻讀專業，又學到公民教育。科學、哲學、宗教等領域，都能夠在學生的人格當中，適得其所地找到它們的位置。我非常欣慰地看著這些年輕人背著教科書——化學、物理、美術、地質、歷史、經濟、政治學——穿過校園。而在那些教科書之中，通常還會有一冊聖經。五花八門的宗教課程為學生們而設，他可以選讀最感興趣的課程。

全國很多大學都在建造禮拜堂，強調宗教的參與。它們這麼做是因為大家愈來愈了解，宗教參與是美國理想典範的重要

成分，我國力量的龐大泉源。

　　楊百翰大學校園每星期二有將近五千名學生自願參加每週集會，在那兒他們有機會從那些全國最優秀的宗教領袖身上獲得心靈上的激勵。

　　如果說，今天我國年輕人遭逢的挑戰，是意識形態戰爭，那麼該是我們反守為攻的時候了。我們不該袖手旁觀，坐看那些境外勢力與恐懼臨門。我國年輕男女被唯物論教條洗腦，當他們被「度化」改信共產主義時，會顯得毫無抵抗之力。長達兩個世代，有個美國生活的重大面向一直在剝離。身為父母師長，我們必須體察到，假如我國文化那根支柱倒了，我們的孩子將承受其害。那種分崩離析必須擋下來。華盛頓曉得是什麼讓我們強大，傑佛遜知道，林肯也知道：「在上帝底下，這個國家不會失敗！」

　　當然，我們不能只教正確的原則——同時我們還必須實踐。因此，我引用法蘭西斯‧培根（Francis Bacon）的名言當結尾，「讓你身體強健的，不在你吃什麼，而在你吸收了什麼。讓你致富的不在你賺多少，而在你儲蓄多少。讓你成為基督徒的，不在你傳什麼教，而在你奉行什麼！」

參考書目
Bibliography

Adler, M., *What Man Has Made of Man*, Longmans Green, New York, 1934.

Adoratsky, V. Dialectical *Materialism*, M. Lawrence, London, 1934.

Aveling, E., *The Student's Marx*, Charles Scribner's Sons, New York, 1902.

Basseches, N., *Stalin*, E. P. Dutton Co., New York, 1952.

Barbusse, H., *Stalin*, John Lane Co., London, 1935.

Beer, M., *The Life and Teachings of Marx*, Parsons Co., London, 1921.

Belloc, H., *The Restoration of Property*, Sheed and Ward, New York, 1936.

Belyaev, M., *Evolution*, State Pub. House, Moscow, 1934.

Bentley, Elizabeth, *Out of Bondage*, The Devin-Adair Company, New York, 1951.

Berdyaev, N., *The Russian Revolution*, Sheed and Ward, New York, 1933.

Bivort, J., *Communism and Anti-Religion*, Burns, Oates & Washbourne, London, 1938.

Blodgett, Ralph H, *Comparative Economic Systems*, MacMillan Co., New York, 1949.

Bober, M., *Karl Marx's Interpretation of History*, Harvard University Press, Cambridge, 1927.

Bohm-Bawerk, E., *Karl Marx and the Close of His System*, T. Union Co., London, 1898.

Boudin, L., *The Theoretical System of Karl Marx*, Charles H. Kerr Co., Chicago, 1907.

Brameld, T., *A Philosophic Approach To Communism*, University of Chicago Press, Chicago, 1933.

Briefs, G., *The Proletariat*, McGraw-Hill, New York, 1938.

Browder, E., *What Is Communism?*, Workers Library Publishers, New York, 1936.

Bukharin, N., *The A B C of Communism*, Communist Party Press, London, 1922.

Bukharin, N., *Historical Materialism*, International Publishers, New York, 1925.

Burnham, James, *The Web of Subversion*, John Day Co., New York, 1954. Burns, E., A Handbook of Marxism, Gollancz, London, 1935.

Byrnes, James F. *Speaking Frankly*, Harpers, New York, 1947.

Carr, E., *Karl Marx*, Dent & Sons, London, 1934.

Carr, E., *Michael Bakunin*, Macmillan Co., London, 1937.

Chamberlain, *The Russian Revolution*, Macmillan Co., New York, 1935.

Chamberlain, *Soviet Russia*, Little, Brown & Co., Boston, 1935.

Chambers, Whittaker, *Witness*, Random House, New York, 1952.

Chang, S., *The Marxian Theory of the State*, University of Pennsylvania Press, Philadelphia, 1931.

Cole, G., *What Marx Really Means*, Alfred A. Knopf, N. Y., 1934.

Constitution of the USSR, International Publishers, New York, 1936.

Conze, E., *Dialectical Materialism*, N.C.L.C. Society, London, 1936.

Cooper, R., *The Logical Influence of Hegel On Marx*, Washington University Press, Seattle, 1925.

Croce, B., *Historical Materialism and the Economics Of Marx*, Macmillan, New York, 1914.

Dobb, M., *On Marxism Today*, Hogarth Press, London, 1932.

Eastman, M, *Marx, Lenin, and the Science of Revolution*, Allen and Unwin, London, 1926.

Eddy, G., *The Meaning of Marx (A Symposium)*, Farrar and Rinehart, New York, 1934.

Ellwood, C, *Marx's Economic Determinism in the Light of Modern Psychology*, American Journal of Sociology, Vol. XVII, 1911, pp. 35-46.

Engels, F., Marx-Engels, *Historisch-Kritische Gesamtausgabe*, edited by D. Rjazanov. 9 Vols. Frankfurt, 1927-1932.

Engels, F., *Marx-Engels: Selected Correspondence*, M. Lawrence, London, 1934.

Engels, F. *Ludwig Feuerbach*, International Publishers, New York, 1934.

Engels, F., *Herr Duhring's Revolution in Science (Anti-Duhring)*, International Publishers, New York, 1935.

Engels, F., *Socialism: Utopian and Scientific*, International Publishers, New York, 1935.

Engels, F., *On "Capital"*, International Publishers, New York, 1937.

Engels, F., *Die Heilige Familie, Riiten*, Frankfurt, 1845.

Engels, F. *The Origin of the Family, Private Property and the State*, Charles H. Kerr Co., Chicago, 1902.

Foster, William Z., *Toward Soviet America*, International Publishers, New York, 1932.

Fox, R., *Lenin*, Gollancz, London, 1933.

Freehof, S., *Marx, Freud and Einstein*, Argus Co., Chicago, 1933.

Goldendach, D. *Karl Marx: Man and Thinker*, International Publishers, New York, 1927.

Goldendach, D., *Karl Marx and Friedrich Engels*, International Publishers, New York 1927.

Graham, S., *Stalin*, E. Benn Co., London, 1931.

Gutjan, W., *Bolshevism: Its Theory and Practice*, Sheed and Ward, London, 1932.

Gurian W., *The Future of Bolshevism*, Sheed and Ward, N. Y., 1936.

Gutinn, W., *The Rise and Decline of Marxism*, Burns, Ogres & Washbourne, London, 1938.

Halm, George N. *Economic Systems*, Rinehart and Co., New York, 1951.

Hanscheil, H., *"History and Class War,"* Arena, December 1937, pp. 187-194.

Harper, S., *The Government of the Soviet Union*, Van Nostrand Co., New York, 1938.

Hawkins, D., *"Dialectical Materialism,"* Arena, December 1937, pp. 167-175.

Hearnshaw, F, *A Survey of Socialism*, Macmillan, London, 1929.

Hecker, J., *Religion Under the Soviets*, Vanguard Press, N. Y., 1927.

Hecker, J., *The Communist Answer to the World's Needs*, Chapman and Hall, London, 1935.

Hecker, J., *Communism and Religion*, Chapman and Hall, London, 1933.

Herbigny, M., *Militant Atheism*, Society for the Promotion of Christian Knowledge, London, 1934.

Hill-Mudie, *The Letters of Lenin*, Chapman and Hall, London, 1937.

Hook, S., *"From Hegel to Marx,"* Modern Quarterly, Vol. VI, 1932.

Hook, S, *"From Hegel to Marx,"* and "Dialectical Materialism," *Journal of Philosophy*, Vol. XXV, 1928.

Hook, S., *Towards an Understanding of Karl Marx*, John Day Co., New York, 1933.

Hyma, A., *Christianity, Capitalism and Communism*, (published by author), Ann Arbor, 1938.

Jackson, T., *Dialectics: The Logic of Marxism*, M. Lawrence Co., London, 1936.

Jordan, George Racey, *From Major Jordan's Diaries*, Harcourt, Brace and Co., New York,

1952.

Joseph, H., *The Labour Theory of Value in Karl Marx*, Oxford University Press, London, 1923.

Kautsky, K., *Ethics and the Materialist Conception of History*, Charles H. Kerr, Chicago, 1907.

Kautsky, K., *The Economic Doctrines of Karl Marx*, Black Co., London, 1925.

Kologrivof, L, *God, Man and the Universe*, Coldwell Co., London, 1937.

Krivitsky, W.G., *In Stalin's Secret Service*, Harper Brothers, New York, 1939.

La Pira, Giorgio, *The Philosophy of Communism*, Fordham University Press, New York, 1952.

Laski, H., *Communism*, T. Butterworth Co., London, 1935.

Laski, H., *Karl Marx*, League for Industrial Democracy, New York, 1933.

Lenin, V., *Materialism and Empirio-Criticism*, International Publishers, New York, 1927.

Lenin, V., *The Foundation of the Communist International*, International Publishers, New York, 1934.

Lenin, V., *The Deception of the People*, M. Lawrenee, London, 1935.

Lenin, V., *The Proletarian Revolution and the Renegade Kautsky*, International Publishers, New York 1934.

Lenin, V., *The Teachings of Karl Marx, International Publishers*, New York, 1930.

Lenin, V., *Two Tactics of Social Democracy in the Democratic Revolution*, International Publishers, New York, 1935.

Lenin, V., *The Revolution of 1905*, International Publishers, New York, 1931.

Lenin, V., *On Britain*, M. Lawrence Co., London, 1934.

Lenin, V., *The Paris Commune*, International Publishers, New York, 1934.

Lenin, V., *Marx, Engels, Marxism*, International Publishers, New York, 1935.

Lenin, V., *The Jewish Question*, International Publishers, New York, 1934.

Lenin, V., *A Letter to American Workers*, International Publishers, New York, 1934.

Lenin, V., *The Speeches of Lenin*, International Publishers, New York, 1928.

Lenin, V., *The Letters of Lenin*, edited by Hill-Mudie, Chapman-Hall, London, 1937.

Lenin, V., *The State and Revolution*, International Publishers, New York 1932.

Lenin, V., *Left-wing Communism*, International Publishers, New York, 1934.

Lenin, V., *Imperialism: the Highest Stage of Capitalism*, International Publishers, New York, 1933.

Lenin, V., *Toward the Seizure of Power*, International Publishers, New York, 1927.

Lenin, V., *The Iskra Period*, International Publishers, New York, 1927.

Lenin, V., *The Imperialist War*, International Publishers, New York, 1927.

Lenin, V., *The Revolution of 1917*, International Publishers, New York, 1927.

Lenin, V., *The Struggle For the Bolshevik Party (1900-1904)*, International Publishers, New York, 1934.

Lenin, V., *The Pre-requisites For the First Russian Revolution (1894-1899)*, International Publishers, New York, 1934.

Lenin, V., *From the Bourgeois To the Proletarian Revolution*, International Publishers, New York, 1934.

Lenin, V., *The Russian Revolution*, International Publishers, New York 1938.

Lenin, V., *After the Seizure of Power (1917-1920)*, International Publishers, New York, 1934.

Lenin, V., *The Period of "War Communism" (1918-1920)*, International Publishers, New York, 1934.

Lenin, V., *Religion*, International Publishers, New York, 1933.

Levy, H., *Aspects of Dialectical Materialism*, Watts and Co., London, 1935.

Lindsay, A., *Karl Marx's "Capital"*, Oxford University Press, London, 1925.

Lippmann, W. *The Good Society*, Little, Brown & Co., Boston, 1937.

Loria, A., *Karl Marx*, T. Seltzer Co., New York, 1920.

Maritain, J., *Freedom in the Modern World*, Charles Scribner's Sons, New York, 1936.

Marx, K., *Marx-Engels, Historisch-Kritische Gesamtausgabe*, edited by D. Rjazanov. 9 Vols. Frankfurt, 1927-1932.

Marx, K., *Aus dem Literarischen Nachlass von Karl Marx, Friedrich Engels*, Edited by F. Mehring. 3 Vols. Stuttgart, 1902.

Marx, K., *Der Briefwechsel Zwischen Friedrich Engels und Karl Marx, 1844-1883*, edited by Bebel and Bernstein. 4 vols. Dent & Sons, London, 1930.

Marx, K., *A Contribution to the Critique of Political Economy*, International Publishers, New York, 1904.

Marx, K., *Critique of the Gotha Programme*, International Publishers, New York, 1933.

Marx, K., *Letters of Dr. Kugelmann*, International Publishers, New York, 1934.

Marx, K., *Selected Essays*, International Publishers, New York, 1926.

Marx, K., *The Poverty of Philosophy*, International Publishers, New York, 1936.

Marx, K., *Marx-Engels: Selected Correspondence*, M. Lawrence Co., 1934.

Marx, K., *The Communist Manifesto, (with Engels),* International Publishers, New York, 1935.

Marx, K., *Class Struggles In France*, International Publishers, New York, 1935.

Marx, K., *The Civil War In France*, International Publishers, New York, 1937.

Marx., K., *The Eighteenth Brumaire of Louis Bonaparte*, International Publishers, New York, 1935.

Marx, K., *Wage, Labour, Capital, Value, Price, Profit*, International Publishers, New York, 1935.

Marx, Karl, *Capital*, Random House, New York, 1932.

McFadden, Charles J., *The Philosophy of Communism*, Benziger Brothers, New York, 1939.

Mehring, F., *Karl Marx*, John Lane Co., London, 1936.

Murry, J., *The Necessity of Communism*, T. Seltzer Co., New York, 1933.

Nicolaievsky, N., *Karl Marx*, J. B. Lippincott Co., Philadelphia, 1936.

Olgiati, F., *Carlo Marx*, Milan, 1922.

Osbert, R., *Freud and Marx: A Dialectical Study*, Gollancz, London, 1937.

Parce, L., *Economic Determinism*, Charles H. Kerr and Co., Chicago, 1913.

Perchik, L., *Karl Marx*, International Publishers, N. Y., 1934.

Petersen, A., *Karl Marx and Marxism*, Labor News Co., New York, 1933.

Postgate, R., *Karl Marx*, H. Hamilton Co., London. 1933.

Prenant, M., *Biology and Marxism*, International Publishers, New York, 1939.

Program of the Communist International, Workers Library Publishers, New York, 1936.

Rappoport, C., *La philosophie de l'histoire*, Riviere, Paris, 1925.

Report of the Royal Commission, Edmond Cloutier Co., Ottawa, Canada, 1946.

Report of the Subversive Activities Control Board, April 20, 1953.

Ruhle, Otto, *Karl Marx*, Viking Press, New Home Library Edition, New York, 1943.

Russet, B., *Bolshevism: Practice and Theory*, Bruce and Howe, New York, 1920.

Russel, B., *The Meaning of Marx, (a symposium)* Farrar and Rinehard, N. Y, 1931.

Salter, F., *Karl Marx and Modern Socialism*, Macmillan Co., London, 1921.

Schmidt, W., *The Origin and the Growth of Religion*, Methuen Co., London, 1931.

Seligman, E., *The Economic Interpretation of History*, Columbia University Press, New York, 1924.

Seton-Watson, Hugh, *From Lenin to Malenkov*, Frederich A. Praeger, New York, 1953.

Sheed, F., *Communism and Man*, Sheed and Ward, London, 1938.

Shirokov-Moseley, *A Textbook of Marxism*, Gollancz, London, 1937.

Spargo, J., *Karl Marx*, B. Huebsch Co., New York, 1910.

Stalin, J., *The Foundation of Leninism*, International Publishers, 1934.

Stalin, J., *The Problems of Leninism*, International Publishers 1934.

Stalin, J., *The October Revolution*, International Publishers., New York, 1934.

Stalin, J., *Leninism*, (2 vols.), Allen and Unwin, London, 1933.

Stalin, J., *Marxism and the National and Colonial Question*, International Publishers, New York, 1935.

Stalin, J., *From the First to the Second Five-Year Plan*, International Publishers, New York, 1934.

Stalin, J., *On The New Constitution*, International Publishers, New York, 1936.

Stuart, John Leighton, *Fifty Years In China*, Random House, New York, 1955.

Trotsky, L., *The History of the Russian Revolution*, Simon and Schuster, New York, 1936.

Wade, W, U.N. *Today*, H. W. Wilson Company, New York, 1954.

White, W., *Lenin*, Smith and Haas, New York, 1936.

Wilson, Edmund, *To the Finland Station*, Doubleday and Co., New York, 1953.

Wood, H., *Christianity and Communism*, Round Table Press, New York, 1933.

Yaroslavsky, E., *Religion in the USSR*, International Publishers, New York, 1934.

Zetkin, C., *Reminiscences of Lenin*, International Publishers, New York, 1934.

赤裸裸的共產黨：
共產主義如何危害自由世界
THE NAKED COMMUNIST: Exposing Communism and Restoring Freedom

作者	柯立安・斯考森（W. Cleon Skousen）
譯者	潘勛
總編輯	富察
責任編輯	區肇威
企劃	蔡慧華
封面設計	莊謹銘
內頁排版	宸遠彩藝
社長	郭重興
發行人兼出版總監	曾大福
出版發行	八旗文化／遠足文化事業股份有限公司
地址	新北市新店區民權路 108-2 號 9 樓
電話	02-22181417
傳真	02-86671065
客服專線	0800-221029
信箱	gusa0601@gmail.com
Facebook	facebook.com/gusapublishing
Blog	gusapublishing.blogspot.com
法律顧問	華洋法律事務所／蘇文生律師
印刷	成陽彩色印刷股份有限公司
出版	2019 年 9 月（初版一刷） 2021 年 1 月（初版三刷）
定價	580 元

赤裸裸的共產黨 / 柯立安 . 斯考森 (W. Cleon
Skousen) 作；潘勛譯 . -- 初版 . -- 新北市：八
旗文化，遠足文化，2019.09
464 面；15×23 公分
譯自：The naked Communist : exposing
communism and restoring freedom
ISBN 978-957-8654-78-5（平裝）

1. 共產主義

549.3412   108012494

THE NAKED COMMUNIST: Exposing Communism and
Restoring Freedom by W. Cleon Skousen Contributions by
Paul B. Skousen and Tim McConnehey
Copyright © 2017 by W. Cleon Skousen
Published by arrangement with Izzard Ink Publishing LLC.

Complex Chinese translation © 2019 by Gūsa Publishing, a
branch of Walkers Cultural Co., Ltd.
ALL RIGHTS RESERVED